山东省社会科学规划研究项目："微网"之下高校德育创新研究【17CSZJ07】阶段性成果

2019年山东省一流本科课程《思想道德修养与法律基础》【鲁教高函（2020）3号文件】阶段性成果

2020年全省大中小思政课"金课"课程《思想道德与法治》【鲁教思函（2021）1号文件】阶段性成果

九州文库

思想政治教育专题研究

主 编——任凤琴 崔玉敏

副主编——王孟 王露 于颀 孙爱春

九州出版社
JIUZHOUPRESS

图书在版编目（CIP）数据

思想政治教育专题研究／任凤琴，崔玉敏主编. --

北京：九州出版社，2021.8

ISBN 978－7－5225－0443－8

Ⅰ.①思… Ⅱ.①任… ②崔… Ⅲ.①高等学校—思

想政治教育—研究—中国 Ⅳ.①G641

中国版本图书馆 CIP 数据核字（2021）第 176237 号

思想政治教育专题研究

作　　者	任凤琴　崔玉敏　主编	
责任编辑	王丽丽	
出版发行	九州出版社	
地　　址	北京市西城区阜外大街甲 35 号（100037）	
发行电话	（010）68992190/3/5/6	
网　　址	www.jiuzhoupress.com	
印　　刷	唐山才智印刷有限公司	
开　　本	710 毫米×1000 毫米　16 开	
印　　张	17	
字　　数	256 千字	
版　　次	2021 年 8 月第 1 版	
印　　次	2021 年 8 月第 1 次印刷	
书　　号	ISBN 978－7－5225－0443－8	
定　　价	95.00 元	

前　言

2020 年，为深入贯彻落实习近平新时代中国特色社会主义思想，深刻领会贯彻党的十九大精神，教育部印发了《教育部等八部门关于加快构建高校思想政治工作体系的意见》，为培养担当民族复兴大任的时代新人指明了方向。思想政治教育作为马克思主义理论学科中的一个应用学科，就是要运用马克思主义的理论与方法，研究人的思想品德的形成和发展规律，帮助人们树立正确的世界观、人生观和价值观。

本书以学科热点问题为依托，紧扣时代脉搏，立足现实，广泛吸收思想政治教育成果，阐明了思想政治教育研究中的相关概念、前沿动态、学科建设、本质探讨和价值追问，目的是使读者能从整体上把握当前我国思想政治教育研究的概貌，积极思考和探索在思想政治教育发展过程中出现的新问题、新思想和新理论，正确解读时代的需要，并丰富自身的社会实践。

本书从立项、组队到最终定稿出版是在马克思主义学院领导、同仁的大力支持和帮助下历时两年半完成的。任凤琴、崔玉敏担任主编，王盂、王露、于顺和孙爱春担任副主编。具体分工如下：于顺，专题一、三；孙爱春，专题二；王盂，专题四、五；王露，专题六、七；崔玉敏，专题八、九；任凤琴，专题十、十一。六位团队成员结合实际情况，认真调研，精雕细琢，努力做到理论性、创新性和应用性的统一。

思想政治教育研究内容比较多，本书所选取的研究领域是围绕学科理论的一些前沿动态、学科建设等问题的研究，本书亦可作为研究生学术交流学习使用。在编写过程中，引用和参阅了学界部分专家和学者的研究成果，在此表示诚挚的感谢，限于作者水平有限，书中难免有错误和不当之处，敬请专家、读者不吝赐教。

本书编写组

2021 年 7 月

目 录
CONTENTS

专题一　思想政治教育的本质

　　思想政治教育这个概念的提出是共产党人的首创，但在这个概念明确提出之前，思想政治教育已经有悠久的历史。思想政治教育是人类进入文明社会以来客观存在的社会现象，各个时期、各个国家的统治阶级为了维护本阶级的统治都在对其成员进行多种形式的思想政治教育。思想政治教育的本质问题作为思想政治教育的"元问题"，是整个思想政治教育理论体系构建和实践探索的前提和基础。因而，思想政治教育的本质研究就具有了重要的理论和现实意义。

一、思想政治教育本质是什么

　　思想政治教育本质的问题，探讨的是"思想政治教育是什么"的问题。目前，思想政治教育本质的界定往往倾向于使用基本属性、特有功能、主要方式等单一维度。虽然已有的研究结果一定程度上深化了对思想政治教育的认识，但如果不能明确何谓本质这一前提性问题，那么关于思想政治教育本质的论点都只能成为众声喧哗、自说自话。

（一）什么是"本质"①

　　什么是"本质"，这是研究思想政治教育本质首先要厘清的基本概念。本质就是事物的内在规定性，是一个事物存在的基础，也是该事物区别于其他

---

① 杨叶平：《马克思主义思想政治教育本质问题及其时代价值》，《甘肃理论学刊》，2018年第3期，17－22页。

事物的根本依据。本质决定事物的性质和发展趋势，贯穿于事物发展的全过程。"事物的本质是由它本身所包含的特殊的矛盾构成的"①。这个特殊的矛盾，就是一个事物区别于其他事物的根本依据，是该事物之所以成为该事物的本质特征，更是事物前进的核心动力。

（二）思想政治教育的本质问题

从对"本质"的理解和分析中发现，"思想政治教育的本质问题"就是思想政治教育的核心问题，它是进行思想政治教育的前提、基础，是思想政治教育持续前进和充分发展的根本动力。这是由思想政治教育的特殊矛盾决定的，"制约和影响思想政治教育的结构、规律、机制、原则和方法，贯穿在思想政治教育的一切方面和思想政治教育一切过程的始终"②。这更是思想政治教育性质、思想政治教育核心概念的确立，思想政治教育内容的选择，思想政治教育目标的设定等的决定因素。作为一种普遍的、真实的客观存在，思想政治教育存在于人类有阶级以来的所有社会中，无论社会如何变迁，思想政治教育始终存在，其本质一直在起作用。正如黑格尔所言："事物中有其永久的东西。"思想政治教育的本质问题就是要探讨思想政治教育现象永恒存在于人类社会的依据，从思想政治教育众多的现象中抽离出永恒的东西。

（三）思想政治教育的本质

关于"思想政治教育的本质是什么"的问题，学术界进行了深入的探讨，但基于出发点、方法、认知路径和思维方式的不同，对思想政治教育的本质提出了不同的定义。有学者认为，思想政治教育的本质就是以受教育者思想政治素质的养成为指向的政治价值观再生产。有学者认为，思想政治教育是以价值需要为起点，以价值实现为目标的特殊教育实践活动。有学者提出，一定的社会意识形态的教化和灌输就是思想政治教育的本质。有学者认为，思想政治教育就是一种价值观教育，它是一定阶级、政党或集团用社会价值

---

① 哲学大辞典编写组：《哲学大辞典》，上海：上海辞书出版社，2001，70 页。
② 陈秉公：《思想政治教育本质研究现状及建议》，《思想教育研究》，2014 年第 6 期，6 – 12 页。

体系对社会成员进行影响，使其形成符合该社会价值体系要求的个体价值观的实践活动过程。还有学者还认为，"思想政治教育的本质就是思想掌握群众。……就是一定的阶级、集团运用自身的思想来教育、影响、提高、动员、引导群众实现一定政治目的和经济利益的过程"。尽管学者们从不同角度尝试回答"思想政治教育的本质是什么"的问题，但都没有得出得到普遍认可的答案。①

列宁指出工人的社会民主主义意识，"只能从外面灌输进去……工人阶级单靠自己本身的力量，只能形成工联主义的意识"。工人阶级的无产阶级意识形成的前提条件就是把马克思主义灌输到工人中，向工人宣传马克思主义，而这个过程就是进行思想政治教育的过程。历史上，任何阶级在夺取政权前，都要想方设法地宣传自己的政治主张、思想理念等，以获得大众的支持，赢得更多的同盟军，壮大革命力量，为革命做好充分准备；在掌握政权后，他们继续宣传，力求得到人们的承认和拥护，维护和巩固阶级统治。

思想政治教育要求认同思想政治教育活动的终极决定者的政治角色、政治主张和政治信仰。由认同而求同，由求同而协同，由协同而共同。思想政治教育如果要简称的话，最好的简称就是"同育"。思想政治教育在本质意义上就是"共同体教育"，就是培育社会成员具有特定的共同体素质。所谓特定共同体素质就是共同体成员具有维护共同体利益、服从共同体意志、分享共同体荣耀的愿望与能力。

思想政治教育最基本的内容是意识形态。所谓意识形态就是关于社会资源配置的理论主张。所谓社会资源就是能够为社会带来利益变动的所有要素的总称，如权利、义务、职责、职位、工作、报酬、学历、荣誉、身份、资格等。意识形态又分为核心意识形态和一般意识形态。核心意识形态就是为执政提供正当性论证的意识形态，一般意识形态是与核心意识形态一道为执

---

① 李忠军：《关于思想政治教育本质的几点探讨》，《东北师大学报（哲学社会科学版）》，2012 年第 5 期，227－231 页。刘书林：《论思想政治教育的本质——坚守"灌输论"的缘由》，《思想理论教育导刊》，2012 年第 10 期，38－44 页。侯丹娟：《关于思想政治教育本质的再思考》，《学校党建与思想教育》，2010 年第 3 期，15－17 页。骆郁廷：《思想政治教育的本质在于思想掌握群众》，《马克思主义研究》，2012 年第 9 期，128页－137 页＋160 页。

政合理性进行阐释的意识形态。

思想政治教育的基本工作就是思想转化与思想升华。思想转化包括：化怀疑为信任、化排斥为认同、化误解为理解、化轻视为敬重。思想升华包括：化知识为信念、化信念为行为、化行为为习惯、化习惯为信仰。就工作方法而言，思想政治教育主要有灌输与浸润两种。灌输看起来简单粗暴，但对于文化程度较低的社会成员而言效果很好，可以立竿见影。浸润比较人性化，但过程复杂，对思想政治教育工作者的要求比较高，这种方式比较适合文化程度较高而且主体意识较强的社会成员。无论灌输还是浸润，都只是思想政治教育方式，而不是思想政治教育的本质。就话语方式而言，思想政治教育主要有传话式与对话式两种。传话式就是以讲授为主，当好传声筒，我讲你听；对话式就是以讨论为主，当好主持人，互讲互听。这两种话语方式各有利弊，必须同时并用、相辅相成。

综上所述，思想政治教育的本质是以教育为基本方式、以意识形态为基本内容、以培育特定共同体素质为根本目标的交往实践。检验思想政治教育效果的根本标准是受教育者在接受思想政治教育后的特定共同体素质的提高程度。

二、思想政治教育本质的元问题反思与辨析

思想政治教育本质这一问题代表着对思想政治教育根本性问题的追问。本质属于思想政治教育的元问题、元理论，因而元问题、元理论研究具有突出重要的作用，它是论证、完善和进一步发展相关理论的重要手段。同时，本质问题自身的复杂性也要求我们在界定思想政治教育本质前，需要首先厘清与本质有关的论争，对这一问题进行元问题式的反思和辨析。元问题研究是用更高一级的逻辑来看待和解说原有研究对象的、具有前提性和后思性特征的研究方式。元问题研究具有前提性是因为其所研究的问题具有逻辑意义上的先在性，是研究对象的始基性问题；而后思性则意味着元问题研究总是建立在对研究对象一定程度的认识之上，即要把自身作为认识对象，实现对自我的再认识。① 因而，对思想政治教育本质进行元问题式反思和辨析，实际

---

① 郭灏：《思想政治教育本质的元问题反思与辨析》，《思想教育研究》，2018 年第 7 期，19－23 页。

上是要将问题再推进一步，某种意义上就是对思想政治教育本质的探寻，这一问题牵涉本质是否存在、本质规定性如何以及如何认识本质等前提性问题。只有澄清同思想政治教育本质相关的本质存在与否、怎么才算本质、本质认识何以可能等问题，才能为思想政治教育本质的进一步探讨和论证奠定理论基础，为思想政治教育理论跨越式发展和新范式的生成提供可能性。①

（一）思想政治教育本质的存在性问题

从语言哲学角度来看，本质作为一个语词和概念为人们所使用，应当具有明确的指称和意义指向。从词义上看，本质一般指向事物的本来面目、根本特性，而本质作为人们认识、理解世界的一种思维方式，是人类思维的结晶，凝结着人类在一定阶段对事物认识的成果，是人们进行科学研究的重要起点。本质概念作为我们进行研究的重要工具和思维方式，同普遍性、必然性、矛盾、根据、规律等概念联系在一起，帮助我们深入认识这个世界，搭建起关于这个世界的丰富的理论体系，使得我们能够在对事物进行区分界定的基础上不断推进研究的进展。我们在研究思想政治教育现象的过程中也应当看到，思想政治教育本质问题不仅存在而且难以回避。事物本身具有多样性，思想政治教育这一人类实践活动现象又有着丰富的表现形态。一个事物有其真正所是，亦有其非真正所是，这一客观事实决定了在思想政治教育理论研究中须追问思想政治教育的本质，对思想政治教育进行合理划界。因此，对思想政治教育本质的追问将是一个必然命题，研究者们必须追问"是什么"这一类问题，也就是说必须给出思想政治教育的本质界定，然后再把此界定作为进一步理解思想政治教育的必要条件。同时无论是从自然科学史还是社会科学史来看，人类已经获得了关于一些事物及其活动规律的本质认识，这些本质认识事实上都在不同程度上帮助我们更好地理解我们身处的自然和社会。从这一点出发我们可以得出以下结论：实现对思想政治教育本质的认识至少是具有必要性和可能性的，问题的关键在于如何将这种认识的潜在可能变为现实。

① 张耀灿：《对"思想政治教育原理"的重新审视》，《学校党建与思想政治教育》，2011年第10期，10–13页。

　　而从本质存在这一基点之上将自然生发出关于思想政治教育本质存在的形式问题,即思想政治教育的本质是一元性存在还是多元性存在,是绝对不变的存在还是相对稳定的存在。由以上论述可以看出,思想政治教育本质从根本上讲是由其存在依据决定的,从而能够成为它本身而不是其他事物,因而这也就决定了其本质的"一元性",不可能像事物的属性或本质属性一样可以有多个,思想政治教育不可能既是这个又是那个;同时在思想政治教育的存在依据没有发生重大变化、其本身没有发生根本性转变之前,思想政治教育的本质应当是相对稳定的。

　　当然,承认思想政治教育本质存在形式的一元和相对稳定并非对其本质的绝对性认识,而应当避免陷入本质主义追逐本质的方式路径之中。本质主义实质上是一种以先验预设、非历史、僵化封闭为特征的思维方式和知识生产体系。在本体论上,本质主义尽管承认事物本质的存在性,但其对本质的理解是建立在超历史的、普遍永恒的角度上的;在认识论上,本质主义以现象—本质为核心和论述方式,构筑起一系列二元对立的认识论命题,热衷于建构"元述事"或"宏大叙事",把认识主体看作"绝对主体",认为认识主体能够通过掌握普遍的、永恒的、绝对的认识世界的方式方法而获得对世界和事物本质绝对正确的、超越历史之上的认识,进而生成具有永恒阐释力的知识体系。按照马克思主义的观点,事物有一个产生、发展、消亡的过程,因而没有亘古不变的、超验的唯一本质,人们对事物本质的析取总是站在当下的历史节点通过对具有一定发展历程的事物的考察而获得的,这种考察是没有终点的。一方面,事物将不断发展,在发展中不断增添新的内容,出现新的形式,有了新的内在变化,其范围有新的扩充或缩减,同时我们也只能基于经验的总结、规律的把握来预测事物的未来形态,但不能掌握其准确样貌;另一方面,人类的认识水平也在不断发展,人们对事物本质的探寻将不断深入。尽管受到时代和视野的局限,某一特定时代的人们难以透过种种现象认识到隐匿在现象背后的本质,但这种难题的存在并不能阻碍我们探寻本质的脚步。随着事物自身的发展,人类的认识水平不断提高,人们对事物的整体把握必将更加全面透彻,对事物的本质的认识也将更加深入,对本质的提炼概括也更加科学准确。从这一意义上来说,思想政治教育的本质也是随着人类社会的发展不断生成的。

以上论述奠定了思想政治教育本质存在这一前提，规定了思想政治教育本质的一元性和相对稳定性，为进一步探究思想政治教育本质作了铺设。但同时，就思想政治教育本质的元问题而言，我们在探讨存在性问题之后，自然应当进入对本质规定性问题即何种论述能够称得上是多中之一、变中不变的本质的标准问题的辨析中。

（二）思想政治教育本质的规定性问题

从哲学发展过程来看，柏拉图、亚里士多德开启了本质研究的传统。柏拉图虽未明确提出"本质"这一概念，但他认为哲学的任务在于研究普遍的东西即共性，他强调事物的本性、真实性就在于共同的东西，实际上其所言事物的本性、真实性就是指本质。亚里士多德明确提出了"本质"这一概念，并从种和属的角度来看待事物本质，将本质看作事物"怎是"的根据。从种属角度看，这似乎要求我们把握事物的共性，但以共性来作为事物本质并不能够体现出事物之所是，不能完成对事物"怎是"的说明。要找寻事物的"怎是"不可避免要求取一个事物异于其他事物的特殊性。在后来对本质问题的探讨过程中也基本上延续了这种争论，徘徊于求取事物的普遍性和特殊性之间。黑格尔指出，某物的存在，必有其充分的根据，这就是说，某物的真正本质，不在于说某物是自身同一或异于对方，而在于表明一物的存在即在他物之内，这个他物即是与它自身同一的，即是它的本质。根据就是内在存在着的本质，而本质实质上即是根据。"在这一论述中，我们先看到本质是事物得以存在的根据，正是因为这种根据的存在，事物才能存在，二者是同一的。但同时黑格尔也强调"某物的真正本质，不在于说某物是自身同一或异于对方"，似乎又在说事物得以存在的根据并非其特殊性，而是其与其他事物共有的普遍性。这样来看，对于事物本质的求取至少存在着两种可能，即普遍与特殊、一般与个别之争。"普遍"和"一般"要寻求事物的普遍性存在，尽可能探究一个事物的上位概念；"特殊"和"个别"则要寻求事物的特殊性存在，即此事物恰恰是此事物的根据，力求该事物的下位概念。通过分析我们可以看出，本质界定瞄准上位概念、寻求事物间的普遍性时，对事物本质的概括也就更加抽象；如果瞄准下位概念、寻求事物的特殊性，对本质的概括也就越具体。

寻求普遍性和寻求特殊性可以在思想政治教育本质探讨中并行不悖，只不过是在不同层面展开的。一方面，要从思想政治教育之外找寻其得以存在、异于他物的横向特殊性，即其存在根据；另一方面，要在思想政治教育的不同表现形态中寻求具有普遍性的东西。马克思曾指出："可以根据意识、宗教或随便别的什么来区别人和动物。一旦人开始生产自己的生活资料，即迈出由他们的肉体组织所决定的这一步的时候，人本身就开始把自己和动物区别开来。"马克思借此说明，尽管意识、宗教等可以把人和动物区别开来，但从最深刻、最根本的层面看，人类的实践活动是人类得以存在的根据，也只能是人类的实践活动才能最准确地说明人与动物间的根本差异。不仅如此，意识、宗教等表面上表现为人与动物相区别的要素归根到底都能够从人类的实践活动里得到解释和说明。毛泽东谈到本质时曾指出："什么叫本质，只能说本质是事物的主要矛盾和主要矛盾方面。"① 因而，思想政治教育本质必然首先是使其异于其他事物成为特殊性存在的东西，是由思想政治教育得以存在的根据、其所面对的特殊矛盾所决定的。当然，本质并不是孤立存在的，思想政治教育本质同其现象之间存在着某种关联性。既然思想政治教育的本质首先是其得以存在的根据，那么必然的，其存在的各种样态也就无不都是以本质所揭示的那样为存在根据的。本质也就是思想政治教育所有形态当中最普遍的东西，而各种具体形态只不过是这一普遍性的特殊表现形式和展开而已。现象与本质不是直接同一的，现象总是特殊的，因而也就难以透过特殊现象完整把握本质。但我们也看到，具体现象、具体形态是本质的表现形式，一种现象或多或少都反映着本质，而为了达到"透过现象看本质"的目的，就必须把思想政治教育的各种现象、各种具体形态统合起来，找寻其中具有支配力、统摄力的核心。②

除此之外，本质还应当能够体现思想政治教育的发展趋势。一方面，思想政治教育本质由思想政治教育存在的根据即其特殊矛盾所决定，只要这种

① 毛泽东：《毛泽东文集（第8卷）》，北京：人民出版社，1999年。
② 马克思，恩格斯：《马克思恩格斯文集（第1卷）》，北京：人民出版社，2009年。

矛盾没有得到根本解决，由此矛盾决定的本质便能对思想政治教育已有的种种形态进行强有力的解释和说明，那么它应当是符合思想政治教育发展逻辑的，也就应当指向对思想政治教育未来发展形态的说明；另一方面，思想政治教育本质体现思想政治教育的发展趋向，这不只是在时间上简单地延续，它作为我们认识和分析思想政治教育活动的工具，包含我们对其赋予的把握思想政治教育发展内在逻辑、探寻思想政治教育发展变化规律等重要价值。因而，它还能阐释思想政治教育未来转型的方向，这也就决定了对思想政治教育本质的界说，不仅要能够说明过去，还能观照未来。

总的来看，就思想政治教育本质规定性而言，所谓思想政治教育的本质应当由其特殊矛盾所决定，规定其是其所是，使思想政治教育同其他人类实践活动区别开来；它还是思想政治教育不同现象中的最大公约数，能够反映构成思想政治教育的各要素之间的内在联系，并在其中起到统摄、支配作用，在思想政治教育现象中居于核心地位；它还能体现思想政治教育的发展趋向，说明思想政治教育的未来形态。由思想政治教育本质的存在性问题到规定性问题的澄清，为进一步探讨思想政治教育本质的认识何以何能奠定了基础。

（三）思想政治教育本质的认识论问题

思想政治教育本质的认识论问题不同于思想政治教育本质的存在性问题和规定性问题，后两者指向本质的"在"和"是"，属于思想政治教育本质的本体论问题范畴，而认识论问题则指向本质认识何以可能。两类问题作为思想政治教育本质探讨的前提性问题，都是思想政治教育本质的元问题。

思想政治教育本质的认识论问题构成了思想政治教育本质的元问题和思想政治教育本质间的通路，引向对思想政治教育本质的探究，是思想政治教育本质的元问题反思和辨析的最后一步。但是，在思想政治教育本质认识论问题当中不可避免地要遇到循环难题，这是本质解读的真正难题所在，关系到本质解读是否可能以及如何可能。

一个事物的本质要实现对该事物是其所是的说明，必须找到该事物存在的根据。那么如何确定思想政治教育存在的根据呢？一般而言，人和世界之间的关系首先是意义关系，人的认识活动和实践活动都是在意义关系中展开的，从一种人类社会的产物所具有的价值，即从它所能满足的人类需要的角度出发大体可揭示该事物存在的根据。思想政治教育作为一种人类特殊的实践活动，也是在人类社会历史发展过程中逐步生成的，因此思想政治教育必然打上人类主观意志的烙印。从这个意义上而言，思想政治教育所具备的、能够满足一定群体某种需要的功用恰恰应是思想政治教育的价值所在。这样来看，似乎思想政治教育所蕴含的"价值"便是使思想政治教育得以生成为思想政治教育的条件。但价值本身未必与决定存在的条件是一一对应的。出于人类需要而生成的人类实践活动在满足主体的某方面需要的同时也可能附带或衍生出其他价值，这就给把握其存在根据带来了困难。

要确定思想政治教育的存在根据必须回到其所处的时代和环境，到现实的社会历史过程当中去寻找，定位其所面对的人类社会的某种特殊矛盾。既然思想政治教育首先是被需要的，这种需要或由此需要而带来的价值必然是由于人类社会存在与发展所面临的某种不可调和的特殊矛盾而产生的，主体在面对这种特殊矛盾时只能通过思想政治教育活动的方式来缓和或解决矛盾，以使国家和社会得到维系。思想政治教育存在的依据就是人类社会发展到一定阶段后所固有的某种特殊社会矛盾及由此产生的克服这种矛盾的特殊需要。在这一特殊矛盾没有得到真正解决前，人类社会对思想政治教育的需要不会消解，其本质也就不会发生根本性的变化。因此思想政治教育的本质不是先天固有的类规定性，而是在人类社会所具有的某种特殊矛盾的基础上，在主体需要发生、思想政治教育价值确立以及二者的互动发展过程中被逐步构造而成的，它存在的根本依据就是它所面对的人类社会的特殊矛盾。思想政治教育的本质便与这种特殊矛盾及在此矛盾基础上确立或信赖的价值相关。对思想政治教育本质的概括就是对思想政治教育所面对的特殊矛盾的表达，对思想政治教育本质的论证都要还原为在某种特殊矛盾之上人类社会对思想政治教育需要的价值论说，而非简单的事实与现象的确认。

同时，思想政治教育的一般现象应当是思想政治教育本质的体现和反映，思想政治教育本质在思想政治教育不同形态下的各种现象中都应起到统摄和支配的作用，那么如何透过种种现象去求取本质呢？就思想政治教育不同形态、不同现象而言，思想政治教育本质首先必须是思想政治教育一般现象的最大公约数。尽管思想政治教育本质同思想政治教育现象在某种程度上是相对的、相区别的，但思想政治教育本质作为对思想政治教育存在依据的揭示，理应存在于每一个思想政治教育现象当中，是在思想政治教育这一人类实践活动内部求取出来的带有普遍性的东西。因而，思想政治教育本质必须是对思想政治教育现象的科学抽象，无论在何时、何地发生的思想政治教育活动都可以找到这一思想政治教育本质。同时，就某一思想政治教育形态和现象而言，思想政治教育本质还必须是具有统摄和支配作用的最大公约数。不是任意最大公约数都可以称得上是思想政治教育的本质，而必须是能够在总体上说明和串联思想政治教育各个部分和各个要素，决定着各个部分和各个要素的组合方式，在思想政治教育的各种形式、内容、职能、举措等的联结中表现出来的最大公约数才能称为思想政治教育的本质。所谓透过现象看本质，在思想政治教育本质研究当中，我们所透过的现象不是片面的、个别的现象，而是作为整体的现象。思想政治教育本质必须同时满足既是不同形态下不同思想政治教育现象的中心，还是某一思想政治教育现象中各组成部分和组成要素构成的整体所围绕的中心这两项要求。

　　然而，无论是在思想政治教育的现象当中找寻其特殊矛盾，还是透过思想政治教育的种种现象寻求占据统摄地位的最大公约数，都不可避免地要遇到视域范围的问题。如果我们只以某些熟悉的现象作为论域，必然会遇到抽象样本不完全的情况，但为了抽象本质而确定各类思想政治教育现象时往往会遇到循环问题，即在对某一现象进行分析前必须先依据思想政治教育的本质来确定其是否能够作为抽象的、归属于思想政治教育的待研究现象，而把什么样的现象作为抽象对象反过来也影响着我们对思想政治教育本质作何种解读，因此这种现象选取和解读的前结构的合理性问题便凸显出来。

　　本质作为我们认识世界、解读世界的一种思维方式，并不是后天一次经验认识的产物，它既不是发生在认识活动之前的某种臆断或先入之见，也不是基于一个或几个事例的简单抽象，而是由多个相互关联的阶段构成的、循环往复的复杂认识过程。要跳出思想政治教育本质认识论循环，建立认识本质的科学方法论，必须先确定出发点。"人体解剖对于猴体解剖是一把钥匙。反过来说，低等动物身上表露的高等动物的征兆，只有在高等动物本身已被认识之后才能理解。"马克思早已为我们提出了解决问题的办法，正如"资产阶级经济为古代经济等等提供了钥匙"一样，思想政治教育这一人类实践活动发展至今在当代所取得的最典型的表现形态自然应当成为我们考察的起点。通过对最典型表现形态进行细致的解剖分析，我们便可以初步构建起一个指涉这一形态的现象场和语义场，循着现象场和语义场的发展路径逆向考察。通过相似概念语词和现象的串联，我们便可以扩大作为抽象样本的思想政治教育现象的考察范围。此为本质考察的基点，由表及里地揭示思想政治教育的本质，我们便能够获得对思想政治教育本质相对科学的认识。

当然这并不意味着思想政治教育本质求取路径的终结，实际上任何思想政治教育本质的界说都面临被证伪的可能。很多时候我们解读事物所依据的视域往往取决于我们所处的时代和社会环境，不同社会环境间的差异以及不同时代所提出的任务差异都会使我们在理解事物时进行不同程度的取舍。同时社会历史的进步性，人们对思想政治教育本质认识的发展性，以及本质问题本身所要求的不断省察、反复检验的特性，都必然要求我们将思想政治教育本质问题作为一个开放式问题去反复审视，对该问题的考察和论述也应该是一个开放的结构体系。正如毛泽东指出的，客观现实世界的变化运动永远没有完结，人们在实践中对于真理的认识也就永远没有完结。真理愈辩愈明，对于这样复杂的理论问题，唯有进行耐心细致的探讨与研究，基于每一次的证伪对抽象结论进行再建构，才能不断接近真理。这样，每一次的证实与随之而来可能存在的证伪，都将是对思想政治教育本质研究的一种推进。

三、思想政治教育本质研究的主要观点①

（一）本质起源论

对事物的认识往往以追根溯源为起点。因此，学界对思想政治教育本质

---

① 于红超：《思想政治教育本质问题探析》，《湖北函授大学学报》，2018 年第 31 卷第 9 期，54－56 页。

的起源论研究占主导地位。一般来说，大致有四种观点。

1. 价值主导论。该理论主要探讨的是"价值在本质上是主客体之间需要与满足的对应关系"。李忠军指出："从'价值'这个逻辑起点出发，我们可以说，思想政治教育在本质上是一项以价值需要为起点，以价值传递为过程，以价值实现为目标的特殊实践活动。"

2. 属性论。该理论用思想政治教育所具有的同其他事物相差别的特殊性来探索思想政治教育的本质。但坚持属性论的学者并没有明确区分属性与本质的概念，较难说明究竟什么是思想政治教育本质。此外，在属性论中，偏为集中的观点是思想政治教育的意识形态性、工具性和目的性概括来看。

（1）以政治性、意识形态性为代表的阶级观属性论。国内学者中以孙其昂、卢景昆为这一观点的代表，认为应该从对本质的三个基本规定条件出发，即本质要满足同类事物共同具有的最一般、最普遍、最稳定的属性，该事物不同于其他事物的特有属性和由事物的根本矛盾所决定的根本属性这三个条件，得出思想政治教育具有意识形态性和非意识形态性两个方面的性质，而思想政治教育的本质规定主要在于思想政治教育的意识形态性。

（2）认为本质是工具性与目的性、实践性与超越性的多重属性论。国内学者中以汪先平为这一观点的代表，他从思想政治教育、社会发展与人的发展三者的关系出发，探讨人、社会以及社会需求三个方面之间的逻辑辩证关系。这类观点阐述了自然人向社会人转化过程中思想政治教育在个体理想信念与思想道德建构方面的巨大作用，但忽视了在社会人的形成过程中其他教育的不可或缺性，因此未能明确体现思想政治教育的本质特征。

（3）"元"问题探讨类。思想政治教育的本质究竟是一元的还是多元的，也体现在对本源问题的探讨中。在王学俭看来："思想政治教育本质必定是'一元'的，思想政治教育本质是'立体'的。"多元论者则认为，目的性、实践性和超越性的三者统一是思想政治教育的本质。

（二）动机目的论

坚持动机目的论观点的学者从培养人的本质需求出发，以人为主体，突出思想政治教育最终为人的全面发展所服务的一面。主要包括教育目的论、以人为本论、灌输论三种主要观点。

1. 教育目的论。国内学者中以朱逸、吴建成的教育论观点为代表，他们的观点从历史的角度出发，既看到思想性培养，又看到政治性培养，但从概念上分析可以得出，教育仅是进行思想政治教育的一种手段，而非本质。除教育之外，思想政治工作、榜样示范等活动手段同样能对社会成员进行思想上、政治上的培育和转换。

2. 以人为本论。这种观点从人的个体本性出发，坚持个人本位，以人的需求、发展为根本目的，淡化了社会属性，从而减弱思想政治教育阶级性、政治性对人的影响，转从人本质进行问题探讨。

3. 灌输论。该类观点认为思想政治教育的本质是一定社会意识形态的灌输。不过需要注意的是，应从两方面来把握即应对理论灌输和方法灌输进行区分。当"灌输"仅作为一种教育方法来谈时，我们可以看到，其他的社会科学学科同样涉及"灌输"方法的运用，所以，这并不算作思想政治教育本质独特性、根本性的一个要求。

四、如何把握思想政治教育的本质①

（一）通过思想政治教育表象看其本质

思想政治教育的表现形式不是一成不变的，而是随着时代环境的变化而发生变化，但不管其形式如何变化，传播统治阶级意识形态是思想政治教育始终不变的主要任务。

第一，在传播主流意识形态时，思想政治教育所采用的是"接地气式"。思想政治教育的对象是社会大众，故须与社会大众紧密结合，潜移默化中将其价值观向正确的轨道上引领。

第二，在传播主流意识形态时，思想政治教育亦采用了"天涯海角式"。思想政治教育广泛存在于人们社会生活的各个方面，通过对人们日常生活"润物细无声"的影响，逐步转变并促使社会大众的思想观念越来越向主流意

---

① 王霞，沈芯羽：《思想政治教育的本质探析》，《佳木斯职业学院学报》，2018 年第 189 卷第 8 期，194 页。

识形态看齐。

第三，在传播主流意识形态时，思想政治教育还采用了"百宝箱式"。随着教育技术的进步，思想政治教育的方式除了传统的课堂灌输，还增加了许多，比如通过网络宣传典型人物、体验虚拟现实主题体验馆项目以及组织相关社会公益类活动等鼓励社会大众积极传播主流意识形态。这些为社会大众所喜闻乐见的传播形式牵引着其思想观念向主流意识形态靠拢。

综上，思想政治教育的表象即统治阶级通过学校、社区、社会组织等团体将符合社会发展的主流意识形态传播给社会大众，使其认同并指导自身的行动。而主流意识形态亦表现为一种符合社会发展，推动社会进步的主流价值观，即为主流价值观作用于社会大众的价值观，使社会大众的价值观能够融入主流价值观当中，这个过程就是价值观互动。由此推出，实现价值观互动的实践活动是思想政治教育的本质。

（二）通过思想政治教育的内在规定属性看其本质

超越性、实践性、目的性是思想政治教育的三大内在规定属性，以下将从这三个方面来揭示思想政治教育的本质。

第一，思想政治教育的超越性。这一属性是建立在对人们思想道德发展规律有所掌握的前提下，通过对人们思想道德的发展态势的评估，制定与事实相对应的教育策略，以科学的教育方式引导人们的思想政治观念向积极健康的方向发展。超越性一定程度上能够反映思想政治教育的本质内容。

第二，思想政治教育的实践性。这里所提到的实践性仅论以人为对象的实践性活动这一特质，即推动人的思想观念转变或进步的实践性教育活动。这一实践过程就是价值观互动过程。

第三，思想政治教育的目的性。使社会大众形成符合社会主义核心价值观的思想品德是进行思想政治教育的主要目的，而进行价值观互动的实践活动的目标也与之遥相呼应。即思想教育的主客体双方在进行价值观互动的过程中，让客体接纳和认同主体所传播的价值观内容，从而实现教育目标。

（三）通过整个思想政治教育过程看其本质

思想政治教育的基本过程，指教育主体依据思想品德基本要求，对教育客体进行有效的思想政治教育，提升其对思想政治内容的认知水平，进而自觉形成符合社会发展期望的思想观念并外化于其自身行为活动的过程。

首先，从思想政治教育过程中存在的基本矛盾角度来看，教育主体与教育客体在思想品德水平上不一致的矛盾贯穿于整个教育活动过程。从这一基本矛盾可知社会大众之间存在思想品德水平差异，即价值观的差异。而教育施行主体对教育客体进行价值观影响的过程即为思想政治教育过程。

其次，从思想政治教育过程的发展阶段角度来看。思想政治教育过程主要经历内化、外化、反馈这三大发展阶段。在第一阶段中，教育主体在向教育客体传播主流思想时，教育客体将其吸纳并转化为个人思想。第二阶段是指教育客体在内化的基础上，以形成的思想观念调节自身行为活动，从而形成行为习惯。这也是社会大众价值观被主流价值观所影响的体现。第三阶段是教育活动完成后，对教育的实施效果进行反馈、评价、反思，从而促进个人、社会思想的不断完善与成熟，进而将主流价值观中引入社会大众价值观，使群体价值观保持最大程度的一致。综上分析，对思想政治教育发展阶段的探析亦是对思想政治教育本质进行揭示的一种有效途径。

五、思想政治教育本质研究的意义①

经过国家的多次修订，目前思想政治教育的学科体系和理论基础已经初步形成，进入一个进一步提升和深化课程内涵质量的新发展阶段。思想政治决定着思想政治教育的内涵、范畴、功能、目标、内容及其发展方向等，也决定着思想政治教育的学科属性。因此，认识和把握思想政治教育本质，对于深入开展思想政治教育理论研究和实践探索具有重要的理论意义和实践意义。

（一）有利于推进思想政治教育理论的发展

思想政治教育本质追问是从元理论角度对思想政治教育进行元意义的探讨，这是思想政治教育理论与实践关系逻辑演进的本原。对这一问题的探讨

---

① 王升臻：《思想政治教育本质研究》，郑州：郑州大学出版社，2016 年第 1 版，271 页。

有利于拨开重重迷雾，走出认识误区，为思想政治教育学科发展和科学发展奠定理论基础。本质与属性是一与多的辩证关系，对思想政治教育本质的研究有利于深化对思想政治教育本质与属性的认识，增进对思想政治教育学科本真的把握。对思想政治教育本质的科学认识有利于界定学科边界，在理论上决定思想政治教育的根本属性，准确地进行逻辑思考，把握思想政治教育的基本规律，深化对思想政治教育功能的理解，确证思想政治教育的学科地位和作用。

（二）有利于坚持思想政治教育的正确方向

事物的本质规定事物的根本性质和发展方向。本质清楚了，事物的根本性质和发展方向也就清楚了。思想政治教育本质清楚了，就能在思想认识上明确应该坚持什么，在实际行动中知道应该做什么。习近平总书记在全国高校思想政治工作会议上强调："我国高等教育肩负着培养德智体美全面发展的社会主义事业建设者和接班人的重大任务，必须坚持正确政治方向。"思想政治教育实践中出现了如下问题：强调"新格局"，削弱党组织对思想政治教育的领导和政治核心作用；片面强调"一体化"，弱化思想政治教育的根本目的和任务；片面强调企业文化的作用，降低思想政治教育的生命线地位等。这些做法的结果削弱了思想政治教育的主导作用和战斗力，模糊了思想政治教育的原则，淡化了思想政治教育的政治内容，降低了思想政治教育的要求。究其原因，对思想政治教育本质的不明确，在实践中不能理直气壮地坚持思想政治教育的政治方向与之有很大关系。

（三）有利于推进思想政治教育实践发展

认清思想政治教育本质对于澄清对思想政治教育的各种错误认识具有重要作用。在思想政治教育过程中，由于人们对思想政治教育本质缺乏真正的把握，存在着对思想政治教育认识的种种偏差。有观点认为思想政治教育的功能是不言自明的万能作用，因而过分强调思想政治教育；有观点认为思想政治教育不直接创造物质价值，因而贬低和异化思想政治教育，边缘化或弱化思想政治教育；有观点过分强调经济的重要性，因而把思想政治教育作为迎合经济发展的一种工具化迎合倾向等。这些认识上的偏差必然模糊思想政治教育的根本性质和政治方向，产生各种对思想政治教育的误解和漠视。因而，思想政治教育本质研究，有利于纠正思想政治教育的偏差，能够在实践上确保坚持思想政治教育的正确方向，对防止泛化和窄化思想政治教育具有重要意义，促进思想政治教育实践的有效展开。

专题二　思想政治教育的文化意蕴

思想政治教育是一种政治现象，具有鲜明的政治性，同时又是一种文化现象，具有浓厚的文化性。从文化的视角研究思想政治教育是理论界的热点问题，也是一个前沿问题。"在人类文化发展的历史进程中，马克思主义思想政治教育一方面担当着建构、宣传、普及马克思主义的政治意识形态使命，另一方面又肩负着推动先进文化发展、人类文明进步的文化使命。这既是无产阶级及其政党保持先进性的重要条件，又是思想政治教育自身接续文化传统、保持旺盛文化生命力的关键。"① 思想政治教育过程是"文化化人"的过程，文化滋养着思想政治教育，文化推动着思想政治教育的发生、发展，思想政治教育需要文化的支撑和滋养；思想政治教育又肩负着推动先进文化发展、人类文明进步的文化使命。

一、文化性——思想政治教育的支撑点

（一）文化的含义

1. 文化的概念

"文化"一词的英文为 culture，在初期主要是耕耘、栽培和种植的含义，后来逐步引申出对人性情的陶冶和品德的教养；在我国"文化"一词始见于《易·贲卦·象传》："观乎天文，以察时变；观乎人文，以化成天下"，其基

---

① 杨威：《论思想政治教育的文化根源》，《江汉论坛》2016 第 9 期，5 页。

本含义是"以文教化"。《现代汉语词典》把"文化"解释为"人类在社会历史发展过程中创造的物质财富和精神财富的总和，更特指精神财富，如文学、艺术、教育、科学等"；①《辞海》则定义为，"社会的意识形态及与之相适应的制度与组织机构"。②"文化"是一个使用范围广、使用频率高的词，对其概念的解读，一直众说纷纭，迄今为止仍没有一个公认的、令人满意的定义。据统计，有关"文化"的定义至少有两百多种。

　　笼统地说，文化是一种社会现象，是人们长期创造形成的产物。同时又是一种历史现象，是社会历史的积淀物。确切地说，文化是指一个国家或民族的历史地理、风土人情、传统习俗、行为方式、思考习惯、价值观念、文学艺术等，包罗万象。人类学之父爱德华·泰勒这样界定文化：文化是一个复合体，包括知识、信仰、艺术、道德、法律、风俗以及人类在社会里所获得的一切能力和习惯。泰勒对文化的界定被称为文化的经典定义，多年来一直被较多的人所认同。虽然文化至今仍是一个相对模糊、争议较多的概念，但其中有一点是大家公认的，即文化的核心问题是人，有人才能有文化，不同种族、不同民族的人有不同的文化。文化既包括世界观、人生观、价值观等具有意识形态性质的部分，又包括自然科学和技术、语言和文字等非意识形态的部分。文化是一种社会现象，是由人所创造、为人所特有的。文化是生物在其发展过程中逐步积累起来的跟自身生活相关的知识或经验，是其适应自然或周围环境的体现。自然界中的任何一个生物，都有一个适应自然或其周围环境的过程，从这一点来说，任何一个生物都应该具备一个与之相应的知识或经验。对于一个民族而言，文化是魂，是民族精神的延续。文化作为一种精神力量，能够在人们认识世界、改造世界的过程中转化为物质力量，对社会发展产生深刻的影响，这种影响不仅表现在个人的成长历程中，而且表现在民族和国家的历史中，先进的、健康的文化会促进社会的发展，落后的、腐朽的文化则会阻碍社会的发展。

---

① 中国社会科学院语言研究所词典编辑室：《现代汉语词典》，北京：商务印书馆，1995年，1204 页。

② 辞海编辑委员会：《辞海》，上海：辞海出版社，1979 年，3510 页。

2. 文化的分类

（1）广义文化与狭义文化

根据文化的结构和范畴分为广义和狭义两种概念。广义的文化指的是人类在社会历史发展过程中所创造的物质和精神财富的总和。广义的文化着眼于人与一般动物、人类社会与自然界的本质区别，着眼于人类独有的生存方式，涵盖面非常广，它包括物质文化、精神文化、制度文化等。狭义的文化排除了人类历史生活中关于物质创造活动及其结果的部分，专指精神文化，即人们普遍的社会习惯，如衣食住行、风俗习惯、生活方式、行为规范等。现实中人们一般采用狭义的文化概念。

（2）物态文化、制度文化、行为文化和心态文化

根据文化的内部结构分为物态文化、制度文化、行为文化和心态文化。物态文化是人类的物质生产活动方式和产品的总和，是可感知的、具有物质实体的文化事物，如建筑、器皿、衣物等。制度文化是人类在社会实践中组建的各种社会行为规范。行为文化是人在社会实践中尤其是在人际交往中约定俗成的习惯定势，是以礼仪、民俗、风俗等形态表现出来的行为模式。心态文化是人类在社会意识活动中孕育出来的价值观念、审美情趣、思维方式等主观因素，相当于通常所说的精神文化、社会意识等概念，它是文化的核心。

在这种分类标准下，也有学者把"文化"分为三个层次：观念文化、制度文化和器物文化。所谓观念文化，主要是指一个民族的心理结构、思维方式和价值体系，它既不同于哲学，也不同于意识形态，是介于两者之间而未上升为哲学理论的东西，是一种深层次的文化。所谓制度文化，是指在哲学理论和意识形态的影响下，在历史发展过程中形成的各种制度。它们或历代相沿，或不断变化，或兴或废，或长或短，既没有具体的存在物，又不是抽象的看不见，而是一种中层次的文化。所谓器物文化，是指体现一定生活方式的那些具体存在，如住宅、服饰等，它们是人的创造，也为人服务，看得见，摸得着，是一种表层次的文化。

（3）主流文化与非主流文化

根据文化价值体系分为主流文化和非主流文化。主流文化又称官方文化或主文化等，它是社会和时代所倡导的、起着主要影响的文化。在一定的时

代、一定的范围内，在社会基础和非主流文化上层建筑领域中形成占主导地位的文化，如政治、经济、哲学、法律、科学技术、文学艺术等，是主流文化，具有"官方"色彩，以独立学科的形式存在。除此之外，还有另一种文化，存在于社会生活之中，具有"民间"色彩，通常不以书面形式展现，诸如婚姻、家庭、风俗、习惯等，就是非主流文化。从目前我国存在的文化资源角度来看，马克思主义文化是主流文化，而中国传统文化资源、西方外来文化资源以及与市场经济发展伴生的某些文化观念都属于非主流文化。主流文化反映着国家的根本意志、文化趋向和价值观，它是保证经济发展、政治稳定、社会进步和民族团结的精神因素，也是促进当代中国社会顺利转型、现代化建设事业取得成功的重要力量。

（4）精英文化与大众文化

根据文化的层次、普及程度、消费主体的不同分为精英文化和大众文化。精英文化是指由知识分子精心创造并在知识分子阶层中盛行的文化，也称为"高雅文化"。精英文化中蕴含更多的忧患意识、悲剧精神、人文关怀、价值理想、道德祈求，它具有个性化、精致化、理想化的特点。大众文化是大众创造并欣赏的一种普及文化，即"流行文化"。"大众文化"以大众传播媒介为手段，以都市化为社会条件，以商业化为运行方式，以世俗化为价值尺度。具体来说大众文化是在现代工业社会中产生的与市场经济发展相适应的一种文化形式，它是以消费为中心，以大众传媒市场流趋势为走向，以文化时尚为内容，以社会大众为对象的文化样式。其产品主要包括：商业影视、流行音乐、畅销书籍、广告、时尚等。大众文化最基本的特征是商业性、流行性和庞杂性。大众文化更多是指通俗文化，其主要功能是向普通大众提供娱乐消遣；而精英文化主要为高级文化、高雅文化。大众文化与精英文化虽然在本质上有着很大的区别，但是两者又有相互联系、相互转化和相互吸收借鉴的关系。当代中国的大众文化对开展文化启蒙、提高公众文化素质、培育市民社会、推进民主政治都发挥了一定的作用。当代中国的大众文化是在社会主义市场经济条件下产生的文化，深受西方大众文化的影响，大众文化的积极作用虽然不可低估，但它给我国主流文化、精英文化所带来的负面影响，特别是大众文化中隐含的某种特殊的文化趣味和价值导向，如消解崇高、弱化理想信念，对英雄的"恶搞"等，无疑造成了对我国社会主流文化与精英文化的冲击。

除以上的分类之外，按一定的原则、标准对文化概念排列与组合还可以有多种分类，如：从文化定义的外延部分看，按范围分为民族文化与世界文化；按时间分为史前文化、历史文化（传统文化）、现代文化和未来文化；按文化思想体系分为东方文化和西方文化，等等。一般来说，文化有多少定义，就会有多少分类。

（二）文化性——思想政治教育的支撑点

1. 思想政治教育需要文化的支撑

思想政治教育需要文化的支撑和滋养，因为思想政治教育并非一般性的社会经验指导，亦非泛泛而谈的人生指南，它是统治阶级为使自身利益得以维护而进行的富有成效的工作，也是提高国民思想政治素质、建立良好社会秩序的重要步骤。因此，现代思想政治教育者必须寻求新的工作支撑点——思想政治教育的文化性。在信息多元化的社会转型时期，如果我们具备了坚实的文化基础，我们就不会在受教育者出现众多复杂问题时简单地以生硬、机械的政治说教去做无用功，亦不会使其产生强烈的逆反心理。譬如，如果我们能对西方的现代哲学做出深刻而中肯的阐释与评价，我们就可以将大学生并不成熟的所谓"西化"思想引导到正确的轨道上来；如果我们有深厚而广博的艺术素养，我们就可以利用丰富多彩的艺术形式陶冶大学生的思想情操；如果我们可以在学生面前纵论知识经济的利弊得失，我们就可以为学生认识社会、适应社会提供切实而科学的人生指南，等等。总之，知识文化的融入可以使思想政治教育者成为工作的真正主宰，可以使单调的思想政治教育变得富有吸引力、感染力。

"思想政治教育本应具有的文化含量的丰富性与不断提升性在有意无意中常常为我们忽略，本可生动活泼的思想政治教育读物有时成为政策、文件、语录的简单转述。本可情趣盎然、文采飞扬的思想政治教育有时成为枯燥、空洞的政治说教与道德说教。"[1] 思想政治教育缺乏文化性，教育过程成为

---

[1]　沈壮海：《关注思想政治教育的文化性》，《思想理论教育》2008年第3期，5页。

"空洞干燥的教条公式"和"标语口号式"的现象绝不罕见。这样的思想政治教育，从某种角度而言，不但会影响受教育者对教育内容的理解，还会消减、侵蚀教育的感染力和实效性，甚至有可能消减马克思主义本来的魅力和吸引力。因为，"人类的文化活动赋予思想政治教育深层而永久的意蕴和价值，思想政治教育则是人类文化活动的内在需要和自我调控方式。离开了人类精神文化的滋养，思想政治教育尽管有政治权力的支撑和意识形态的包装，其生命也必然会枯萎。"① 人创造了文化，文化又反哺人性，发挥着人化和化人的作用。"文化"一词，从词源学意义上说，包含文治教化、以文化人的意蕴。文化的实质就在于人和人的活动本身，即"人化"和"化人"。"人化"即人在实践活动中，按自身的方式改造世界，使相关对象无不打上人的印迹，烙上人文性质；"化人"则意味着用这些改造世界的人文成果来武装人、提升人、造就人，使人获得更全面、更自由的发展，日益成为"人"。"人是文化之根、之源，文化反过来也规定着'人是什么'，规定着人'应该是什么''应该做什么'。作为万物之灵长的人，其生命的卓越就在于有文化的滋养和灌溉。"②

2. 思想政治教育的政治性与文化性

思想政治教育以政治取向来汲取文化资源，以政治需要来规范育人规格，以文化教化来实现政治目的。政治性和文化性互相促进，辩证统一于思想政治教育活动中。

（1）政治性

政治性是思想政治教育的本质属性。思想政治教育是特定社会或社会群体用一定的思想观念、政治观点、道德规范，对其成员施加有目的、有计划、有组织的影响，使他们形成符合其所需要的思想品德的社会实践活动，实质上是统治阶级实现其政治统治的合法性和维持社会秩序的产物，是自阶级社会出现后普遍存在的政治生活对教育的渗透。我国思想政治教育的政治性是指其公开声明为无产阶级服务的宗旨，旗帜鲜明地坚持马克思主义基本理论，并将其贯彻到思想政治教育的方方面面，努力为培养社会主义新人服务。因

---

① 杨威：《论思想政治教育的文化根源》，《江汉论坛》2016 年第 9 期，46 页。
② 杨威：《论思想政治教育的文化根源》，《江汉论坛》2016 年第 9 期，47 页。

此，思想政治教育具有鲜明的政治性和意识形态性。

思想政治教育的政治性主要表现为：第一，思想政治教育肩负着政治任务。思想政治教育是统治阶级将反映其物质利益的思想传达给民众以获得自身政权合法性认同的重要工具，从而也使思想政治教育自产生以来就先天地打上了阶级烙印，承担着"灌输"统治阶级的思想意识、表达统治阶级政治诉求的重任。第二，思想政治教育承载的内容是统治阶级政治理念和要求的直接反映。在思想政治教育的具体内容中，无论是有关思想教育还是有关道德教育的，甚或有关法治纪律教育与心理健康教育的，都必须站在统治阶级的政治立场上，以统治阶级意识形态为价值导向，使其内化为统治阶级所要求的思想政治素质，进而外化为符合统治阶级要求的思想政治行为，服务于统治阶级的政治统治。第三，思想政治教育的顺利开展和有效运作依托于政治权力。政治权力的支撑是思想政治教育顺利开展和有效运作的必要条件。政治权力不但对思想政治教育给予财政上的强力支持，而且还包括对教育内容、师资配备、整个运行机制的决策和监管等，以促使思想政治教育制度化和组织化，从制度上保证思想政治教育的有效实施。

（2）文化性

文化性是思想政治教育的基本属性。思想政治教育的文化性是指把思想政治教育当作一种特殊的文化现象，用文化的态度作为研究方法，探索思想政治教育的精神生产过程、传播规律和运行模式。思想政治教育属文化教育范畴，但它又不是一般意义上的文化教育，而是一种专门的思想政治教育，其根本目的在于使人们树立正确的世界观、人生观和价值观。[①] 思想政治教育是人类社会普遍存在的一种文化实践形式，就其根本意义而言，文化是思想政治教育的母体，思想政治教育生发于文化，存在于社会文化系统之中。

文化性是思想政治教育的根基和支撑。作为上层建筑的思想政治教育，其文化属性主要体现在以下三个方面：第一，思想政治教育本身是一种文化现象并以文化的形式存在。思想政治教育是统治阶级借以传播其意识形态，有意识地进行德性塑造与规范教育的实践活动，属于精神文化领域，其本身就是一种文化现象。文化是思想的载体，人们通过文化的交流进行思想政治

---

① 张耀灿等著：《现代思想政治教育学》，北京：人民出版社，2006 年，203 页。

的宣传和教育。思想政治教育在宣传思想观念、政治观点和道德规范的过程中，往往采用文化的形式或载体，如书报、音乐、绘画、戏剧、影视作品等，寓教育于文化艺术形式和文化建设中，以此来感染人和教育人。第二，思想政治教育过程是"文化化人"的过程。思想政治教育强调人的发展，尤其是人的精神世界的发展，积极容纳贯通人类不同历史时期、不同民族积累的优秀文化成果，丰富和提升人的精神需要，触动人的心灵，通过人的情感和意志促进文化精神的传播和价值意蕴的生成，促使文化精神内化为个体的本质力量，外化为驾驭外部世界的才能，即最终实现"内化于心、外化于行"，提升人的境界，这是思想政治教育本真意义之所在，实质上这一过程就是文化化人的过程。第三，思想政治教育具有文化促进功能。文化的产生和发展都是以人为主体的，在文化的发展变迁中，人的因素起决定性作用，而在人的因素中，思想道德因素与智力因素相比又起主导作用。通过有效的思想政治教育，使人民群众认识到自己既是文化发展的主体，又是社会的价值主体，可以大力提升人民群众的主观能动性和文化自觉意识，有效地实现意识形态工作与文化建设的紧密结合，从而使人民群众在文化建设中的主体作用和创造精神得到最大限度的发挥，不断增强文化发展的内在精神动力，以更加积极的姿态去建设发展文化事业。

（3）政治性与文化性的关系

思想政治教育作为思想上层建筑的组成部分，担当着维护和传播主流意识形态、巩固统治阶级统治的政治责任，同时也承担着文化传承和发展的重要任务。每一个时代、每一个阶级的教化，都会打上政治意识形态的烙印，使得这种教化结果在个体的文化生命上体现鲜明的阶级性。如中国封建社会的道德教化、中世纪教会的宗教教化、现代资本主义的教化都体现着鲜明的阶级诉求和政治倾向。思想政治教育有其鲜明的政治性和阶级性，有对文化资源进行选择、过滤和导向的功能。如果文化资源的价值精神与政治性的目的相一致，就会以积极的姿态被吸收、调整并纳入教育内容体系，加以宣传传播；如果文化资源的价值精神与政治性目的不一致，则会以消极的姿态加以批判和拒斥。总的来说，思想政治教育的政治性作为文化的价值内核，支配着思想政治教育的文化性，主要表现为维护主流文化的主导地位，保证文化发展的性质和方向；引导社会成员选择、吸收不同文化中积极有益的因素，批判、抵制、排斥消极有害的因素，推动主流文化的健康发展；通过培养社会成员良好的思想政治道德素质，培育其文化自觉、文化自信和文化自强意识，促进文化建设事业的发展，以文化教化来实现、提高国家文化软实力的政治目的。

思想政治教育的文化性也影响、制约着其政治性。思想政治教育、文化价值、精神选择的合理性，传播意识形态内容所借助的文化形式和文化载体的恰当性，"文化化人"的实效性和产生的文化力的强弱都会直接影响社会成员对政治统治合法性的认同，制约经济社会发展目标的实现，影响思想政治教育政治性目的的效果。①

思想政治教育具有鲜明的政治性，政治性是该学科存在的根本；文化性是思想政治教育生动性和丰富性的基础。思想政治教育的文化性和政治性相互依存、相辅相成、辩证统一。只有坚持两者的辩证统一，思想政治教育才能取得较好的效果。思想政治教育的具体实施中，时有政治性与文化性相分离的现象，如坚持政治性而漠视文化性，或高扬文化性而淡化政治性。过度重视政治性而忽视文化性，往往会忽视受教育者的个体性，实践中易导致教育资源单一、教育方法呆板。作用效果上强调政治决定一切，单纯定位于纯粹的政治目标，则会割裂本应促进和发展人的文化素质的目标；脱离文化的支撑，思想政治教育无异于无源之水、无本之木，必然陷入生态危机之中，其政治性也无从展现。

随着对外开放的日益扩大和经济全球化趋势的增强，我国社会文化生态恢复了生机和活力，多元化的文化生态真实而生动地影响着人们的思想意识、价值取向和生活方式。在思想政治教育实践中也出现了淡化甚至否定政治性的偏向，试图以人文性取代政治性，强调"技术化""价值中立化"或"价值无涉化"。这会在一定程度上导致思想政治教育政治导向功能的削弱和社会成员对政治的疏离，从而为普世价值、无政府主义、民族虚无主义、新自由主义等西方社会思潮和政治价值观的渗透提供契机。

---

① 张想明，杨红梅：《论思想政治教育的政治性、科学性、文化性及其关系》，《前沿》2013 年第 1 期，29 页。

总之，政治性和文化性是思想政治教育的两个重要特性，两者的地位并不等同，但彼此作用、辩证统一：只有坚持政治性，才能保证思想政治教育正确的政治方向，优化文化生态；只有注重以文化人、以文育人，思想政治教育的育人成效才能提升，政治性才能有效实现，二者缺一不可。对文化性的关注应以政治性的坚守为前提，政治性是思想政治教育的首要原则。关注思想政治教育的文化性，必须把"讲政治"始终放在首位，发挥好思想政治教育的文化功能。

二、思想政治教育与文化软实力

文化软实力对内表现为一个国家、一个民族的生命力、创造力和凝聚力，对外表现为一个国家在意识形态、发展模式、民族文化、外交方针等方面被国际社会认可的程度。文化软实力是综合国力竞争的关键要素。思想政治教育是先进文化的传播方式，引领主流价值观，增强民族凝聚力，构成国家文化软实力；文化软实力的提升也有利于思想政治教育的顺利开展和实效性的提升，两者相互联系、相互影响、相互促进。

（一）思想政治教育对提升文化软实力的价值

1. 维护主流文化的主导地位

思想政治教育作为执政党和政府有组织、有计划实施的教育工作，与主流文化有明显区别但又有着密切的联系，能够在主流文化建设中发挥重要作用和影响。思想政治教育是主流文化形成的思想基础，主导着主流文化的发展方向。一方面，通过坚持马克思主义在意识形态领域的指导地位，保证文化发展的社会主义性质和方向；另一方面，通过培养社会成员良好的思想政治素质，推动主流文化的发展。思想政治教育的根本任务是促进人的全面、和谐与自由的发展，培养社会主义的合格建设者和接班人；文化软实力的核心内容也是思想政治教育的重要内容，如传统文化、社会道德等，两者在内容上的高度重合性，决定了统治阶级所主导的内容能够成为全民所信奉和推崇的主流意识形态和文化内容。在阶级社会中，一个主权国家、一个民族的主流文化建设越繁荣、思想政治教育越成功，所彰显的价值活力越充分，一个国家的文化软实力就越有发展壮大的基础。思想政治教育通过"文化化人"的方式向教育对象传递正确的思想观念和价值观念，营造积极健康的文化氛围；通过倡导和传播社会主义核心价值观，推动社会成员形成价值共识，增强文化的凝聚力；通过捍卫意识形态安全和文化安全促进文化事业和文化产业的发展，提升我国文化的竞争力。

2. 引导文化选择的方向

思想政治教育作为一种政治性、社会性和文化性有机统一的教育活动，肩负着传播社会意识形态、引领社会文化的重任。思想政治教育能够引导积极的、先进的文化建设和发展，继承和发扬优秀文化的精华，吸收和借鉴外来文化之长，排斥和消解腐朽、消极文化，弘扬社会核心价值文化，优化社会文化环境。在信息化、全球化日益深入的今天，文化的多元化，不同文化的交流、碰撞势不可挡，思想政治教育可以引导人们选择、吸收不同文化中积极有益的因素，抵制、排斥消极有害的因素；对多样性文化尤其是"反文化"实施有效的意识形态调控，整合多样文化，引领社会主义文化发展。具体表现为：思想政治教育发挥文化选择功能，在多种文化和价值观念中，选择与主流意识形态相适应的价值体系，引领文化发展方向；发挥文化的批判功能，批判和抵制落后的思想文化和价值观念，特别是警惕西方的意识形态渗透；发挥文化教育功能，用"文"的内容"化"人，促进人的转化、变化，提高教育者和教育对象的人文素质和品格修养，使人们建立起崇高而完善的人格体系。

3. 传承和弘扬传统文化

文化是一个国家的精神支柱，是民族的根和魂，是维系民族生存和发展的精神纽带。文化的传承和发展离不开教育。2013 年 12 月 30 日，习近平在中共中央政治局集体学习时指出，"中华优秀传统文化是我们最深厚的文化软实力，也是中国特色社会主义植根的文化沃土"。提高国家文化软实力，一个很重要的工作就是从思想道德抓起，从社会风气抓起，从每一个人抓起；其次是要继承和弘扬我国人民在长期实践中培育和形成的传统美德，努力实现中华传统美德的创造性转化、创新性发展，引导人们向往和追求讲道德、尊道德、守道德的生活，让 14 亿人的每一分子都成为传播中华美德、中华文化的主体。思想政治教育作为教育的重要组成部分，不但肩负着建设和传播社会主义主流意识形态的责任，而且肩负着文化传承、复兴和创新发展的历史重任。思想政治教育以思想、政治、伦理道德观念等为教育内容，指向人的精神世界，培养符合一定精神文化要求的具备传承、创新和弘扬文化能力的人。"文化只有转化为社会中每一个人的具体教养，然后通过具有文化教养的个体来传递给同时代其他社会成员并传承给下一代社会成员，才能使人类所创造的共同文化成果在社会群体之中和不同世代之间流转。"①

没有对文化的认同就没有文化的传承和弘扬，文化认同是社会成员对文化的接纳和认可，是人们对文化所形成的归属感、信任感。教化使得先辈们所创造的优秀文化遗产成为现代人所认同、共享的文化成果，并且在新的历史条件下进行文化传承和创新，在历史的积淀中不断发扬光大。习近平在第十三届全国人民代表大会第一次会议上的讲话中指出："中国人民的特质、禀赋不仅铸就了绵延几千年发展至今的中华文明，而且深刻影响着当代中国的发展进步，深刻影响着当代中国人的精神世界。"中国人民在长期奋斗中培育、继承、发展起来的伟大民族精神，为中国发展和人类文明进步提供了强大精神动力。中国人民的伟大精神是一代一代中华儿女创造和积淀出来的，也需要一代一代传承下去。思想政治教育以主流文化、社会主义核心价值观武装人的头脑，提高人们对不同文化的辨别和鉴赏能力，使我们文化体系中的价值观念、意识形态等核心要素得到有效传播和认同，把优秀传统文化融入现代人生活，使其与当下人的观念、情感、价值观等相统一，激发人们对于本国文化的喜爱之情，增进人们对优秀民族文化的认同，进而由文化自觉到文化自信，传承和弘扬中华优秀传统文化。

（二）文化软实力对提升思想政治教育的价值

1. 提升思想政治教育效果

思想政治教育的效果，直接受一定社会文化的特点、积淀、传承、变迁及受教育者文化自觉程度等因素的制约和影响，先进、积极、符合主流意识形态的文化往往能起到正面作用，优化和强化思想政治教育的效果；反之，

① 杨威：《论思想政治教育的文化根源》，《江汉论坛》2016年第9期，48页。

消极、落后、不符合主流意识形态的文化会弱化、消解思想政治教育的效果。思想政治教育的过程从实质上而言，就是社会的主流意识形态对受教育者的思想政治要求与受教育者个体的思想政治水平之间矛盾的运动过程。这个过程需要以大量丰富、可信的文化资源为载体，使意识形态的价值观念在文化中得到强化和升华，才能增强思想政治教育的感染力和亲和力，促进思想政治教育有效性的提升。

习近平总书记在党的十九大报告中指出："文化是一个国家、一个民族的灵魂。"文化兴，国运兴；文化强，民族强。文化能为人民提供坚强的思想保证、强大的精神力量、丰润的道德滋养，必须不断加强文化建设。当今时代，文化越来越成为民族凝聚力和创造力的重要源泉，越来越成为综合国力竞争的重要因素。良好的文化氛围有助于人的思想品德的发展、思想政治教育的顺利实施和实效性的提升。从思想政治教育过程来看，文化软实力的提高，能为思想政治教育的主体、客体、介体、环体各要素的良性发展提供文化基础。无论是教育者还是受教育者，都是一定社会文化的现实承载者，彼此建构的是一种文化交往关系，这种关系是动态共生的，受教育者从教育者那里获取的不是枯燥的理论灌输，而是思想的表达、情感的沟通和精神的展现；受教育者则是基于自身的成长经历和文化积累来理解和回应，在互动和交往中相互作用、相互影响，实现着自身的成长。文化是引导社会进步的罗盘，是张扬真善美的旗帜。对社会的和谐、对人的文明与进步起着"滋润"和催化作用。积极向上、优雅和谐的文化氛围，将尊重人、理解人、关心人真正融入其中，使人能够从中真切感受到生命的人文关怀和激励，获得成长和发展的内在动力，使人心悦诚服地将思想政治教育的目标和内容内化于心、外化于行，成长为建设中国特色社会主义、实现中华民族伟大复兴的新生力量。

2. 丰富思想政治教育载体

思想政治教育是综合性的实践活动，该活动必须通过一定载体才能进行。唐宋八大家之首韩愈曾提出"文以明道"的主张，宋代哲学家周敦颐强调"文以载道"，他们都主张用文化承载起社会的教化功能和劝善作用，以实现"以文化人"。文化是思想政治教育的载体，不论是理论灌输，还是用实践锻炼、自我教育、榜样示范等教育方法对人们进行思想政治教育，都离不开人类文化的承载。文化载体的具体表现形式是多种多样的，包括文学艺术、新闻出版、广播电视、卫生体育、图书馆、博物馆、科技馆、体育馆、社区文化、村镇文化、企业文化、校园文化、家庭文化等文化事业。将思想政治教育内容寓于文化之中，不仅大大拓展了思想政治教育阵地，而且使思想政治教育更加生动活泼，更富有吸引力、渗透力，更容易为人们所接受。我们党历来重视运用具有鲜明时代特色和强烈时代感，又具有鲜明的民族特色，丰富多样、为人们喜闻乐见的文化承载思想政治教育内容。如延安时期，我们党充分利用戏剧、小说、音乐、诗歌、木板刻画等各类文学艺术形式，对官兵和人民群众进行政治动员，宣传党的方针政策。形式多样、内容丰富的文化艺术作品，贴近群众，贴近生活，凝聚人心，激励群众，成为人民群众不可或缺的精神食粮，坚定了全民抗战的信心和决心。当前，我国正处在推动社会主义文化大发展大繁荣，建设社会主义文化强国的重要时期，丰富多样的社会主义文化弘扬社会主义核心价值观和主旋律，将社会主导价值观念、核心价值体系渗透到社会生活的各个领域，对人们的思想和行为产生广泛、持久、深刻的影响，促进人民群众对主导价值观的自觉认同，构建中华民族共有的精神家园。

3. 实现思想政治教育目标

文化软实力的提升有助于实现思想政治教育目标。习近平总书记在《之江新语》中指出："文化即'人化'，文化事业即养人心智、育人情操的事业。人，本质上就是文化的人，而不是'物化'的人；是能动的、全面的人，而不是僵化的、'单向度'的人。"① 文化化人、塑造人，采用人性化的、和风细雨的、循循善诱的、潜移默化的方式使人慢慢地、不知不觉地接受社会共同体的文化或某种思想体系，从而改变人的思想、心理和行为。当今世界文化软实力已成为一个国家综合国力的重要组成方面，文化软实力的提升能坚定国人建设中国特色社会主义的信心和决心，增强人们的爱国情怀；文化软实力的提升意味着社会成员思想道德素质水平的提升，意味着社会主义核心价值观更加深入人心，更具有生命力、凝聚力和感召力。

思想政治教育的目标与文化软实力的目标是一致的，提高人的思想文化

---

① 习近平：《之江新语》，杭州：浙江人民出版社，2013年，150页。

素质、塑造健康完美的人格、实现人的自由全面发展，始终是思想政治教育的追求目标；我国文化软实力建设的根本目标是使最广大人民得到自由全面的发展。正如江泽民在《庆祝中国共产党成立八十周年大会上的讲话》中所指出的"我们建设有中国特色社会主义的各项事业，我们进行的一切工作，既要着眼于人民现实的物质文化生活需要，同时又要着眼于促进人民素质的提高，也就是要努力促进人的全面发展。"① 文化软实力通过促进社会发展，为人的全面发展创造条件，思想政治教育的主要目标是通过思想政治教育促进人的思想道德素质的提升与发展，进而促进人的全面发展。文化软实力的增强为人的思想道德素质的发展提供了基本条件。文化内容的丰富、文化活动的多样性必然营造出与以往不同的文化氛围，受到文化氛围潜移默化的影响，人们的思想观念不断得到更新，精神生活不断丰富，思想道德素质悄然之中发生改变。文化环境对人的思想道德素质产生的影响是缓慢而深远的，它是实现思想政治教育目标的有力支撑。文化春风化雨般潜移默化的作用与思想政治教育对人的主动影响相得益彰，共同促进人的思想道德素质的全面提升。②

价值认同必须以实现文化认同为基础，价值观教育本质上也是文化认同教育，文化的自信就是价值观的自信，文化软实力的提升有助于核心价值观培养。信息化社会，意识形态和价值观的侵入是我国安全稳定发展和思想政治教育工作所面临的严峻挑战。为了抵御西方价值观的侵蚀，除加强正面引导、教育外，更重要的是提升我国文化软实力，以主流意识形态引领多元社会思潮，以核心价值引领多元价值。软实力就是吸引力，文化软实力的增强意味着本国文化具有更大的吸引力和影响力，意味着主流意识形态的影响力不断加大、社会主义核心价值观的主导地位不断得到巩固。

三、思想政治教育与文化的"一元"与"多元"

当今世界是文化多元的世界，多元文化的共时性存在构成了当代中国的

---

① 江泽民：《论有中国特色社会主义（专题摘编）》，北京：中央文献出版社，2002 年，283 页。

② 张晓：《文化软实力背景下思想政治教育的若干思考》，《科学社会主义》2013 年第 6 期，100 页。

文化生态，明确思想政治教育的现实文化生态势位，积极发挥其文化选择和导向功能，主导生成积极健康、和谐共生的社会文化生态，"一元主导，多样发展"，大力弘扬主旋律，积极借鉴各种优秀文化成果，为经济社会发展和人的发展提供精神动力和文化滋养。

（一）"一元主导"

每个历史时期都有自身的主流文化，如我国封建社会，自汉武帝"罢黜百家，独尊儒术"，一直到清朝末年，历代帝王都极力推崇儒学，儒家文化由一种伦理文化演化成主流的政治文化，为维护封建统治发挥了重要作用。从文化生态系统的角度分析，主流文化应当是占据主导地位，具有高度的融合力、较强的传播力，能够为社会成员广泛认同，能在社会文化生态的优化中发挥整合和引领作用的文化形态。当代中国的文化生态是在经济全球化和我国改革开放的时代进程中，由"古今中外"多种文化形态相互作用形成的，是社会文化的客观演变与主观构造的现实统一。当前我国的主流文化就是中国特色社会主义文化，它是根植于当代中国改革开放的伟大实践，自觉坚持马克思主义的普遍真理、广泛吸纳中华民族传统文化和世界各民族文化精华，体现时代精神的先进文化形态。它是我国社会主义政治、经济在观念形态上的集中反映，对当代中国改革开放的深化和政治进步具有积极的促进作用，在社会主义意识形态建设布局中居于核心地位，对思想政治教育文化生态的优化发挥着主导作用。

1. 要旗帜鲜明地坚持并发展马克思主义

人类历史上任何一种文化形态的形成都是在特定的指导思想的指引下完成的。马克思主义是中国特色社会主义文化的灵魂和精髓。马克思主义的科学性超越了国家和民族的界限，反映了自然、社会和思维的最一般的规律，揭示了文化的起源、本质和发展规律，是无产阶级和革命人民认识世界、改造世界的科学世界观、方法论和价值观，具有普遍的指导意义。从本质上讲，马克思主义的理论和方法本身就是一种文化，是一种先进的政治文化。中国共产党人在领导革命、社会建设和改革开放的伟大实践中，始终坚持运用马克思主义的基本原理分析中国社会的现实问题，探索革命、建设和改革的正确方向和道路，展现了中国共产党人的远见卓识和先进的文化意识。

当代中国的文化生态呈现多形态、多层次、多样化的新特点。"只有马克思主义的统一指导，才能把这种多样化的文化格局统一到社会主义这个大目标上来，才能保证中国文化的社会主义性质和鲜明特色。"① 邓小平、江泽民、胡锦涛、习近平几代领导人都旗帜鲜明地坚持并发展马克思主义。"坚持马克思列宁主义、毛泽东思想的指导地位，是我们立党立国的根本，也是社会主义文化建设的根本，决定着我国文化事业的性质和方向。"② 中国共产党坚持把马克思主义基本原理同中国具体实际紧密结合，创造性地形成了毛泽东思想、邓小平理论、"三个代表"重要思想、科学发展观和习近平新时代中国特色社会主义思想，这些理论成果都是中国化的马克思主义，彰显了马克思主义在中国的时代生命力，印证了马克思主义成为当代中国社会主义文化建设指导思想的时代使命。马克思主义是科学的世界观和方法论，具有指导我们一切工作的品格，事实证明马克思主义的信仰是中国革命的理论武器和精神动力，可以最有效地指导我们的社会主义文化，离开马克思主义的指导，我国社会主义文化建设就会失去灵魂、失去方向和动力。

2. "一元"主导与"多元"发展相结合

"一元"主导即主流文化主导，中国特色社会主义文化的一元主导重在为文化建设提供正确导向，重在引导多元文化的发展方向。

首先，要坚持主流文化的主导地位。主流文化又称主导文化或主旋律文化。改革开放四十多年来，社会文化结构发生了持续、广泛而剧烈的变迁，思想文化领域从封闭走向开放、从一元转向多元。文化本身并没有优劣之分，但存在着积极和消极之别。积极的文化能促进社会发展，提高人们的精神境界，催人奋进，使人向上；消极文化则会给社会和个人发展带来消极的影响，使其丧失前进的动力，迷失发展的方向。截至目前，信息通道越来越方便快捷，多元文化纷然呈现，为社会成员提供了丰富多彩的价值享受和感知愉悦，但同时多元文化间的矛盾和冲突也在一定程度上造成人们思想认识的混乱和

---

① 刘景录：《关于中国特色社会主义文化建设的一些思考》，《科学社会主义》2006 年第 4 期，8 页。

② 《江泽民文选（第 1 卷）》，北京：人民出版社，2006 年，158 页。

分歧，影响人们的价值判断和选择。价值选择中的迷茫或价值观的冲突，诱发自由主义、功利主义、极端个人主义等错误思潮，冲击着马克思主义理论在我国思想文化领域的一元指导地位，对社会主义主流文化主导作用的发挥构成掣肘。一时间我国社会文化环境趋于复杂、混乱，文化凝聚力下降，文化自觉意识不强，文化自信缺失，对处于文化核心的代表着主流意识形态的思想政治教育内容提出了严峻的挑战，弱化了受教育者对思想政治教育内容的接受和教育者对思想政治教育内容的把握和传播。

党的十九大报告着重强调，要坚持中国特色社会主义文化发展道路，激发全民族文化创新创造活力，建设社会主义文化强国。思想政治教育要提升自身社会文化选择、融合、渗透和创新的能力，保障我国社会文化生态的演变和发展始终坚持社会主义性质和方向。先进文化必须是站在时代前列、符合历史潮流的文化；先进文化必须是对客观世界的真理性认识成果，能够科学地反映自然界和人类社会的发展规律和发展趋势；先进文化必须是反映和维护先进的经济、政治关系，为人民大众服务的文化。我国当今的先进文化就是中国特色社会主义文化，其核心内容是社会主义意识形态，它坚持以马克思主义为指导，立足于世界科学文化发展的前沿，坚持为人民服务、为社会主义服务的方向，充分体现了它的先进性。正因为中国特色社会主义文化的先进性，所以它在多元文化发展中具有更强的主导性，旗帜鲜明地倡导社会主义核心价值观，为人民提供价值导向，是维护并推动中国特色社会主义存在发展的内驱力、引导力、塑造力和支撑力。

另外，要促进多元文化健康发展。多元文化的存在是整个文化体系蓬勃发展、充满活力的前提。我国现代著名哲学家张岱年先生曾指出，"2000 年来的中国学术史给我们一个重要的启示：每一个时代应确立一个主导思想，而同时应容许不同学派的存在。必须确定一个主导思想，借以保证政治上的统一、社会的安定；同时允许不同学派的存在，借以保持思想的活跃、学术的繁荣。百家争鸣，并不反对有一家作为主导；有一家主导思想，亦不妨碍百家的争鸣。一而且多，多而有一，一多相容，这是学术思想正常发展的客观规律。"[1] 当前，无论是以新自由主义、民主社会主义、消费主义、历史虚无

---

① 张岱年：《文化与价值》，北京：新华出版社，2004 年，175 页。

主义、普世价值等为代表的现代西方社会思潮，还是日益发展壮大的大众文化、网络文化等，都从各自不同的角度以不同的传播方式对当代中国文化的发展产生影响。在文化多元的生态格局中我们既要善于吸取其中的精华，又要旗帜鲜明地批判和抵制其糟粕。只有坚持指导思想一元化和文化发展多样化的统一，才能避免文化建设上的专制主义和自由主义的错误倾向，推动文化沿着社会主义现代化建设的方向繁荣发展。

（二）多元文化互动共生

多元文化是指已有的传统文化和多样式新兴文化的共在状况。传统文化有长期历史积累而形成的根深蒂固的社会心理基础，虽然其社会、政治和经济基础都已不复存在，但它依旧有强大生命力。新兴文化的出现是与新的社会组织兴起、新的经济社会活动、新的利益需求、新的主体的自我意识和权利意识觉醒、域外文化输入联系在一起的，但新兴文化呈现碎片化的特点，它或是纯粹的、个别性的、局部性的，或是社会反常性的，或是异质性的。它有可能是代表未来的，但尚未形成广泛的社会共识。发展社会主义文化，用主导文化对多元文化一味地进行限制并不适宜，文化的功能作用在于文治教化，限制并不切合文化的本性。更为重要的是，一种文化的出现展示了一种生活及其可能性，文化多元化体现了社会生活的丰富性，是社会发展的必然结果，它需要主导文化引导，并加以整合，以形成新的文化秩序。与此同时，主导文化本身也需要创新发展。它必须通过吸收多元文化，扩展自身的包容性，提升自身的统摄力，增强自身的影响力，才能将多元文化纳入主导文化之下，引领多元文化。

习近平总书记在十九大报告中提出了发展中国特色社会主义文化的总体要求："发展中国特色社会主义文化，就是以马克思主义为指导，坚守中华文化立场，立足当代中国现实，结合当今时代条件，发展面向现代化、面向世界、面向未来的，民族的科学的大众的社会主义文化，推动社会主义精神文明和物质文明协调发展。"这一总要求明确了发展中国特色社会主义文化的指导思想。文化是有差异的，在马克思看来，由于历史环境等的差异，人类文化呈现共时态上的多样性。在多元的文化态势中，取什么态度、如何对待发展的中国特色社会主义文化，我国当代著名哲学家、国学大师汤一介主张要在"和而不同"的原则下展开不同文化的对话，提倡在相互沟通、理解和对话中，既能尊重各自的独特价值，又能彼此包容融合，既发挥主流文化的主导作用，又营造主流文化与多元文化共生共荣的文化情境，探寻不同文化的"交汇点"，达成共识，实现共生共荣。即"各美其美，美人之美，美美与共，天下大同"。① 和而不同是我国传统文化的智慧结晶，《国语·郑语》就有记载："和实生物，同则不继。以他平他谓之和，故能丰长而物归之；若以同裨同，尽乃弃矣。"② "和"指不同性质的东西相加，和能产生新的事物；"同"指相同性质的事物相加，同则产生不了新的事物。所以，世间万物只有"以他平他"的相生相克、相辅相成才能生成和谐统一的平衡生态，也才会繁荣，而"以同裨同"、单一雷同必然造成秕稗的疯长和万物的凋敝，打破平衡，破坏生态。孔子将其引申到道德领域，"君子和而不同，小人同而不和"。③ "和而不同"的要义在于要承认"有同"，在"不同"的基础上"融合"，并最终达成"和谐"，这样事物才能获得持续发展的动力。而如果一味追求"同"，则会走向衰败。从人类文化的传播交往史看，不同文化形态间相互一致的方面是实现彼此融合的基础，有其重要意义。而彼此间不同方面的互通有无、优势互补则更为重要、更有价值。马克思认为，精神是世界上最丰富的东西，它不应只有一种存在形式。允许多种文化的存在是文化大发展大繁荣的基础，博采众长，融世界文化发展的精华助推我国社会主义文化的大发展大繁荣。

　　思想政治教育文化生态的优化需要增强主流文化的包容性、凝聚力和认同度，需要协调处理好同一国家和民族的不同文化形态以及不同时代、不同民族之间的文化，如传统文化与现代文化、民族文化与世界文化之间的多重复杂的关系，大胆吸收、弃旧扬新，培育健康有序、和谐共生的文化生态，造就一种主导文化主导、多元文化共荣的局面，为思想政治教育奠定坚实的文化基础。

---

　　① 陈凤玲：《清华名人的人生智慧》，合肥：安徽科学技术出版社，2014年，106页。

　　② 史延庭编著：《国语》，长春：吉林人民出版社，1996年，298页。

　　③ ［宋］朱熹集注：《四书集注》，长沙：岳麓书社出版社，1987年，214页。

四、培养文化自觉和文化自信

（一）文化自觉与文化自信

2011 年党的十七届六中全会审议通过的《中共中央关于深化体制改革，推动社会主义文化大发展大繁荣若干重大问题的决定》，集中全党智慧，从建设中国特色社会主义事业总体布局的高度，确立了建设社会主义文化强国的宏伟目标；强调要发展社会主义先进文化，推动社会主义文化大发展、大繁荣，坚定不移地发展社会主义先进文化，尤其要加强文化自觉和文化自信。2016 年 7 月，习近平总书记在庆祝中国共产党成立 95 周年大会的讲话中强调："坚持不忘初心、继续前进，就要坚持中国特色社会主义道路自信、理论自信、制度自信、文化自信""全党要坚定道路自信、理论自信、制度自信、文化自信"。① 北京大学国学院博导、北京大学宗教研究院名誉院长楼宇烈在以"大国崛起的文化准备"为主题的演讲中讲道：中国要崛起，没有文化上的准备，很难实现。或者说，一个没有文化自觉的国家，一定不可能成为大国，更不能有什么所谓的崛起。著名作家马尔罗曾预言：21 世纪的发展无非是文化的发展，文化在综合国力竞争中的地位和作用更加凸显。思想政治教育在文化的传承和发展进程中，有着独特的历史使命和担当，发展社会主义文化，培养具有高度文化自觉和文化自信的一代新人，是思想政治教育的重要任务。

文化自觉是对文化发展的清醒认识、高度觉悟、理性看待，是对传承发展责任的勇于担当。文化自觉这一概念最早由我国著名社会学家费孝通先生提出。他认为，文化自觉是指生活在一定文化历史圈子的人对其文化有自知之明并对其发展历程和未来有充分的认识。换言之是文化的自我觉醒、自我反省、自我创建。按照费孝通的主张每个民族都要用实事求是的精神和实证的态度认识自身悠久的历史文化，要通过文化自觉审视本民族和其他民族文化的差异，寻找一条适合本民族文化遗产传承和发展的道路，同时，在全球

---

① 习近平：《在庆祝中国共产党成立 95 周年大会上的讲话》，《人民日报》2016 年 7 月 2 日 2 版。

一体化背景下，保护民族优秀传统文化，不仅需要"文化自觉"，还要重视"人"的积极作用。文化自觉就是要自觉地继承一切优秀文化遗产，不断发展、丰富、完善自己的文化，推动历史向前发展；要自觉认识到文化规律，依据文化规律进行文化建设。文化自觉还要自觉认识到文化在整个社会发展中的作用以及对社会经济支撑的作用。越来越多的人形成共识：没有文化，经济的发展就会受到严重制约；经济发展了，文化没有同步发展，我们的世界仍然算不上一个美好的世界。

文化自信是指一个国家、民族、政党对自己的理想、信念、学说以及优秀文化传统有一种发自内心的尊敬、信任和珍惜，对当代核心价值体系的威望与魅力有一种充满依赖感的尊奉、坚守和虔诚。文化自信是一个国家、一个民族发展中更基本、更深沉、更持久的力量，是文化主体基于对国家历史、文明、社会、文化底蕴的肯定而产生的认同感、自信心、自豪感、自觉性。它源于文化主体对本国文化的认知，对多种文化进行对比、判断、反思，使广大人民逐步产生心理感悟与认同，由此内心折射出对国家未来发展的坚定信念与决心。不自信则不可信，把本国文化推向世界，其中最重要的就是对自己所信仰和追随的文化有自信。带着对自己国家文化的爱，带着喜欢、赞赏的态度，我们的文化才更有可能被人认可和接受，才能走出国门，被他人认同。中国要成为文化强国，首先要培养国人的文化素养，加深国人对自己文化的喜爱，让国人广泛了解本国文化、喜爱本国文化。

"文化自觉"与"文化自信"有着本质的联系，二者是相辅相成、辩证统一的关系。文化自觉是文化自信的前提，文化自信是建立在文化自觉的基础上的，没有深刻的文化自觉，就不可能有坚定的文化自信。中国人民的文化自信是在文化自觉的过程中逐渐建立起来的，是对中华文化的高度认同和充分肯定。有了文化自觉，对自己、对文化有所认识和觉悟，才会树立正确的观点、态度和自信心，才会朝着目标迈进；有了文化自信，必然会更加警醒、更具力量，并自觉自愿地朝着奋斗目标前进。所以，有了文化自觉，便能不断积累与树立文化自信；有了文化自信，才能更加激发文化自觉，实现文化自强。文化自信与文化自觉密切相连，文化自信是文化自觉的逻辑延伸，文化自信引领文化自觉，文化自觉推进文化自信。文化自信是文化自觉的精神引领，只有坚持文化自信，才能正确看待本国文化与世界文化的差异性，认知传统文化的精髓，认同几千年凝聚的民族气节与风骨，在复杂变化的多元文化生态中，把握文化传承与发展的正确方向，对各种文化进行筛选、批判、吸纳、整合、传承与创新，从而逐步形成文化发展的高度自觉与自信。

（二）思想政治教育是培育文化自觉、文化自信的重要途径和方式

思想政治教育兼具意识形态性和人文关怀性，在文化多元化的时代背景下，既肩负培育文化自觉和文化自信、增强民族和国家认同、巩固主流意识形态的使命，又肩负着提高人的精神文化素养、塑造健全人格的任务。所以无论从国家层面还是个体层面，思想政治教育都以培育高度的文化自觉、文化自信为必然旨归和担当。在社会主义文化大发展、大繁荣的时代背景下，培育大学生乃至全民族的"文化自觉"与"文化自信"，具有三个层面的内涵及意义：一是认同与传承，即自觉继承和维护民族的优秀传统文化，并使之延续和发扬光大；二是借鉴与扬弃，即从国家民族实际出发，对全人类的文明成果加以借鉴，取其精华、去其糟粕，汲其所长，为己所用；三是反思与发展创新，即在反思自身文明与其他文明的基础上与时俱进，敢于实践，推进文化的发展和繁荣。

文化自信的培育既需要意识的、观念的思想理论灌输，同时也需要文化产品和文化活动的感染、熏陶和教化。而思想政治教育正是兼具理论灌输和实践教化双重属性的综合性实践活动，它不仅承担着文化传承的使命，同时还是一个自觉的文化创生过程，是培育文化自觉和自信的重要途径。

思想政治教育理论灌输的过程促生着文化自信。以马克思主义基本原理及其中国化系列成果为理论基础，以马克思主义世界观、人生观、道德观、法治观为基本内容，能有效巩固马克思主义理想信念，坚定中国特色社会主义理论、制度、道路的决心和信心。思想政治教育在教育实践中，通过大力宣传先进文化，培养社会成员的文化认知力；通过多种文化实践活动培育，唤醒社会成员的文化自觉和文化自信，增强社会成员的文化选择力。思想政治教育实践活动形式多样，如学习研讨会、学术交流会、参观文化场馆等，这些活动，一方面宣传、传播了中华民族先进文化，增强中华文化的吸引力、

感染力和渗透力，增强受教育者的精神归属感和文化认同；另一方面也促进了文化的创生发展，丰富了文化资源，经过各种文化活动的碰撞，推进文化形态不断升华以适应社会主义发展的需要，为文化自信的培育奠定基础。总之，思想政治教育的整个实施过程都渗透着对不同文化的选择和过滤，如果文化本身与思想政治教育的目的一致，则以积极的姿态加以吸收、传播；对于不符合教育目的，甚至与教育目的相悖的文化，教育者则加以批判和拒斥，进行积极的思想引导和价值引领，帮助受教育者树立、践行社会主义核心价值观，树立科学、先进的文化理念，提高社会成员的文化辨别力，促进精神文明建设，涵养深厚的文化自觉和文化自信。

专题三　思想政治教育的吸引力

思想政治教育的吸引力是思想政治教育的灵魂，注重思想政治教育吸引力是我党开展思想政治教育工作的宝贵历史经验，符合新时期思想政治教育工作的时代需要，也是提高思想政治教育实效性的重要保证。要切实提高思想政治教育吸引力，充分调动教育者和学生的积极性，利用一切教育手段和资源，以适应现代教育和现代经济发展的需要，提高思想政治教育的实效性。

一、思想政治教育吸引力的认识

在论述思想政治教育的吸引力之前，首先要明确思想政治教育吸引力的基本概念，以科学的理论为指导，有充分的理论作支撑，才能有效地指导教学实践。

（一）思想政治教育吸引力的概念、特征和作用[①]

要准确把握思想政治教育吸引力的概念内涵，首先要准确地把握和区分"吸引""吸引力""思想政治教育的吸引力"这几个概念的内涵及其相互关系，才能获得对思想政治教育吸引力的本质认识。

1. 吸引力与教学

"吸引力"原指物理学中磁性物体对在磁场范围内的其他物体的牵引力。这一概念被运用到思想政治教育领域，使吸引力具有了属人性。《现代汉语词

---

① 刘夫楠：《高校思想政治理论课教学吸引力提升研究》，大连理工大学，2017 年。

43

典》中将"吸引"定义为主体把其他事物或人的注意力引到自己方面来。当这种"吸引"稳定存在时，就说主体具有"吸引力"。因而，主体自身无所谓吸引力，只有当主体自身的特性能满足吸引对象的需求时，才认为主体具有吸引力。因而，所谓吸引力是指主体自身具备的，能将其他事物或人的注意力引到自己这方面来的特质或能力。

当吸引的对象是人时，吸引力就更具有了特殊性。在这种情况下吸引力不仅取决于主体自身具备的特质或能力，而且取决于被吸引对象的主观能动性。甚至可以说，如果没有被吸引对象主观能动性作用的发挥，即使吸引主体具有再强的特性或能力，也不会引起被吸引对象的注意，不会产生吸引力。

教学是教师通过有目的、有计划、有组织地引导学生学习和掌握文化科学知识和技能，促进学生素质提高的一种人类特有的人才培养活动，是教和学的统一。赖格卢特（C. M. Reigeluth）和梅里尔（D. Merrill）提出："要从教学条件、教学方法和教学结果这三个方面来系统地改进教学。"[1] 其中，教学结果又被划分为效果、效率和吸引力三个方面。在这一体系中，"吸引力"是以学生是否表现出继续学习的意愿作为评价标准，具体反映在学生的学习意愿、学习动机和在学习中克服困难的毅力等方面的情感和态度。教学的吸引力越强，学生的学习态度就会越积极，学习动机会越强，有坚定的毅力去克服学习中遇到的困难。因此，教学的吸引力是教学活动所追求的重要目标之一。

2. 思想政治教育的吸引力及其作用

思想政治教育由教师主导，其学习过程是一个"知、情、意、信、行"相结合的完整过程。思想政治教育要触及学生的心灵，需要学生全面地参与，因而思想政治教育吸引力是思想政治教育教学活动追求的重要目标。

思想政治教育之所以具有吸引力，是因为思想政治教育具有导向功能、发展功能和享用功能，能够满足学生个人全面发展的需要。思想政治教育吸引力直接表现为学生在课堂学习活动中产生的积极情感、态度及行为。因而，将思想政治教育吸引力定义为：思想政治教育教学活动所产生的将大学生注

---

① 韩国海：《有效教学概念及评价范畴辨析》，《中国教育学刊》2013 年第 7 期，42 – 45 页。

意力吸引到教学内容中并使大学生对思想政治教育产生积极情感、态度及行为的特质或能力。

提高教育的吸引力是思想政治教育活动的主要目标之一，也是评价思想政治教育有效性的态度维度。因而，提升思想政治教育吸引力是增强教学实效性的重要举措。一般情况下，思想政治教育吸引力越强，教学效果就越好。但是，提升思想政治教育吸引力并不必然导致教学实效性的增强，前者是后者的必要不充分条件。在教学实践中，要注意内容与形式的内在结合，"形神统一"，不能把精力片面地放在博眼球上，过分追求花哨的教学形式、热闹的教学氛围，而忽略根本性的教学内容，避免"重形式、轻内容"的错误做法，要真正提升思想政治教育的吸引力和实效性。

3. 思想政治教育吸引力的特征

思想政治教育吸引力以学生作为吸引对象，是思想政治教育活动满足学生生存、发展需要的产物，是一种特殊的吸引力，因而，思想政治教育吸引力在其产生和发展的过程中，呈现独有的特征。总的来说，思想政治教育吸引力具有方向性、灵活性、自主性和长期性等特征。

（1）思想政治教育吸引力的方向性。方向性是指思想政治教育吸引力关注的是学生对教育教学产生的情感、态度及行为的反应。这就要求思想政治教育过程要建立健全的反馈机制，通过各种渠道及时把握大学生对思想政治教育的情感、态度及行为。

（2）思想政治教育吸引力的灵活性。灵活性是指其教学方法的灵活性以及使用群体的多样性。单一形式的思想政治教育对不同的学生会产生不同吸引力，进而产生不同的教育效果和价值。这就要求思想政治理论课教师要关注学生的个性特征，因材施教。

（3）思想政治教育吸引力的自主性。自主性是指思想政治教育对学生的吸引是自主的，不是被迫的、强制的。在实际教学活动中，思想政治教育能够满足学生成长发展的需要，所以会自然而然地对学生产生吸引力。但是要注意，教学内容、方法和手段的不合理使用导致的学生对思想政治教育产生排斥心理，并不是对自主性的否定，反而会推动思想政治教育的改革和完善。

（4）思想政治教育吸引力的长期性。长期性是指要保持思想政治教育具有持久的吸引力，这是一项长期的工作。思想政治教育吸引力的长期性要求思想政治教育要适应学生的思想道德水平和发展需求的发展变化，坚持长期的教学改革和发展。

（二）思想政治教育吸引力的构成要素①

思想政治教育的吸引力是教师、学生、教学内容、教学方法和教学环境等多种因素综合作用的结果。因而，思想政治教育吸引力的构成要素就包括教师的吸引力、教学内容的吸引力、教学方法的吸引力、教学环境的吸引力以及学生的主体能动性五个方面。

1. 教师的吸引力

教师是教学活动中的主导，是传播马克思主义理论，培育大学生理想信念和道德情操的"人生导师"，发挥教师的主体性是提升思想政治教育吸引力的关键。亲其师，才能信其道，学生对教师的印象直接影响他们的学习状态和学习效果。面对个性鲜明的大学生，要成为一名受学生们欢迎的思想政治理论课教师是有一定难度的。思想政治理论课教师的角色定位也决定了对教师的要求比其他课程教师更高更严格。思想政治理论课教师不仅要具备传道、授业、解惑的能力，做到教书育人、为人师表，更要具备坚定的马克思主义信仰、深厚的专业理论功底和现代教育理念。此外，一个富有吸引力、感召力的教师还应该具有强烈的人格魅力，包括良好的仪表、饱满的精神、乐观向上的精神、关爱学生成长等。因而，思想政治理论课教师要不断培养自身的人格魅力，提高教学能力，做学生学习、生活上的知心人和立身处世、成长成才的楷模。

2. 教学内容的吸引力

教学内容是教学目标和教学任务的具体化，是教学的核心。教学内容具有吸引力是思想政治教育吸引力的根本保证。如果教学内容脱离实际、抽象难懂、枯燥无味，就难以吸引学生的注意力，使学生丧失学习的欲望，这必然会弱化思想政治教育的吸引力，难以使学生做到真懂、真信。教学内容主

---

① 师吉金，郑艳凤：《思政课的吸引力说服力感染力从何而来》，《吉林师范大学学报（人文社会科学版）》，2017 年第 45 卷第 6 期，115－119 页。

要以教材体系呈现，同时还包括教师根据时事补充的教学案例、素材等。教材内容的科学性、革命性和实践性，是理论焕发光辉和魅力的坚实基础，并成为大学生认识和改造主客观世界的思想武器。因而，要通过增强教材内容的思想性、科学性和可读性来提升教学内容对大学生的吸引力，促进大学生将思想政治理论内化到自己的思想体系，并以此来指导自己的行为。

3. 教学方法的吸引力

教学方法是指为了实现教学目标，完成教学任务，在教学过程中运用的方式与手段的总称，是挖掘和呈现教学内容的科学性和丰富精神内涵的重要手段。教学方法的吸引力是影响思想政治教育吸引力的重要因素。教学方法科学、恰当，可以使教学内容更好地为大学生所接受和内化，产生更好的教学效果。提高教学方法的吸引力要求教师改变单一的、机械的教学方法，顺应大学生的认知规律和学习特点，根据教学内容和学生实际综合运用探究法、讲授法、谈话法、讨论法、社会调查法等方法。教师在教学活动中要灵活地融入现代教育倡导的启发式、问题式、案例式等教学方法和先进的多媒体、"线上线下混合式教学"等教学技术手段，提高教学的参与性和启发性，增强教学的直观性和趣味性，调动学生学习的积极性，激发学生学习的兴趣。

4. 教学环境的吸引力

教育教学活动总是在一定的环境中进行和完成的。教学环境对教学活动的进程和效果均具有潜在的影响，对大学生的认知、情感和行为具有潜移默化的作用。教学环境是由多种要素构成的复杂系统，根据教学环境对思想政治教育活动及大学生思想品德形成和发展产生影响的密切程度，可以将教学环境分为教室环境、教学情境和校园文化三类。其中教室环境主要包括教室卫生环境、教室媒体设备和课堂班型等；教学情境主要包括情感环境、思考环境和师生关系等；校园文化主要包括校园文化氛围和校园文化活动等。良好的教学环境有助于营造积极的学习氛围。思想政治教育环境越有吸引力，越能激发学生的学习兴趣，教学的效果也会越好。因此，教学环境的吸引力对思想政治教育吸引力的影响同样不容忽视。思想政治教育教师在教学中要注意通过创设富有吸引力的教学情境，吸引学生的注意力，激发学生的学习兴趣。

5. 学生的主体能动性

思想政治教育有效开展，有赖于学生积极主动地参与。在思想政治教育教学活动中，学生是知识的接受者和教师教育、培养的对象。思想政治教育过程是学生认识客观世界、改造主观世界的过程，在这一过程中学生是思想政治教育的积极参与者，对教师传授的知识和思想不是被动吸收、全盘接受，而是主动地、有选择地接收，是一种具有能动性、自主性和创造性的学习。学生积极的情感、态度及行为是思想政治教育有吸引力的直接表现，而学生只有充分发挥自身的主观能动性才有可能产生积极的情感、态度及行为。因此，提升思想政治教育吸引力，必须充分调动学生的主观能动性。

(三) 思想政治教育吸引力的理论基础

思想政治教育的理念、目标、结构、方法等都需要科学理论的指导，提升思想政治教育吸引力同样需要在科学理论指导下进行。从根本上来说，思想政治教育吸引力的提升主要在马克思主义的人学理论、思想政治教育主体论和建构主义学习理论的指导下进行。

1. 马克思主义人学理论[①]

马克思主义人学理论的出发点和落脚点是促进人的全面发展。思想政治教育以人为对象，靠人实施，最终目的是改变人的思想，促进人的全面发展。提升思想政治教育吸引力就是力图增强教学实效性，从而促进受教育者的全面发展。因此，马克思主义人学理论是思想政治教育吸引力研究的重要理论基础。马克思主义人学理论认为："人的需要是和人性、人的本质联系在一起的，它是人类认识和实践活动的原动力。"马克思主义人学理论主张尊重、重视人的需要和利益。在思想政治教育中教师要了解学生的各种需要，尤其是要了解他们的具体关注点，这样才能有的放矢地组织教学活动。

此外，马克思主义人学理论主张高度关注人的主体性。人的主体性是指人在实践活动中所表现出来的自主性、能动性和创造性。提升思想政治教育的吸引力就要做到尊重学生的主体地位，关注学生的发展需求。

---

① 韩华：《人文关怀视野下的大学生思想政治教育》，《思想政治教育研究》，2009 年第 2 期，85 - 88 页。

2. 思想政治教育主体论①

思想政治教育主体论主张教育者与受教育者之间是平等互动的关系，强调二者都是具有独立自主、主观能动性的主体。这一理论坚持了"以人为本"的教育理念，体现了对受教育者主体性的高度尊重，为吸引力研究提供理论指导。

思想政治教育者的主体性主要体现在全面、客观地认识受教育者，丰富和发展教育内容，选择和创新教育方法，主动适应、选择、改善教育环境，自我改善、自我提升。教师首先要全面、客观地认识当代大学生，了解他们的身心发展规律，特别是思想政治方面的发展特点，这是提升思想政治教育吸引力的前提；其次，要通过改革和创新教学各要素，使其有助于激发学生的学习兴趣和动机，进而提高教学效果；最后，要不断改善自我、提高自我，提高教师的综合素养，从而提升教师的魅力。

思想政治教育受教育者的主体性体现在教育者与受教育者的平等互动，受教育者对教育目的、教育内容的价值认同，自教自律。因此，提升思想政治理论课的吸引力必须尊重受教育者的主体性，尊重学生的主体地位，为学生营造和谐的师生关系和宽松活跃的课堂学习氛围，激发学生的学习积极性，使思想政治理论课真正成为学生喜爱的课程。

3. 建构主义学习理论②

建构主义学习理论是针对传统的教育教学模式提出来的。传统的教学方式只关注教师，而忽略学生的需要，这是思想政治教育长期以来吸引力不强的主要原因。建构主义学习理论强调灌输式教学缺乏对学生内在精神与学习自主性的尊重；建构主义学习观强调打破这一传统的教学思路，应该激发主体能动性，使学生自觉学习思想政治理论。建构主义学习观倡导"以学生为中心"的教学模式，使学生由"依赖者"转变为"独立者"。当然，这并不否认教师的引导作用。该理论还强调教育者要从学习者的视角切入，研究学

---

① 张耀灿，郑永廷，吴潜涛，骆郁廷等：《现代思想政治教育学》，北京：人民出版社，2006 年，271 页。

② 叶湘虹：《论建构主义学习观下的思想政治教育》，《中南大学学报（社会科学版）》，2013 年第 1 期，189－194 页。赵静，赵蕾：《建构主义学习理论指导下的教学模式研究》，《陕西师范大学学报（哲学社会科学版）》，2007 年第 9 期，239－241 页。

习者"如何学"，即主动进行意义建构时的内部心理过程，实现教育理念从强制"灌输"向"建构"的嬗变。让学习者主动提高思想政治道德素养，树立马克思主义理想信念。富有吸引力的思想政治教育旨在培养大学生树立现代化学习理念，增强学生的学习自主性。提升思想政治教育吸引力就是要建构以教师为主导，学生为主体，师生双向互动的教学模式。

（四）思想政治教育吸引力的评价原则①

思想政治教育的吸引力作为实效性的内在要求，其评价机制的建立具有重要意义。科学的评价原则是评价机制建立的重要保证，因此，建立专属于思想政治教育吸引力的评价原则就显得尤为重要。

1. 客观原则

思想政治教育有无吸引力以及吸引力强弱的评价，应当坚持客观性原则。目前，思想政治教育吸引力的评价机制尚未完善，因此较多评价结果建立在主观情感的基础上，这导致评价标准的多样化，缺乏统一性、科学性和客观性。评价虽然是通过人脑产生的意识，带有主观判断性，但意识来源于现实世界客观存在的客观事物，因而对思想政治教育吸引力的评价应当以现实生活、以教育所产生的客观影响为标准。具体来说，在判断思想政治教育吸引力时，应当以教育主体的客观条件、教育内容的客观实际、教育过程的客观效果、教育环境的客观存在以及受教育者在接受教育后的客观实际行为为标准。

2. 发展原则

马克思主义哲学科学世界观明确指出，万事万物都处在变化之中，不存在一成不变的东西。因而，评价思想政治教育吸引力这一问题上，同样需要坚持发展的观点。要认识到思想政治教育吸引力从无到有，从有到发挥巨大的效果，是一个不断发展积累的过程。要科学判断思想政治教育吸引力发展的具体阶段，制定符合当下阶段发展的教育模式及策略，在发展中不断提高思想政治教育的吸引力。思想政治教育的吸引力或无、或有、或微弱、或强烈，这样的结果都是阶段性的。思想政治教育的吸引力可以从无到有，也可

---

① 李嘉玮：《高校思想政治教育吸引力提升研究》，河南大学，2017年。

能从有到无，可以从微弱变得强烈，也可能从强烈变得微弱，吸引力在不同时期会发生改变。因此，对思想政治教育吸引力结果的评价不是一成不变，而是不断发展着、变化着的实际，应当科学预见思想政治教育吸引力的发展潜力。

3. 理论与实践相统一原则

任何一种教育都离不开理论与实践的统一。例如，物理课不是一开始就着手进行相关物理实验，而是先学习基本物理知识，在这一基础上进行实践操作。思想政治教育虽然侧重意识形态教育，但从教育的本质上看，同样是一种实践的教育。思想政治教育同样要理论与实践相统一，"理论"是指对受教育者传授思想政治教育内容规定的基本理论和知识并确定其对这些内容的掌握；"实践"即思想政治教育的"实验"，这种实验是建立在实践的基础上，对所学理论与知识的一种应用与检验。因此，对思想政治教育吸引力的评价既要注重对"理论"的评价，主要包括教育内容的吸引力、教育方法的吸引力，更要注重对"实践"的评价，主要包括教育主体的吸引力、受教育者的接受能力与认同能力以及实际生活当中对"理论"的遵守和实践能力。

4. 质、量相结合原则

思想政治教育吸引力的"质"，是指思想政治教育所采用的方法的科学性、内容的正确性以及学生内心的强烈认同性。思想政治教育吸引力的"量"，是指思想政治教育在教育过程中渗透的广度以及学生群体当中接受人数的数量。现代思想政治教育的形式更加丰富，内容更加多样，方法更加科学，受众更加广阔，例如，运用慕课、雨课堂等作为载体建立起思想政治教育的新媒体基地，利用虚拟现实技术等多种形式的实践活动建立起思想教育的课外基地，利用视频、纪录片等形式建立起思想政治教育的宣传基地，我们完全可以从这些方面承认高校思想政治教育吸引力在"量"的方面不断得到提升。但是我们同样不能忽视"质"的方面，吸引力传播途径更加多元，所渗透的范围更加广阔，吸引的人数更加巨大，相应而来的是教育对象自身程度的良莠不齐、多元文化的激烈碰撞、意识形态的纷繁复杂等一系列严峻的挑战。在这样复杂的环境条件下，是否能够坚持思想政治教育的正确方向不被改变，使受教育者能够心甘情愿地接受思想政治教育并良好地践行其理论与内容，同样是影响评价思想政治教育吸引力的重要方面。

二、思想政治教育吸引力的研究现状

（一）国内研究现状

1. 概念界定开始受到重视

相比早期研究一直把"思想政治教育吸引力"作为一个已知的、经验性的概念加以使用，近两年的研究逐渐重视思想政治教育吸引力概念界定这一最基本的理论研究。学者指出，思想政治教育吸引力就是思想政治理论课教师通过教学方法、教学载体把受教育者的注意力、情感、观念等吸引到自己所传播的内容上来的力量。[①]

2. 思想政治教育吸引力研究的必要性

学者们对思想政治教育吸引力这一问题研究的必要性、紧迫性认识逐渐深化，指出思想政治教育吸引力不足，已经成为困扰我国思想政治教育质量的老大难问题，制约着思想政治教育实效性的提高。从根本上揭示提升思想政治教育吸引力是增强教学实效性的内在要求。缺乏吸引力的教学将直接导致"学生厌学、教师厌教"，进而影响教学效果。[②]

3. 思想政治教育吸引力所存在的问题

学者们一致地认为，当前思想政治教育普遍存在吸引力不强的问题。但是，由于所选角度不同，大家的具体描述不同，比如学生的课堂出勤率偏低；学生课堂表现懒散怠慢，存在消极情绪；课堂出现"低头族""瞌睡族"；学生对待思想政治理论课的学习具有被动化、形式化、功利化等特点；部分教师只顾完成教学任务，不关心学生的学习效果，对学生在课堂上瞌睡、玩手机、看其他书籍等不良现象视而不见，等等。这些问题共同反映了教学吸引力的不足。

---

① 赵兴：《高校思想政治理论课教学吸引力问题研究》，华中师范大学，2014 年。刘凤英：《大学生思想政治理论课教学吸引力不强的表现及对策》，华中师范大学，2015 年。
② 赵明刚：《提升高校思想政治理论课教学吸引力的路径探讨》，《教育评论》2015 年第 4 期，59－61 页。

4. 对思想政治教育吸引力不强的原因探究

关于思想政治教育吸引力不强的原因，学者们进行了多角度分析，并提出教师整体的专业素养和教学水平不高、当代大学生存在功利化现象、社会负面现象及西方思潮的影响和冲击等方面。也有学者从机制层面挖掘原因，认为思想政治教育吸引力不足的根源在于教师队伍建设机制相对滞后、评教机制存在缺陷以及考试制度存在偏差等。总之，思想政治教育吸引力不强是多种因素综合作用的结果，其中教师的综合素质是大家公认的关键因素。

5. 提升思想政治教育吸引力的对策探究

提升思想政治教育吸引力的对策研究呈现多层次、多角度的研究成果。思想政治教育课程是由多门具体课程构成的，它们之间相互联系、相辅相成，但又各具特色。因此，部分学者从具体课程入手来探究提升思想政治教育的吸引力的对策。还有一部分学者从教学改革和教学创新角度来探究如何改进思想政治理论课各教学要素，其中研究最多的是教师、教学内容、教学方法。有的认为要提升教师的外表、能力和品质的吸引力；有的认为要恰当、合理地运用影视作品辅助教学。此外，还有跨学科研究借鉴和运用了传播学、政治心理学等相关学科的知识，提出较新颖的途径和对策等。

（二）国外研究现状

国外的"思想政治教育"主要是指学校开设的独立的公民道德教育课程。虽然中国大学生思想政治教育与国外大学生的公民道德教育的培养目标、教育内容有着根本的区别，但是两者在教育教学的理念、方法和途径等方面具有共通之处。因此，总结国外公民道德教育教学成功经验，对研究我国思想政治教育吸引力问题具有借鉴意义。

1. 国外公民道德教育的教育理念

建构主义学习观认为"知识是在个人与社会互动中构建出来的"，并主张知识的获得过程与学习者的参与是相辅相成的。传统的强制"灌输"的教育理念忽略学习者需求，忽略学生的学习心理，不利于知识的获得。教育者应该由强制"灌输"的教育理念向积极"建构"的教育理念转变，不把学生当作盛放知识的容器，而是把学生当作学习的积极建构者。建构主义学习观对当代教育教学的发展具有一定的推动作用。

吸引教育理论将"吸引心理"运用到教育教学过程。吸引教育理论是从人与教育的关系角度来研究教育理念和策略的,它主张课程教学要以激发学生兴趣为手段。吸引教学理论主张重视和尊重学生,坚持民主化教学。这一教育理论主要探索如何将学校建成令学生向往的"最吸引人的场所",它所蕴含的教育理念与我国"以学生为本"的教学理念有相似之处,对思想政治教育吸引力的研究有启发作用。①

2. 国外公民道德教育的途径和方法

受西方民主、自由思想的影响,国外进行公民道德教育通常以间接的方式进行,将社会、学校、家庭和个人力量集结起来,建立"齐抓共管"的教育体系。国外进行公民道德教育时比较注重通过专业课程教学过程渗透公民教育,通过课外、校外活动进行道德教育,利用社会文化机构和大众传媒以及通过隐蔽课程对学生进行道德教育等。国外在公民道德教育中非常注重知行一体,以避免道德教育滑向单一的知识教育。知行一体的教育思想体现在国外道德教育的全过程,突出体现在教学方法的灵活多样,注重隐性与显性教育相结合,尽量避免说教和灌输,进而增强教育教学的效果。国外的公民道德教育还非常注重可操作性与实践性建设,如美国的"道德与公民"课程旨在学生通过政治参与来获得教育。这些公民道德教育的途径和方法都旨在遵循学生的思想发展规律,满足学生实际发展的需要,提高教育教学的效果,对我国思想政治教育改进具有借鉴意义。②

三、思想政治教育的现代转型

目前,中国社会正经历国家崛起和民族复兴的历史性巨变。思想政治教育是现代化进程的生命线,思想政治教育要适应社会的变化,主动进行变革,这既是全球化背景下思想政治教育现代转型问题,也是思想政治教育现代化问题,即实现思想政治教育由传统向现代转化。

---

① 王铁群:《试论吸引教育的有效策略》,《教育探索》2003 年第 12 期, 65 – 67 页。
② 徐峰,余一凡:《中国思想政治教育与西方国家公民教育差异比较》,《学校党建与思想教育》2013 年第 8 期, 90 – 93 页。

（一）思想政治教育现代转型的内涵

思想政治教育从传统类型向现代类型转变，称之为思想政治教育现代转型。思想政治教育面临外部环境的改变，社会转型期中国的党情社情对思想政治教育提出了新要求，思想政治教育本身也需要系统的自我完善，这是推动思想政治教育从传统向现代转型的主要原因。那么，思想政治教育现代转型的内涵到底是什么？

学者对思想政治教育现代转型的内涵一直就存在不同的阐释。有学者指出，思想政治教育的现代转型是思想政治教育为适应现代社会而进行的以实现自身现代化为目标、以人本化和科学化为特征的整体性结构转变，是自觉、理性化的转型，是由社会主体有计划、有步骤、上下结合地推进思想政治教育系统结构变迁的过程。也有学者认为，思想政治教育现代转型的内涵应包含两方面的内容。一是从传统的"社会本位"思想政治教育目的观向现代"主体本位"目的观的转向，即在思想政治教育现代转型的整个过程中，必须将人的主体性和开放性作为人的现代化和全面发展的核心精神。二是构建思想政治教育现代转型的主体化目标和科学化目标并实现二者的统一。尽管学者对思想政治教育现代转型内涵的理解不同，但也在一定程度上达成共识，即思想政治教育的现代转型是一个动态的过程。思想政治教育的现代转型并不仅仅是对思想政治教育目的进行反思，对其过程的传统进行反思并达到创造性转化同样重要。

（二）思想政治教育现代转型的现状

一般认为，考察思想政治教育现代转型的时间划分是以年为界。1919年到1978年是以革命为中心的传统思想政治教育时期；从1978年开始，思想政治教育进入"以人为本"阶段。那么，改革开放以来，思想政治教育现代转型的状况如何呢？总的来说，思想政治教育的现代转型取得了较大成效，呈现规范化、生活化、民主化、科学化、社会化、隐形化、主体化、现代化等一系列全新的发展态势。思想政治教育方式方法、管理日趋规范，逐步实现从经验型向科学型转变；思想政治教育的目标、内容、途径逐渐回归生活世界，更加贴近生活、贴近实际、贴近受教育者；思想政治教育日趋民主化，从工具性价值向兼顾人文性价值转变，从单向灌输向双向互动转变；思想政治教育日趋科学化，工作方式从经验型向科学型转变，预见性、超前性研究逐步加强；思想政治教育日趋社会化，电视、广播、报刊、因特网等大众传播媒介成为思想政治教育的重要载体；思想政治教育日趋隐性化，更多地运用间接的方式使受教育者在不知不觉中受到濡染和熏陶；思想政治教育日趋主体化，确立了人的品德自我建构的主体地位；思想政治教育日趋现代化，广泛应用网络技术、大众传媒载体、新媒体等现代化手段。但是，思想政治教育的现代转型依然面临着来自社会系统的变迁和自身系统操作效应的双重压力，需要在实践中不断完善和健全。

（三）思想政治教育现代转型的路径

思想政治教育该如何实现艰难的现代转型，这是学界一大热点问题。纵观思想政治教育现代转型路径研究，研究者有不同的看法，但有一点是研究者所一致认同的，即把弘扬与培育人的主体性作为思想政治教育的重要目标，纳入思想政治教育目标体系。关于思想政治教育现代转型的具体实现路径，学界集中提出思想政治教育理性回归问题。有的研究者提出思想政治教育的价值向度就是意识形态的人本性回归，思想政治教育的时代取向则是意识形态的现实性回归。有的研究者指出，思想政治教育的现代化要完成由"社会本位"向"主体本位"的转换，主体化和科学化是其现代化的两个目标；有的研究者做了更为详细的研究和阐释，提出现代思想政治教育应该从教育观念、教育任务、教育方式三大方面着手，实现切实的转变。思想政治教育理性回归问题的实质在于，思想政治教育作为意识形态的载体要随经济社会发展而与时俱进，既要被社会成员所认可，也要尊重与满足社会成员的主体性、精神性、价值性需求和物质利益的情感诉求。

四、增强吸引力的路径

提升思想政治教育吸引力，要坚持"以人为本"的教学理念，尊重大学生的认知发展规律和思想品德发展的规律；要坚持思想政治教育的"整体优化规律""要素协同规律",改革和完善教学活动的各个要素,从整体上打造大学生真心喜爱、终身受益的思想政治理论课程。

(一) 发挥教师主导与学生主体作用

1. 倡导以学生为本的教学理念

提升思想政治教育吸引力要坚持解放思想,理念先行,倡导"以学生为本"的教学理念。这一教学理念是"以人为本"的科学发展观对教学的要求,强调尊重学生的主体地位,激发学生的主体意识,把学生当作有主见、有理想和有情感的个体,引导学生去独立思考。"以学生为本"的教学理念是学生由"要我学"转变为"我要学"的思想基础和思想保证,也是思想政治教育富有吸引力的思想前提。

倡导"以学生为本"的教学理念,首先必须了解学生。教师要了解学生的学习认知和动机,了解学生对思想政治理论的掌握程度,了解学生的身心发展规律和思想道德水平等。教师在设计教学内容、选择教学方法时,都要以学生实际为依据,尤其要坚持从具体到抽象,再由抽象到具体的讲解顺序,避免理论过于抽象,使学生感到枯燥难懂,进而失去听课兴趣。其次,教师要有意识地提高学生自我教育的积极性、主动性和自觉性,着力培养学生的自我教育能力。在教学方法上搭建平等、互动和探讨式的交流平台,给学生留下足够的思维空间,鼓励学生自我学习、自我管理和自我教育。在教学内容上,教师应该充分尊重学生的主体地位,将理论教学与学生的实际生活相联系,耐心讲解学生关心的社会热点问题,引导他们理性分析和有效解答问题。

倡导"以学生为本"的教学理念,教师要坚持人文关怀,积极构建和谐的师生关系。师生关系是教学中最基本、最重要的关系。和谐的师生关系是思想政治教育取得实效的重要条件,也是思想政治教育富有吸引力的前提条件。美国当代人本主义心理学家罗杰斯认为,和谐的师生关系不仅能促进学生高效的学习,也能促进教师有效的教学,和谐的师生关系本身就是最好的教学方法。因此,思想政治理论课教师要关心、关爱学生,主动了解和接触学生,成为学生的良师益友;也要营造民主、轻松的教学氛围,用己所学引导、启发学生去思考与探索，这会使学生乐于接受和信服教师所教的内容，从而形成和谐的师生关系。学生在生活中遇到的思想疑惑和实际困难更需要教师的指导和帮助，所以师生的交流不应局限在课堂上，课外的交流也非常重要。这要求教师借助新媒体积极地为学生搭建师生交流的平台。

2. 提高教师的人格魅力和教学能力

思想政治理论课教师是学生思想政治教育工作队伍中最主要的力量，对于培养和造就具有创新精神和实践能力、德智体美劳全面发展的建设者和接班人负有重要责任。特别是素质教育推行下，要增强思想政治教育吸引力，教师就必须提高对自身的要求。思想政治理论课教师的"真功夫"主要是独特的人格魅力和过硬的教学能力。

（1）培养独特的人格魅力

思想政治理论课教师相比其他课程教师，更强调耳濡目染，身教胜于言教，思想政治理论课教师理应重视自身的人格魅力对学生的感染和鼓舞作用。这里所说的人格魅力包括良好的仪表、饱满的精神、乐观向上的精神、关爱学生成长等非理性因素。教师的人格魅力是一种非强制的影响力，对学生的影响是潜移默化的。教师要坚定共产主义信仰、爱岗敬业、关爱学生；坚持以身作则、为人师表，培养无私奉献、艰苦奋斗的良好道德品质；培养广泛的兴趣、丰富健康的情感、坚定果断的意志、富有内涵的气质、乐观开朗的性格等积极的心理素质。这都会对学生产生无形的感染和影响，使教学收到事半功倍的效果。

（2）增强教学能力，提高教学艺术水平

习近平总书记强调："要加强师德师风建设，要坚持教书和育人相统一，坚持言传和身教相统一，坚持潜心问道和关注社会相统一，坚持学术自由和学术规范相统一，引导广大教师以德立身、以德立学、以德施教。"教师要增强教学能力，就要做到这四个方面的"相统一"。陈宝生部长强调，提高思想政治理论课的质量和水平要紧紧抓住教师环节，解决好内功问题。教师最重要的"内功"就是教学能力和教学艺术水平。教师可以运用语言艺术、激励艺术、疏导艺术和沟通艺术来增强其教学的感召力和吸引力。课堂教学主要通过声音、语言传达，枯燥、单调乏味的语言是思想政治教育的大敌。所以，增强语言的吸引力是提升教学吸引力的关键一招。教师必须胜任对理论的表述，提高语言的表现力、感染力，展现马克思主义的理论魅力。不同学科的教学语言艺术的具体特点不同。思想政治教育具有鲜明的意识形态性，因此水平高的教学语言要具有政治性、科学性、逻辑性、情感性、生动性和灵活性等特征。当教师的教学能力和教学艺术水平获得提升，就能够为学生打造富有感染力和吸引力的思想政治理论课堂，教师自身也会从中获得成就感。

3. 培养学生的主体意识和主体能力

培养学生的主体意识和主体能力的前提和基础是使学生明确学习目标和任务。思想政治教育目标和任务反映教学的本质和方向，规定教学内容，影响教学方式方法，是思想政治教育的一个根本性要素。教师对教学目标和任务的把握直接影响整个教学过程和教学效果。思想政治教育的目标是培养"四有"新人。要完成这一目标只是靠教师明确自身的教学目标和任务还远远不够，还要将教学目标和任务转化为学生的学习目标和学习任务。这是因为学生的主体意识不强，在学习过程中会产生帮助老师完成教学任务的错误认知，导致他们不重视思想政治理论课，在学习中表现消极被动。因此，教师必须让学生明确学习的目的与意义，把教学目标转化为学生的学习目标和学习任务，培养学生对思想政治理论课的兴趣和爱好，使学生认识到学习是自己的事情。同时，在课堂教学中，教师要把学习任务交给每一位学生，让他们在完成学习任务中思考，自觉地跟上教师的讲课节奏。

提高学生自主学习的能力是培养学生的主体意识和主体能力的落脚点。在素质教育理念的指导下，教师要用启发式教学取代"一言堂""满堂灌"的陈旧方式，将灌输与启发相结合，以启发为主。教师可以将教学学时划分为课内讲授学时和课下自学学时，将教师讲授和学生自学相结合。在课堂教学中，教师对课程的基本理论和重点、难点问题进行精讲，使学生从整体上对学习内容有所认识，并对重点内容有清晰的认识，做到有的放矢。

（二）增强教学内容的科学性与实用性

提升思想政治教育吸引力，最根本的是着眼于充实学科发展的内在因素。对于思想政治理论课来说只有对当前这个变革时代保持较强的解释力和说服力，做到"以理服人"，展现马克思主义理论的魅力，教学才能真正富有吸引力。

1. 实现教材内容向教学内容转化

思想政治理论课的教材为教学内容提供了正确的方向、依据和原则，教学内容要与教材内容保持一致，使教学内容与党的政治纲领保持一致。反之，如果脱离教材，纵使教学内容讲得再精彩、再有吸引力也是背离思想政治教育目标的。当然，这并不代表教材内容可以等同于教学内容。在教学过程中，如果教师完全照搬教材、照本宣科，单纯地讲授理论，不联系学生身心实际和发展需要，会直接导致学生对教学的厌倦和反感。特别是当前使用的教材仍然存在理论性较强，理论化、文件化的语言较多，可读性不强等问题，使学生在阅读过程中产生畏难情绪。为此，思想政治理论课教师要准确把握教材，科学开发教材，充分使用教材，对教材内容作精心的提炼和加工，用自己擅长的语言展现给学生，实现教材内容向教学内容的转化，这样的教学内容才具有吸引力、感染力。

2. 拓展教学内容的深度和广度

思想政治教育要达到"入耳、入脑、入心、入行"的效果，需要一个循序渐进的过程。"入耳、入脑"是让学生喜欢听、喜欢上思想政治理论课，这是低层次的目标。"入心、入行"是学生真心喜欢学习思想政治理论与马克思主义理论，能够做到"内化于心、外化于行"，这是较高层次的目标。前者凭借现代化的教学手段基本可以实现，后者的实现则教师拓展教学内容的深度和广度，运用理论自身魅力征服学生。加强教学内容的深度，要在提高理论内涵上下功夫。习近平总书记强调："理论上不彻底，就难以服人。"思想政治理论课教师应当矢志不渝地传承马克思主义理论，与时俱进地挖掘理论深度，不断为其注入体现时代特色的血液，推动其向前发展。思想政治理论的内容对于大学生来说并不陌生，因为他们从小学到高中都在接受思想品德教育。应试教育下的政治教育给大学生留下的死板印象，使大学生无法感受到思想政治理论课程的新鲜感和吸引力，甚至对思想政治理论课学习产生排斥心理。这要求教师深刻把握思想政治理论的内涵，真正做到融会贯通、精辟讲解，切实讲出理论的力量和魅力，体现思想政治理论课的学术深度和理论高度，以深厚的理论功底和学术涵养，引领学生增强道路自信、理论自信、制度自信和文化自信。

增加教学内容的广度，要注重教学内容的延伸和扩展。当代大学生对社会热点的关注，对国家时政的关心，对知识与真理的渴望，不比以往任何一代人差，而且受信息网络化的影响，他们接触和获取各种信息、知识和思潮更为方便快捷。这要求思想政治理论课教师不仅要有扎实的专业知识，也要有广博的知识。因此，思想政治理论课教师应该关注社会发展的新思想、新动态，多涉猎政治、经济、文化、科技、社会、生态、体育等领域的知识，不断开阔自己的眼界，有意识地把大学生关注的热点问题与马克思主义理论研究的最新成果相结合，使自己的课堂"常讲常新"，使学生真正喜欢上自己的课。

3. 强化教学内容的实用和导向

邓小平讲："学马列要精，要管用的。"这里的"管用"主要体现在富有成效的解决具体实际问题。因此，思想政治教育要坚持"三贴近"原则，即贴近实际，贴近生活，贴近学生，尤其要与学生的成长成才联系起来，积极回应学生关心的热点问题，把课程讲到学生的心里去，使学习课程成为学生的内在需要，激发他们的学习积极性和主动性，把学习转化为自觉、自主的行动。马克思指出："理论只要说服人，就能掌握群众；而理论只要彻底，就能说服人。所谓彻底，就是抓住事物的根本。"因此，增强思想政治理论的说服力就是要增强其对学生所面临的现实问题和时代发展问题的阐释力。思想政治理论具有鲜明的意识形态性，这要求教师积极地引导学生"真正地掌握马克思主义的立场和方法、真心地赞同社会主义共同理想的方向和路径、真切地感受民族精神和时代精神的底蕴和力量、真实地践行社会主义荣辱观的规范和义理"。教师要加强对学生的引导作用，坚持从学生实际出发，将理论讲授的重点与学生思维的兴奋点相切合，与学生关注的热点难点相结合，培养学生理论联系实际的思维方式。

（三）整合多种教学方法，参与教学过程

现代思想政治教育强调教学的育人功能，着眼于启迪人的心灵世界，建构人的生活方式，从而实现人的价值。因此，思想政治教育的方法要更加关注对学生心灵的启迪和引领作用，不仅注重接受和理解，更注重内化和力行。思想政治理论课在教学方法的设计上必须从学生的认知规律、心理规律出发，充分考虑学生的思想特点和心理需求，采用丰富多样的课堂教学形式，触及学生思想和心理深处，努力寻求社会规范与学生个体需要的对话渠道，让学生真正参与到教学过程中，在主动学习中实现成长。

1. 运用启发式教学

启发式教学是教师在教学过程中依据学习过程的客观规律，引导学生积极主动地掌握知识的教学方式。这一教学方法要求教师尊重学生的主体地位，充分调动学生的主观能动性，引导他们独立思考，主动获得知识和发展能力。要有效运用和贯彻启发式教学原则，首先教师要关注并引导学生树立积极正确的学习动机，激发学生学习的内在动机，并想办法保证其稳定性和持久性；其次教师要创设让学生"思辨"的问题或情境，组织学生讨论，激发学生的积极思维，并使其养成善于思考的习惯；最后教师要传授学生思考问题和解决问题的方法，培养他们自我探索和独立解决问题的能力。

启发式教学原则可以追溯到孔子的教育思想。他常采用对话的形式教学，并且多为学生主动提问。这对思想政治教育方法的探究和选择具有启发作用。当前，思想政治教育的理论和实践中能够坚持启发式教学原则的方法主要有讨论法、案例解析法、问题探究法等。在师生交流的过程中，教师通过运用上述方法引导学生学会独立思考，培养学生树立问题意识，学会敏锐地发现问题、辩证地分析问题和睿智地解决问题，使学生成为学习的主体，真正参与到学习中，在学习中获得知识与能力。因此，教师在教学过程中要坚持启发式教学原则，多运用启发式教学方法。

2. 增加参与式教学

思想政治教育要培养学生坚定的理想信念，培养学生树立正确的世界观、人生观和价值观，就必须提高学生的教学参与度。为达到这一目的，教师要将实践教学纳入教学设计中，并给予高度重视。实践教学作为思想政治教育的一部分，与课堂教学相辅相成，是实践化、应用化的教学活动。因此，实践教学的活动内容必须结合思想政治教育内容，避免成为形式化活动。开展思想政治理论课实践教学一方面要完善制度层面的建设，明确宏观层面的规范指导和微观层面的操作标准，加强实践教学的规范性；另一方面，实践教学的活动主题既要围绕思想政治教育目标和教学内容，也要贴近大学生实际、贴近社会生活。实践教学要突出学生的主体地位，也要注重教师的指导作用。

总的来说，思想政治理论课教师要拓展理论教学与实践教学渠道，坚持灌输与启发相结合，以启发为主的教学方法，引导学生掌握教学内容的理论本质和精神内核，引导学生运用理论知识解决实际问题，引导学生培养理性科学的思维，逐渐培养大学生积极主动的学习态度和行为习惯。

（四）完善现代教学技术手段

现代教学技术主要包括多媒体教学技术、影像、音频、基于网络的教学平台等现代信息技术。现代教学技术广泛运用到思想政治教育中，为思想政治教育提供了丰富的教学手段，尤其是多媒体教学技术，将抽象难懂的理论具体化、形象化，调动了学生的眼、耳、脑、手并用，充分激发了学生的学习兴趣，大大改善了教学效果。因此，完善现代教育技术手段是提升高校思想政治教育吸引力的有效途径。

思想政治理论课教师对现代教育技术不仅要"会用"，更要"善用"。现代教育技术只是教学的手段，不是教学的重点。因此，思想政治理论课教师应当把现代教学技术与教学目标、教学内容及学生的学习特点有机结合。在制作多媒体课件时，多开发能够蕴含教学内容的资源，减少与教学内容无关的图片、音频、视频。同时，要充分利用互联网等信息技术搭建师生交流与沟通的平台。

（五）优化教学资源，活跃教学氛围

优化思想政治教育环境，增加教学环境的正能量，必须以马克思主义思想政治教育环境论作为理论指导，遵循整体性、互利性和自主性的基本原则，从教学班型、课堂学习氛围、校园文化氛围和文化活动等多维度寻求有效路径。

1. 改变教学班型

教学班型对于高校思想政治教育效果有重要影响。当前高校普遍采用大班教学，这严重阻碍了思想政治理论课程的建设和改革。打破大班教学，推行中、小班教学已经被列为思想政治教育改革的重要任务。改善教学班型，推行中、小班教学能为教学方法的创新提供有利条件，是改善思想政治教育效果的突破口。

改善教学班型意味着课程量扩大、师资力量增加，这必然给高校和教师带来挑战。对于高校来说，推行中、小班教学的前提是增加师资力量。对于教师来说，推行中、小班教学必然会增大课时任务，同时，需要创新教学方法和手段。教师要综合运用启发式教学方法和参与式教学方法，适时地增加现代化教育手段，让学生体验到课堂的乐趣。

2. 创设教学情境

良好的课堂环境能够有效促进教师主导性与学生主体性作用的发挥，而课堂环境的质量主要取决于思想政治理论课教师的教学能力和管理水平。所以，思想政治理论课教师要注意在课堂上引导学生正确认识思想政治理论课的作用和意义，用理论的逻辑魅力和个人的人格魅力，激发学生学习思想政治理论课的兴趣，形成良好的学风。同时，教师还可以培养一些比较重视思想政治理论课学习的标兵作为班级的榜样，鼓励他们多与其他同学交流学习的乐趣和经验，充分发挥同辈群体的影响力，从而为课堂教学营造良好的学习氛围。

富有吸引力的思想政治教育环境，体现在课堂有浓厚的学习氛围和思考氛围。思想政治教育要坚持灌输与启发相结合，重点贯彻启发原则。在教学方法上，教师要运用问题教学法培养学生发现问题、分析问题和解决问题的能力，运用探究式、讨论式教学方法培养学生的理性思维能力和辨别能力。

3. 开发校园文化资源

加强校园文化建设，开发和利用学校优势资源，营造"好学修德"的校风，为思想政治教育环境增加正能量。校园文化活动是思想政治理论课需要充分利用的活动资源。一是要搭建校园文化活动平台，开展丰富多彩的校园文化活动，并将活动主题与思想政治教育内容相关联，从而增加教学资源，使学生在活动中消化所学、运用所学。二是运用思想政治理论教育优化高校竞争环境。当代社会是竞争的社会，大学生之间的竞争已超出学业范围，扩展到了学生生活的各个方面。但是，竞争必须保持一个限度，超过了一定的限度就会造成恶性竞争。因此，思想政治教育要充分发挥引导作用，引导学生在参与社会实践活动中，正确地认识竞争，培养大学生的竞争意识和竞争能力。

总之，不断加强校园文化资源的开发，使大学生能够把思想政治理论课上所学的理论应用到社会实践活动中去，促进自身的成长与发展。

专题四 思想政治教育与社会主义核心价值观

一、改革开放四十年高校思想政治教育的回顾与展望

改革开放四十年以来，伴随着我国高校思想政治教育工作的恢复与发展、加强与改进、全面加强与创新发展等不同的发展阶段，高校思想政治教育研究紧随其后，取得了令人瞩目的成就。我们党历来重视高校思想政治工作，把高校思想政治工作视为高等教育工作的生命线，始终坚持把高校思想政治建设放在第一位。改革开放四十年以来，高校思想政治教育取得了诸多丰硕的成果，系统梳理、深入思考和认真总结改革开放四十年以来高校思想政治教育研究的成就与经验，对于我们整体把握高校思想政治教育工作，以及在新时代推进高校思想政治教育工作的科学发展，具有十分重要的理论价值和现实意义。骆郁廷《改革开放30年来高校思想政治教育的历史发展》、冯刚《改革开放四十年来高校思想政治教育发展的经验与展望》等论文系统梳理了我国高校思想政治教育的发展历程、成就与经验，值得阅读与学习，本部分编写参考了其相关内容。

（一）改革开放四十年高校思想政治教育的回顾

1. 起步阶段（1978年至20世纪80年代末）

1978年党的十一届三中全会的召开是我国改革开放的历史性标志，也是我国高校思想政治教育工作的一个新的开端。该阶段恢复高考，我国高等教育重新步入新的轨道并快速发展着。同时，在这一时期，作为高校思想政治

教育重要特点之一的是思想政治教育成为一门独立的学科，与之相关的高校思想政治教育的课程建设和专业学科建设蓬勃发展。高校思想政治教育在该时期转变为"以学科建设、科学研究和人才培养为中心"，以"真理标准大讨论"为契机，其主要特点是坚持党的四项基本原则，反对资产阶级自由化，同时组织学生参加丰富多样的社会实践活动，深入群众、了解社会。

2. 发展阶段（20 世纪 80 年代末至 20 世纪 90 年代末）

1992 年党的十四大确立邓小平建设中国特色社会主义理论在全党的指导地位，概括了建设中国特色社会主义理论的主要内容，明确建立社会主义市场经济体制的改革目标，要求全党抓住机遇，加快发展，集中精力把经济建设搞上去。1997 年党的十五大把邓小平理论确定为党的指导思想，把依法治国确定为治国的基本方略，把坚持公有制为主体、多种所有制经济共同发展，坚持按劳分配为主体、多种分配方式并存确定为我国在社会主义初级阶段的基本经济制度和分配制度。为了使高校思想政治教育更好地满足社会发展的需要和大学生的成长成才，该时期的高校思想政治教育确立了"以立为主，重在建设"的教育目标，主要表现为：大力加强高校党建工作，充分发挥党对高校思想政治教育的领导；以高校思想政治理论课课堂为主渠道，切实推进中国特色社会主义理论进教材、进课堂，入脑、入心；强化高校校园文化建设，提高大学生的人文素质、科学素质、文明素养；推进思想政治教育专业和学科建设，实现了高校思想政治教育本硕博一体化的培养模式，加强高校思想政治教育队伍建设。

3. 第三阶段（21 世纪初至十八大前）

进入 21 世纪，我国进入了全面建设小康社会的新的发展阶段，党中央提出了"坚持以人为本，促进社会全面、协调、可持续发展"的科学发展观。基于此，高校思想政治教育以促进人的全面发展、满足大学生日益增长的精神文化需要为主要目标，坚持以学生为中心的理念开展相关的高校思想政治教育。重视大学生的心理健康教育，加强大学校园文化建设和大学生社团建设。同时，高校思政课课程教育教学改革积极向前推进，将"马克思主义基本原理""毛泽东思想和中国特色社会主义理论体系概论""中国近现代史纲要"和"思想道德修养与法律基础"作为全国各个本科高校思想政治理论课的必修课程。

4. 第四阶段（十八大以来至今）

该时期，确立了以习近平同志为核心的党中央领导集体，坚持以习近平新时代中国特色社会主义思想为指导。党的十八大以来，以习近平同志为核心的党中央高度重视高校思想政治教育工作，强调走自己的高等教育发展道路，扎实办好中国特色社会主义高校，高等教育要同国家的现实目标和未来方向紧密联系在一起，给学生以人生启迪和精神力量。

2016年12月7日至8日全国高校思想政治工作会议在北京召开，中共中央总书记、国家主席、中央军委主席习近平出席会议并发表重要讲话。他强调，高校思想政治工作关系高校培养什么样的人、如何培养人以及为谁培养人这个根本问题。要坚持把立德树人作为中心环节，把思想政治工作贯穿教育教学全过程，实现全程育人、全方位育人，努力开创我国高等教育事业发展新局面。习近平总书记指出，思想政治工作从根本上说是做人的工作，必须围绕学生、关照学生、服务学生，不断提高学生思想水平、政治觉悟、道德品质、文化素养，让学生成为德才兼备、全面发展的人才。习近平总书记指出，办好我国高等教育，必须坚持党的领导，牢牢掌握党对高校工作的领导权，使高校成为坚持党的领导的坚强阵地。党委要保证高校具有正确的办学方向，掌握高校思想政治工作主导权，保证高校始终作为培养社会主义事业建设者和接班人的坚强阵地。

习近平总书记于2019年3月18日上午在北京主持召开学校思想政治理论课教师座谈会并发表重要讲话，习近平总书记强调："办好思想政治理论课关键在教师，关键在发挥教师的积极性、主动性、创造性。"思政课教师，要给学生的心灵埋下真善美的种子，引导学生扣好人生第一粒扣子。思政课教师政治要强、情怀要深、思维要新、视野要广、自律要严、人格要正。要坚持政治性和学理性相统一，要坚持价值性和知识性相统一，要坚持建设性和批判性相统一，要坚持理论性和实践性相统一，要坚持统一性和多样性相统一，要坚持主导性和主体性相统一，要坚持灌输性和启发性相统一，要坚持显性教育和隐性教育相统一。

总之，伴随着改革开放的伟大实践，四十年来我们党对高校思想政治教育进行了深入研究和艰辛探索，取得了丰硕的理论和实践成果，不断把高校思想政治教育工作推向新的历史高度。

（二）改革开放四十年高校思想政治教育的展望

当前，中国特色社会主义进入新时代。伴随着 2016 年全国高校思想政治教育工作会议精神、2018 年全国教育大会精神和 2019 年全国思政课教师座谈会精神等系列会议精神的指示，新时代为高校思想政治教育确立了新的历史方位，提出新的目标任务，赋予新的工作要求，高校思想政治教育将迎来重大历史机遇，展现全新发展态势。从目标使命上，要着力培养担当民族复兴大任的时代新人。从体系设计上，要着力构筑"大思政"工作格局。从精神内核上，要着力增强高校思想政治教育的文化力量。从形态升级上，要着力提升高校思想政治教育的现代化水平。

2019 年，党中央宣传部国家社科基金首次将高校思想政治理论课研究列为专项，越发突出党和国家对高校思想政治教育研究的重视。从选题指南中可以看出，以下若干选题是今后高校思想政治教育研究的重点和难点，诸如：习近平总书记关于思想政治教育的重要论述研究；习近平总书记关于思想政治理论课的重要论述研究；习近平总书记关于青年政治引领的重要论述研究；坚持用习近平新时代中国特色社会主义思想铸魂育人体制机制研究；全面推动习近平新时代中国特色社会主义思想进课堂进教材进头脑的创新设计与实施路径研究；马克思主义思想政治教育基础理论研究；中国共产党思政课建设的历史经验研究；中华人民共和国成立七十年来思政课建设经验研究；新时代思政课建设研究；社会主义建设者和接班人思想内涵研究；新时代学校意识形态工作的问题与对策研究；高校思政课在中国特色社会主义教育中的地位与作用研究；学校思政课与培育和践行社会主义核心价值观研究；思政课在落实立德树人根本任务中的地位和作用研究；高校思政课与维护国家意识形态安全研究；办好思政课与增强"四个自信"研究；新时代大学生心理特点和认知习惯研究；新时代大学生的思想动态和政治认同情况研究；新时代大学生对思政课的评价和认同状况研究；增强思政课的思想性、理论性和亲和力、针对性研究；思政课实现"八个统一"思路方法研究；新时代学校思政课知行合一模式研究；新时代学校思政课的"三大体系"建设研究；新时代学校思政课与马克思主义理论学科建设研究；统筹推进大中小学思政课一体化建设研究；新时代高校思政课教学规律研究；提高学校思政课课堂教学效果研究；新时代学校思政课教学方法研究；新时代高校思政课实践教学研究；思政课线上线下混合教学模式与效果研究；新媒体与高校思政课教育教学实践研究；以大数据为基础的高校思政课智慧课堂研究；新时代革命文化资源创新教育模式研究；中华民族优秀传统文化资源在高校思政课中的运用研究；新时代学校思政课教材体系建设研究；学校思政课教材针对性可读性实效性研究；思政课教材体系向教学体系转化机制研究；高校思政课评价和支持体系研究；高校思政课教师评价机制研究；思政课教师素质研究；新时代高校思政课教师人才队伍建设研究；新时代高校思政课教师队伍后备人才培养研究；高校优秀思政课教师培育机制创新研究；发挥思政课教师的积极性主动性创造性研究；高校思政课教师研修基地研究；增强学校各类课程与思政课建设的协同效应研究；高校思想政治理论课与党校理论教育党性教育比较研究；职业教育改革背景下办好高职高专思政课研究；民办高校办好思政课研究；中外合作办学高校思政课建设研究；大陆高校港澳台学生思政课教学模式与内容构建研究；少数民族地区高校思政课教学模式研究；边疆地区高校思政课教学模式研究；高校少数民族学生思想教育与思政课教学研究；推动思政课改革创新研究；新时代学校思政课重点难点问题研究；加强党对思政课建设的领导研究；学校思政课建设工作格局研究；推动形成学校、家庭、社会协同建设思政课的合力研究；营造全党全社会关心支持思政课建设浓厚氛围研究等。

　　以上六十多个课题选题大体可以分为以下几类：第一，高校思想政治理论课教学改革。第二，思想政治教育学科的建设与发展。第三，在新形势下，为适应党、国家和社会发展的新需要，给高校思想政治教育带来了诸多新的命题、新的任务和新的要求。以上的选题将是今后一段时间内我国高校思想政治教育研究的主要方向和重要突破点，并且具有很大程度的延展性，今后研究生们在学位论文选题、撰写相关论文时可以参考与借鉴上述选题。因此，每年国家社科基金高校思想政治理论课研究课题指南要好好研究与体会。

二、改革开放四十年大学生思想特点以及价值观的变迁

改革开放四十年以来，我国的社会政治、经济、文化、人们的生活方式、人们的行为方式发生了巨大的变化，处在剧烈的转型期。伴随着这种变化，大学生的思想、个性和观念也在不断地变迁之中，而这种转变的核心层面是价值观念的不断整合与变迁。因此，在新时代的形势下，探讨改革开放四十年以来我国大学生思想特点以及价值观的变迁，对于当下审视和改进大学生的价值观教育、做好当前高校思想政治教育工作具有重要意义。

（一）价值观以及核心价值观

1. 价值观

价值观是价值主体也就是作为现实存在的人，在对满足自身一定需要的价值客体的深入考察和系统分析的基础上，形成的关于价值关系的系统性评价和科学性认识。价值观是我们的终极行为指南。价值观是人们关于什么是价值、怎样评判价值、如何创造价值等问题的根本观点。习近平总书记指出："我们生而为中国人，最根本的是我们有中国人的独特精神世界，有百姓日用而不觉的价值观。"①

2. 核心价值观

核心价值观是一定社会形态、社会性质的集中体现，在一个社会的思想观念体系中处于主导地位，体现着社会制度、社会运行的基本原则和社会发展的基本方向。核心价值观，承载着一个民族、一个国家的精神追求，体现着一个社会评判是非曲直的价值标准。习近平总书记在《青年要自觉践行社会主义核心价值观》中指出："如果一个民族、一个国家没有共同的核心价值观，莫衷一是，行无依归，那这个民族、这个国家就无法前进。"这样的情形，在我国历史上，在当今世界上，都屡见不鲜。我国是一个有着十四亿人口、五十六个民族的大国，确立反映全国各族人民共同认同的价值观的"最大公约数"，使全体人民同心同德、团结奋进，关乎国家前途命运，关乎人民

---

① 习近平：《青年要自觉践行社会主义核心价值观——在北京大学师生座谈会上的讲话》，http：//www. xinhuanet. com//politics/2014－05/05/c＿1110528066＿2. htm。

幸福安康。① 同时，习近平总书记在中央政治局第十三次集体学习时指出："核心价值观是文化软实力的灵魂、文化软实力建设的重点。这是决定文化性质和方向的最深层次要素。一个国家的文化软实力，从根本上说，取决于其核心价值观的生命力、凝聚力、感召力。"②

3. 社会主义核心价值观

（1）国家层面：富强、民主、文明、和谐，这是我国社会主义现代化国家的建设目标。富强指的是社会主义现代化国家经济建设的应然状态，是物质基础。民主指的是其实质和核心是人民当家做主，是政治保障。文明指的是民族的科学的大众的社会主义文化的概括，是重要支撑。和谐指的是学有所教、劳有所得、病有所医、老有所养、住有所居，是重要保证。

（2）社会层面：自由、平等、公正、法治，反映了中国特色社会主义的基本属性。自由指的是人的意志自由、存在和发展的自由。平等指的是法律面前一律平等，要求尊重和保障人权。公正指的是社会公平和正义。法治指的是通过法制建设来维护和保障公民的根本利益。

（3）个人层面：爱国、敬业、诚信、友善，是公民基本道德规范。爱国是要求人们以振兴中华为己任，促进民族团结、维护祖国统一、自觉报效祖国。敬业是要求公民忠于职守，克己奉公，服务人民，服务社会。诚信是强调诚实劳动、信守承诺、诚恳待人。友善是指公民之间应该互相尊重、互相关心、互相帮助，和睦友好，形成社会主义的新型人际关系。

（二）改革开放四十年我国大学生价值观的变迁历程

改革开放四十年以来，我国大学生价值观经历了痛苦反思、历史调整、重新整合、建构发展的变迁过程。通过系统梳理我国大学生价值观的变迁历程，通过思想引导、教育引导、环境引导等，可以重新建构我国新时代大学生价值观的教育体系，具有重要的理论价值和现实意义。于俊如和史佳华《改革开放以来大学生价值观的变迁与启示》、段海超和杨飏《改革开放以来

---

① 习近平：《青年要自觉践行社会主义核心价值观——在北京大学师生座谈会上的讲话》，http：//www. xinhuanet. com//politics/2014 – 05/05/c_ 1110528066_ 2. htm。

② 习近平：《核心价值观是文化软实力的灵魂》，http：//www. gov. cn/ldhd/2014 – 02/25/content_ 2621669. htm。

我国大学生价值观变迁规律及启示》等系统梳理我国大学生价值观的变迁历程，该部分编写参考了其相关内容。

1. 大学生价值观的痛苦反思时期（1978—1989 年）

1978 年，停顿多年的高考制度恢复，通过"真理标准"大讨论，确立了"解放思想、实事求是"的思想路线，引发了全社会的思想解放运动，从此中国开始进入一个具有重大历史意义的社会转型时期。该时期，大学生的思想解放运动也如火如荼，理性主义和批判精神成为主流。大学生们打破以往的思想禁锢，反思人生哲理、生活信念、价值体系等，在激烈地思想碰撞中重新认识社会主义，积极践行着邓小平同志提出的做"四有新人"的新要求，选择积极、有创造力的人生价值，把道德、集体、无私、真理作为自己的生活志趣和人生目的。20 世纪 80 年代中后期，随着改革开放不断深入和扩大范围，社会深层次矛盾日益显露，大学生的价值观也处在不断的波动和突破之中。正是由于中国社会在该时期不可逆转地进入了加速的社会转型时期，该时期大学生的价值观纷繁复杂、价值多元。总之，该时期大学生通过痛苦的反思，其作为文化自觉的共同体意识开始觉醒，青年价值观也日益凸显和清晰起来。

2. 大学生价值观的历史调整时期（1990—2000 年）

该时期自始至终没有发生如 20 世纪 80 年代出现多次的思想大讨论运动，1992 年，邓小平同志发表重要的南方谈话，加之当年党的十四大的胜利召开，明确了建立社会主义市场经济体制的改革目标，务实主义、实用主义、功利主义等价值观也随之确立，"托福热""下海热""考证热""出国热"等是该时期大学生价值观的外在直观显现。总之，该时期社会主义价值观、中国传统文化价值观、实用主义价值观等多种价值观在大学生身上交错着、发展着，但同时我们应该看到该时期由于一些传统的价值观被抛弃或质疑，新的价值观尚未完全确立起来，在大学生身上出现某些价值失衡和信念"真空"，该时期大学生的价值观处在历史曲折的调整时期。

3. 大学生价值观的重新整合时期（2000—2012 年）

21 世纪以来，中国社会改革的深度和广度有了进一步的拓展。在高等教育领域，大学从精英教育向大众教育过渡与转变，"80 后"大学生成为该时期高校的主体，他们作为伴随着改革开放成长起来的新一代，思想更加开放、自我意识更加强烈，学习生活的价值取向更加多元。一方面，更加理性、务实和客观。在社会领域，追求社会公正与社会秩序，积极参与社会。在经济领域，积极谋求自我实现并保障自身的经济利益。在法治领域，尊重法治、遵从秩序与规则。另一方面，更加趋向自我实现与社会服务二者的协调，诸如择业观、恋爱观、知识观、道德观、家庭观等，大多数大学生努力将自己的选择、自我价值的实现与社会规范相协调统一，最大限度地实现着自我价值的实现与服务社会要求的目的相统一，以追求高学历、高收入、高职位，努力实现生活品质和价值趣味的双向提升。据调查资料显示，明确将"建立美满和谐的家庭"作为人生最大幸福的学生比例位列首位，比1996年增加了1.82%。① 而另一调查资料显示，选择"人要张扬个性和包容自我比提升自身素质更为关键"的大学生比例达到98.6%，② 充分显示出该时期大学生的自我主义、务实主义和理性主义。

4. 大学生价值观的建构发展时期（2012年至今）

党的十八大以后，社会风气明显好转，我国的国际地位显著提高，中国特色社会主义进入了崭新的新时代，中华民族迎来了从站起来、富起来到强起来的伟大飞跃，我国社会主要矛盾已经转化为人民日益增长的美好生活需要和不平衡不充分的发展之间的矛盾，这一系列变化对新时代大学生价值观产生了重要的影响。据教育部高校大学生思想政治状况滚动调查2016年网络公布信息显示，大学生充分肯定2015年党和政府的工作，高度认同以习近平同志为核心的党中央的治国理政新理念、新思想、新战略。大学生对中国特色社会主义的道路自信、理论自信、制度自信进一步坚定，广大高校学生衷心拥护党的领导，拥护社会主义制度，对全面建成小康社会和实现中华民族伟大复兴的中国梦充满信心和期待，95.4%的大学生认可"中国特色社会主义事业进一步发展，综合国力不断增强，国际地位明显提高"。对社会主义核心价值观的知晓率、认同度、践行积极性不断提升，大学生积极培育和践行

---

① 青少年研究中心，中国青少年研究报告：《中国青少年研究中心10年（1991—2001）科研成果精选（调研报告卷上册）》，北京：中国青年出版社，2001年，219页。

② 岑国桢：《青少年主流价值观：心理学的探索》，上海：上海教育出版社，2007年，79页。

社会主义核心价值观，立志成长成才、提升道德素养、投身社会实践的意识进一步增强，91.2%的学生赞同"核心价值观是一个民族赖以维系的精神纽带，是一个国家共同的思想道德基础"，92.8%的学生赞同"大学生应成为社会主义核心价值观的积极传播者和践行者"，98%的学生赞同"诚信是做人之本"。对学校落实立德树人根本任务的各项工作高度认可，80.1%的学生对"国务院印发《统筹推进世界一流大学和一流学科建设总体方案》，要求加快建成一批世界一流大学和一流学科，提升我国高等教育综合实力和国际竞争力"表示满意。

（三）新时代大学生社会主义核心价值观的塑造①

1. 坚定社会主义核心价值观的自信

（1）社会主义核心价值观的历史底蕴。一方面，中华优秀传统文化是涵养社会主义核心价值观的重要源泉，是中华民族的精神命脉。任何一种价值观都不可能凭空产生，总是有其特定的历史底色和精神脉络。另一方面，立足中华优秀传统文化培育和弘扬社会主义核心价值观。用中华优秀传统文化滋养社会主义核心价值观，把长期以来我们民族形成的积极向上向善的思想文化充分继承和弘扬起来，古为今用、推陈出新，有鉴别地加以对待，有扬弃地予以继承。推动中华优秀传统文化创造性转化和创新性发展，把跨越时空、超越国度、富有永恒魅力、具有当代价值的文化精神弘扬起来，把继承优秀传统文化又弘扬时代精神、立足本国又面向世界的当代中国文化创新成果传播出去。

（2）社会主义核心价值观的现实基础。一方面，社会主义核心价值观生成于中国特色社会主义伟大实践，社会主义核心价值观生成于中国特色社会主义，是当代中国精神的集中体现，是中国特色社会主义本质的价值表达。另一方面，中国特色社会主义伟大实践彰显价值观自信，中国特色社会主义建设以无可辩驳的事实生动展示着社会主义核心价值观的生机活力。中国特色社会主义建设的成功经验，是对社会主义核心价值观的正确性、可信性的

---

① 编写参考了上海高校"思想道德修养与法律基础"课分教学指导委员会 PPT 课件 2018 年版《思想道德修养与法律基础》之第四章《践行社会主义核心价值观》。

检验。中国特色社会主义的新推进，将进一步使社会主义核心价值观彰显强大的生命力、吸引力和感召力。

（3）社会主义核心价值观的道义力量。真理的力量加上道义的力量，才能行之久远。社会主义核心价值观以其先进性、人民性和真实性而居于人类社会的价值制高点，具有强大的道义力量。

2. 新时代大学生要做社会主义核心价值观的积极践行者

（1）扣好人生的扣子。青年的价值取向决定着未来整个社会的价值取向。大学生应当是社会主义核心价值观的坚定信仰者、积极传播者、模范践行者。价值观的养成就像穿衣服扣扣子一样，如果第一粒扣子扣错了，剩余的都会扣错，所以从一开始就要扣好。2014 年 5 月 4 日青年节，习近平总书记在《青年要自觉践行社会主义核心价值观》中明确指出："每个时代都有每个时代的精神，每个时代都有每个时代的价值观念。国有四维，礼义廉耻，'四维不张，国乃灭亡'。这是中国先人对当时核心价值观的认识。在当代中国，我们的民族、我们的国家应该坚守什么样的核心价值观？这个问题，是一个理论问题，也是一个实践问题。经过反复征求意见，综合各方面认识，我们提出要倡导富强、民主、文明、和谐，倡导自由、平等、公正、法治，倡导爱国、敬业、诚信、友善，积极培育和践行社会主义核心价值观。富强、民主、文明、和谐是国家层面的价值要求，自由、平等、公正、法治是社会层面的价值要求，爱国、敬业、诚信、友善是公民层面的价值要求。这个概括，实际上回答了我们要建设什么样的国家、建设什么样的社会、培育什么样的公民的重大问题。"① 习近平总书记的明确论述为我们广大青少年培育和践行社会主义核心价值观指明了方向，提出了要求，明确了任务。

（2）勤学、修德、明辨、笃实。大学生践行社会主义核心价值观，要切实做到勤学、修德、明辨、笃实，使社会主义核心价值观成为一言一行的基本遵循。首先，勤学。把学习作为一种精神追求、一种生活方式。要掌握马克思主义理论，形成正确的世界观和科学的方法论，深化对社会主义核心价值观的认知认同。其次，修德。"德者，本也"，做人与做事最重要的就是崇

---

① 习近平：《青年要自觉践行社会主义核心价值观——在北京大学师生座谈会上的讲话》，http：//www. xinhuanet. com//politics/2014 – 05/05/c_ 1110528066_ 2. htm。

德修身。习近平总书记指出："核心价值观，其实就是一种德，既是个人的德，也是一种大德，就是国家的德、社会的德。国无德不兴，人无德不立。"再次，明辨。正视价值观和道德责任感，强化判断，善于辨明是非，善于决断选择，旗帜鲜明地弘扬真善美、贬斥假恶丑。最后，笃实。道不可坐论，德不能空谈。于实处用力，从知行合一上下功夫，内化于心、外化于行。

（3）坚定社会主义核心价值观自信的现实意义。充分认识社会主义核心价值观的重大意义，自觉以社会主义核心价值观来引领我们接力前行。自觉以社会主义核心价值观引领多样化的社会思潮，不断增强社会凝聚力和价值共识。虚心学习借鉴人类社会创造的一切文明成果，但不能数典忘祖，不能照抄照搬，不接受颐指气使的说教。2015年4月28日，习近平总书记在庆祝五一国际劳动节暨表彰全国劳动模范和先进工作者大会上的重要讲话中指出：要深入开展中国特色社会主义理想信念教育，培育和践行社会主义核心价值观，弘扬中华优秀传统文化，开展以职业道德为重点的"四德"教育，深化"中国梦·劳动美"教育实践活动，不断引导广大群众增强中国特色社会主义道路自信、理论自信、制度自信。

总之，改革开放四十年以来，我国已经形成了以马克思主义为指导思想、中国特色社会主义共同理想、以爱国主义为核心的民族精神和以改革创新为核心的时代精神、国家社会个人三个层面为统筹的社会主义核心价值体系，特别是党的十九大之后，确立了以习近平新时代中国特色社会主义思想为我们的指导思想。这个体系根源于我们中华民族的优秀传统文化、伟大的红色革命文化、社会主义先进文化，积极吸收借鉴了我们人类文明的有益成果，对于维系民族团结、社会稳定、经济发展、人类进步以及打造人类命运共同体等发挥着重要的作用。构建和加强社会主义核心价值体系具有重要的理论价值和现实针对性，高校思想政治教育理应顺应这一趋势和潮流，积极探索新的路径和意义，发挥其应有的作用，以实现新时代高校思想政治教育的引导功能和教育功能。

三、高校网络思想政治教育

目前，互联网快速发展和广泛普及，深刻地影响着人们的发展方式、交流方式和思维方式，融入了现实的人的生存和发展。正如 2014 年 11 月 19 日习近平总书记在向首届世界互联网大会致贺词时所指出的："当今时代，以信息技术为核心的新一轮科技革命正在孕育兴起，互联网日益成为创新驱动发展的先导力量，深刻改变着人们的生产生活，有力推动着社会发展。互联网真正让世界变成了地球村，让国际社会越来越成为你中有我、我中有你的命运共同体。"同时，互联网的普及与发展，使得高校思想政治教育的广度和深度得以拓展，网络思想政治教育应运而生。当代青年的生活与网络密不可分，他们将网络作为社会活动的助手，与互联网相关的活动在他们生活中占据着重要内容。高校是大学生教育与发展的重要载体，在信息爆炸的网络传播当中，大学生的思想政治意识呈现前所未有的复杂化，因此，高校思想政治教育理应包括高校网络思想政治教育，要切实发挥好互联网在学校思想政治教育工作中的积极作用，坚决防止互联网对我国意识形态安全工作的冲击。目前，周中之、石书臣等著《现代思想政治教育理论与实践探微》一书比较系统地梳理与探讨了网络文化的内涵及特征、高校网络思想政治教育的挑战与机遇等内容，该部分编写参考了其相关内容。

（一）互联网及其对人的发展的作用

1. 互联网的形成与发展①

第一阶段：20 世纪 60 年代末到 20 世纪 70 年代初为计算机网络发展的萌芽阶段。其主要特征是：为了增加系统的计算能力和资源共享，把小型计算机连成实验性的网络。第一个远程分组交换网叫 ARPA，是由美国国防部于1969 年建成的，为了使美国军方分布广泛、各自独立的计算机之间能够互相传输信息和数据，实现信息资源共享，第一次实现了由通信网络和资源网络复合构成计算机网络系统。第二阶段：20 世纪 70 年代中后期是局域网络（LAN）发展的重要阶段。其主要特征为：局域网络作为一种新型的计算机体系结构开始进入产业部门。局域网技术是从远程分组交换通信网络和 1/0 总线结构计算机系统派生出来的。1976 年，美国 Xerox 公司的 Palo Alto 研究中

---

① 以下互联网的形成与发展的 4 个阶段，参考 https：//zhidao. baidu. com/question/387441330. html。

心推出以太网（Ethernet），它成功地采用了夏威夷大学 ALOHA 无线电网络系统的基本原理，使之发展成为第一个总线竞争式局域网络。第三阶段：整个 20 世纪 80 年代是计算机局域网络的发展时期。其主要特征是：局域网络完全从硬件上实现了 ISO 的开放系统互联通信模式协议的能力。计算机局域网及其互连产品的集成，使得局域网与局域互连、局域网与各类主机互连，以及局域网与广域网互连的技术越来越成熟。综合业务数据通信网络（ISDN）和智能化网络（IN）的发展，标志着局域网络的飞速发展。第四阶段：20 世纪 90 年代初至现在是计算机网络飞速发展的阶段。其主要特征是：计算机网络化，协同计算能力发展以及全球互联网络（Internet）的盛行。计算机的发展已经完全与网络融为一体，体现了"网络就是计算机"的口号。

互联网在中国大致可以划分为三个发展阶段：第一阶段：1986—1993 年，互联网在中国开始研究试验的阶段。第二阶段：1994—1996 年，互联网在中国的起步阶段，互联网开始进入中国人民的生活领域并快速发展着。第三阶段：1997 年至今，互联网在中国高速发展阶段，该阶段中国网民不仅迅速增加，同时我国作为互联网大国的规模业已成熟。近日，据中国互联网络信息中心（CNNIC）发布的第 43 次《中国互联网络发展状况统计报告》，截至 2018 年 12 月，中国网民规模达 8.29 亿，普及率达 59.6%；我国手机网民规模达 8.17 亿，网民通过手机接入互联网比例高达 98.6%；人均周上网时长为 27.6 小时，即时通信类 App 用户使用时间最长。

2. 网络文化的内涵及特征

进入 21 世纪，人类社会进入信息时代，互联网业已成为人们学习、工作、生活、娱乐的重要工具。网络作为一种文化，日渐成为我们现代主流社会的标志。网络文化是人类文化的一种崭新形态，是一种全新的技术文化，是蕴含着独特内容和表现手段的文化形式，是人们在社会实践中依赖于以网络技术、信息技术及网络资源为支点的网络活动而创造的物质财富和精神财富的总和。网络文化是以网络信息技术为基础，在网络空间形成的文化活动、文化方式、文化产品、文化观念的集合。网络文化是现实社会文化的延伸和多样化的展现，同时也形成了其自身独特的文化行为特征、文化产品特色以及价值观念和思维方式的特点。从狭义的角度来讲，网络文化是指通过互联网进行的各种文化活动及由此形成的文化价值观念的聚合；从广义的角度讲，它指人们借助互联网进行的各种生产和交往活动形成的物质性和精神性财物的总和。①

网络文化的存在具有虚拟性②。网络文化的虚拟性是指互联网是一个模拟的空间，网民在网络上所处的环境是不真实的，在真实生活中是不存在的。

网络文化主体具有自由性。网络文化主体的自由性是指在道德与法律约束的前提下，人们在网络社会里可以根据自己的意志和爱好，去说与做任何可以想象的事情，发表自己的看法与观点并且能够与世界各地拥有互联网的人们不受限制地沟通与交流。

网络文化的内容具有动态性。网络文化内容的动态性是指在信息爆炸的网络传播当中，网上信息更新时间快、传递速度快。

网络文化体系具有开放性。开放性不仅是互联网的根本特征，还是网络文化的最大特征。不仅极大程度改变着人们的生活方式，也使文化的共享与沟通变为可能。

网络文化管理具有难控性。网络文化管理的难控性是指由于互联网是一个高度开放的国际文化网络，加之各国文化传统不一、网络发展条件不均衡、网络监管技术存在较大差异，网络文化发展管理难以控制。2016 年 4 月 19 日习近平总书记在网络安全和信息化工作座谈会上发表重要讲话时指出："网络空间是亿万民众共同的精神家园。网络空间天朗气清、生态良好，符合人民利益。网络空间乌烟瘴气、生态恶化，不符合人民利益。我们要本着对社会负责、对人民负责的态度，依法加强网络空间治理，加强网络内容建设，做强网上正面宣传，培育积极健康、向上向善的网络文化，用社会主义核心价值观和人类优秀文明成果滋养人心、滋养社会，做到正能量充沛、主旋律高昂，为广大网民特别是青少年营造一个风清气正的网络空间。"③

---

① 周中之，石书臣等著：《现代思想政治教育理论与实践探微》，北京：人民出版社，2009 年，359 页。

② 周中之，石书臣等著：《现代思想政治教育理论与实践探微》，北京：人民出版社，2009 年，360－368 页。

③ 习近平：《习近平总书记在网络安全和信息化工作座谈会上的讲话》，http：//www. cac. gov. cn/2016－04/25/c_ 1118731366. htm。

3. 互联网对人的发展的作用

2016 年，习近平总书记在网络安全和信息化工作座谈会上的讲话中指出："对互联网来说，我国虽然是后来者，接入国际互联网只有二十多年，但我们正确处理安全和发展、开放和自主、管理和服务的关系，推动互联网发展取得令人瞩目的成就。现在，互联网越来越成为人们学习、工作、生活的新空间，越来越成为获取公共服务的新平台。我国有 7 亿网民，这是一个了不起的数字，也是一个了不起的成就。"① 互联网已经渗入我们人类生活的方方面面，对人的全面发展产生重要的作用和影响。

(二) 高校网络思想政治教育的挑战与机遇

1. 网络思想政治教育

网络思想政治教育是指思想政治教育工作者在把握网络与思想政治教育关系本质属性的基础上，在网络化虚拟社会中有目的、有计划、有组织地对人们的思想政治素质和道德品质修养施加影响，旨在促进人的虚拟生存与发展并进而促进虚拟社会良性运行和协调发展的双向互动的教育实践活动。②

2. 高校网络思想政治教育的主体

现在"00 后"成为大学生的主体，网络作为一种新兴的文化载体，早已进入他们的生活与学习之中，与他们融为一体、息息相关，他们业已成为网络的重要主体之一。网络文化给大学生的思想观念、思维方式、价值取向、行为模式等带来了诸多的影响，也给高校思想政治教育带来了难得的机遇和严峻的挑战。网络给大学生带来浏览信息、查阅资料、表达观点、沟通交流等便利的同时，也给大学生品德的形成、心理的健康、人格的完整带来极大的冲击和挑战。同时，党的十八大以来，以习近平同志为核心的党中央审时度势，揭示了新时代互联网发展与管理的迫切形势，提出了推进高校网络思想政治教育的现实意义和研究价值。习近平总书记在全国高校思想政治工作会议上强调："高校思想政治工作关系高校培养什么样的人、如何培养人以及

---

① 习近平：《习近平总书记在网络安全和信息化工作座谈会上的讲话》，http://www.cac.gov.cn/2016 - 04/25/c_ 1118731366. htm.
② 《思想政治教育学原理》编写组：《思想政治教育学原理》，北京：高等教育出版社，2016 年，295 页。

为谁培养人这个根本问题。"要坚持把立德树人作为中心环节，把思想政治工作贯穿教育教学全过程，实现全程育人、全方位育人，努力开创我国高等教育事业发展新局面。因此，加强新时代高校网络思想政治教育不仅迫切，而且必然。青年人是互联网的原住民和主力军，青年人在哪里，我们就要把思想政治教育工作做到哪里。

当前我国互联网事业发展迅速，网民数量世界第一。据 2018 年中国互联网络信息中心（CNNIC）发布的第 42 次《中国互联网络发展状况统计报告》，我国网民规模达 8.02 亿，互联网普及率为 57.7%；手机网民规模达 7.88 亿，网民通过手机接入互联网的比例高达 98.3%。我国网民以青少年、青年和中年群体为主。截至 2018 年 6 月，10～39 岁群体占总体网民的 70.8%。其中 20～29 岁年龄段的网民占比最高，达 27.9%；10～19 岁、30～39 岁群体占比分别为 18.2%、24.7%，与 2017 年末基本保持一致；中国网民中学生群体最多，占比达 24.8%。

3. 高校网络思想政治教育的挑战

（1）网络文化会影响大学生的身心健康。互联网虽然可以扩大我们人类的交际范围，缩短人与人之间的交往距离，但是我们也应该看到这种网络式的交流方式与真实社会情境中的交流是不一样的，带有一种"去社会化"的特点，特别是针对一些有"网瘾"倾向的大学生，终日沉浸在虚拟的网络环境中，长期下去，势必会造成他们性格上的孤僻、人际交往上的不合群、生活态度上的冷漠，以致影响他们良好人际关系的确立，影响他们社会化过程的开展和身心健康，同时他们的创新能力也会受到很大波及。

（2）网络文化会导致大学生理想信念教育的缺失。习近平总书记明确指出："青年时代树立正确的理想、坚定的信念十分紧要，不仅要树立，而且要在心中扎根，一辈子都能坚持为之奋斗。"大学生处在人生观、世界观、价值观、理想信念形成与确立的关键时期，面对在网络文化中文化信息的多元表达和价值观念的多种取向，他们的注意力和关注点容易被吸引，况且大学生还缺乏科学有效的分析鉴别能力，世界观、人生观、价值观尚待定型，因此网络文化无疑会对他们的价值取向造成影响与紊乱，可能形成畸变与冲突的世界观、人生观和价值观。

（3）网络文化会导致大学生道德教育的淡化。在网络世界中，它是虚拟的、隐匿的、无界限的。目前，大学生群体是一个重要的网民群体，由于他们的世界观、人生观、价值观还处在形成时期，网络环境中的腐朽和败坏现象极易影响他们，给他们造成不良影响，长此以往下去，会使某些自律意识淡薄的大学生荒废学业、丧失理想抱负，对社会造成不良影响。正如习近平总书记所说："网络空间是亿万民众共同的精神家园。网络空间天朗气清、生态良好，符合人民利益。网络空间乌烟瘴气、生态恶化，不符合人民利益。"谁都不愿生活在一个充斥着虚假、诈骗、攻击、谩骂、恐怖、色情、暴力的空间。

（4）网络文化会导致大学生社会主义核心价值观教育受到干扰。习近平总书记指出："青年的价值取向决定了未来整个社会的价值取向，而青年又处在价值观形成和确立的时期，抓好这一时期的价值观养成十分重要。"面对网络文化日益多元的广泛传播，真的、假的、美的、丑的，各种信息和价值取向可以说是鱼龙混杂，势必会多多少少削弱社会主义核心价值观在大学生思想政治教育中的引导作用，特别是对大学生的马克思主义信仰教育、中华民族共同体认同教育等产生冲击和削弱。因此，高校思想政治教育工作者要积极主动占领网络思想政治教育这一新的领域，以此加强大学生的社会主义核心价值观教育。

4. 高校网络思想政治教育的机遇

网络文化丰富了高校思想政治教育的内容和手段，优化了高校思想政治教育的模式结构，拓展了高校思想政治教育的时空界限，提升了高校思想政治教育工作者的队伍建设和整体素质。特别是在大数据高速发展的今天，给高校网络思想政治教育带来诸多新机遇，诸如大数据为高校思想政治教育工作者提供诸多有价值、供参考的信息，通过大数据可以及时准确地了解大学生的思想动态和行为方式，大数据可以比较精准地预测大学生的思想发展态势，从而针对高校大学生开展相关的引导教育工作和心理咨询与辅导工作。①

---

① 王海稳，汪佳佳：《大数据时代高校网络思想政治教育创新研究》，《思想政治教育研究》2017 年第 4 期，143 – 146 页。

（三）高校网络思想政治教育的对策

近年来，高校网络思想政治教育是思想政治教育研究的前沿与热点问题。围绕高校网络思想政治教育的对策，不断有佳作问世，其中王海稳、汪佳佳《大数据时代高校网络思想政治教育创新研究》、陈丽荣《高校网络思想政治教育工作新探》、许成坤《论高校网络思想政治教育的路径选择》等从不同的角度探讨了高校网络思想政治教育对策的诸方面，该部分编写参考了上述论著。

1. 创建多方协同机制，形成合力

首先，高校应该协同学生的家长，及时与大学生家长保持联系与沟通，以此让家长参与到高校网络思想政治教育中来。其次，高校应该及时协同有关政府部门，及时向他们反馈高校网络思想政治教育的现状与动态，从而为他们在相关政策的制定上提供经验和参考。最后，高校还应该协同网络安全部门，不仅协助其做好网络安全监管工作，同时也为高校的网络安全提供坚实的保障。

2. 完善高校网络思想政治教育工作队伍建设

发挥高校辅导员和高校思政课教师双向协同建设机制，有针对性地进行网络方面的专门培训，从而让高校思想政治教育工作者有意识地提高自身的网络运用能力、网络观察能力和网络文化的敏感度，以适应快速发展的网络思想政治教育。

3. 加强对大学生的思想引领，切实做好高校网络思想政治教育

要坚持"以学生为中心"的发展理念，现在大学生的主体已经是"00后"，针对他们的网络思维方式和行为方式，应该因势利导、主动适应、及时干预，充分利用传播媒介如微博、微信、QQ、App以及网络直播平台等具有大众性、交互性强的特点，切实发挥网络资源在高校思想政治教育工作中的作用，加强高校网络思想政治教育的引导力和吸引力。

4. 坚持高校网络思想政治教育线上线下教育相协调和软硬件相协调

协调是要解决不均衡的问题，散、小、弱、差的问题以及条块分割的问题。《关于加强和改进新形势下高校思想政治工作的意见》中指出："要加强

互联网思想政治工作载体建设，加强学生互动社区、主题教育网站、专业学术网站和'两微一端'建设，运用大学生喜欢的表达方式开展思想政治教育。"从而使我们的高校网络思想政治教育通过线上线下教育在内容宣传、方法融合、优势互补等方面实现协调统一，互力合作。

专题五　马克思主义宗教观教育

在新时代，高校要积极开展马克思主义宗教观、党的宗教政策和相关法律法规的宣传教育。高校马克思主义宗教观教育主要是针对高校大学生进行马克思主义关于宗教问题的基本观点、党的宗教工作基本方针政策和科学无神论教育，也是高校党建和思想政治教育工作的重要内容，从而引导大学生坚定马克思主义科学信仰，增强国家认同、民族认同、文化认同和道路认同，为实现中华民族伟大复兴的"中国梦"而努力奋斗。

一、正确理解和把握马克思主义宗教观

马克思主义宗教观是马克思主义理论的有机组成部分，是由马克思、恩格斯首先创立，建立在辩证唯物主义和历史唯物主义的世界观和方法论基础上的马克思主义者和共产党人对于宗教和宗教问题的基本认识，以及在这种认识基础上表明的对宗教的态度和提出的解决宗教问题的基本原则、方针的总和。马克思主义宗教观是马克思主义理论体系的重要组成部分，是中国共产党认识和处理宗教问题和开展宗教工作的基本理论和政策源头。中央党校龚学增教授是目前马克思主义宗教观研究的著名专家，其相关的研究论著可以阅读参考，本部分编写参考了其《宗教研究指要（修订版）》中的相关内容。

（一）马克思主义宗教观的创立和发展

马克思主义宗教观是由马克思、恩格斯创立的，其形成与发展经历了一

个过程，与马克思主义理论产生和发展的历史进程是一致的。马克思、恩格斯宗教观是马克思主义理论体系的重要组成部分。马克思、恩格斯均出生于信奉基督教的封建专制的德国，在 19 世纪 30 年代末 40 年代初，欧洲反封建、反基督教、反神学的社会思潮风起云涌，受此影响，马克思、恩格斯参加了青年黑格尔派批判宗教神学的斗争。1841 年，费尔巴哈出版《基督教的本质》一书，提出了"宗教是人的本质的异化"这一著名命题，指出"不是上帝创造了人，而是人创造了上帝"，体现了费尔巴哈的人本主义宗教观。费尔巴哈把我们人类的历史归纳为宗教变迁的历史，就是归结为社会意识、某种精神力量推动历史的发展，但这依然是历史唯心主义。马克思、恩格斯突破了费尔巴哈人本主义宗教观的局限性，通过对宗教的研究和批判，创立了建立在辩证唯物主义和历史唯物主义的世界观和方法论基础上的马克思主义宗教观，主要是分析与批判宗教所依存的不合理社会，用社会的变化说明宗教的发展变化，明确了批判宗教的目的是反对封建专制制度，实现人的自由和全面发展。

（二）马克思主义宗教观的基本内容

马克思主义宗教观是马克思主义理论的重要组成部分，科学地揭示了宗教的本质、社会作用及其产生、发展和消亡的客观历史规律，确立了工人阶级政党对待宗教的科学态度以及处理宗教问题的基本原则、基本方法。

1. 马克思主义宗教观关于宗教的基本理论

（1）要运用历史唯物主义和辩证唯物主义等哲学基础说明宗教。

（2）宗教的本质：宗教作为一种社会意识形态，是对社会存在的反映。宗教以超自然、超人间力量的形式反映支配着人们日常生活的外部力量，并把这种力量神圣化，使之成为主宰人们日常生活的支配力量，这是宗教之为宗教的根本，是一切宗教的基本特征和本质规定。恩格斯在《反杜林论》中指出："一切宗教都不过是支配人们日常生活的外部力量在人们头脑中的幻想的反映，在这种反映中，人间的力量采取了超人间的力量的形式。"① 宗教是

---

① 恩格斯：《反杜林论》，《马克思恩格斯选集（第 3 卷）》，北京：人民出版社，1995 年，666－667 页。

由具有支配性的外部力量决定的，而不是其他。

（3）宗教的根源、演变和未来：在根源上，必须在人类物质生活和人类社会发展过程中寻找宗教产生与存在的原因。1878年，恩格斯在《反杜林论》中指出："在目前的资产阶级社会里，人们就像受某种异己力量的支配一样，受自己所创造的经济关系、受自己所产生的生产资料的支配。因此，宗教反映活动的事实基础就继续存在，而且宗教反映本身也同它一起继续存在。即使资产阶级经济学对这种异己支配力量的因果关系有一定的认识，事情并不因此而有丝毫改变。资产阶级经济学既不能制止整个危机，又不能使各个资本家避免损失、负债和破产，或者使各个工人避免失业和贫困。现在还是这样：谋事在人，成事在神（即资本主义生产方式的异己支配力量）。"① 在演变上，要用人类社会历史条件的变化去说明宗教的发展变化。在未来，宗教必然消亡，但其中要经历一个极其漫长的历史发展过程，同时要反对用任何行政手段人为地消灭宗教。1876年，恩格斯在《反杜林论》中指出："当社会通过占有和有计划地使用全部生产资料而使自己和一切社会成员摆脱奴役状态的时候（现在，人们正被这些由他们自己所生产的、但作为不可抗拒的异己力量而同自己相对立的生产资料所奴役），当谋事在人，成事也在人的时候，现在还在宗教中反映出来的最后的异己力量才会消失，因而宗教反映本身也就随着消失。理由很简单，这就是那时再没有什么东西可以反映了。"② 马克思主义理论认为，宗教同其他事物一样，经历了一个由低级到高级、由简单到复杂的发展过程。恩格斯对宗教发展的历史进程和宗教在不同历史阶段所展现的历史形态，先后提出过三种图式：第一种是从"自然宗教"到"多神教"再到"一神教"；第二种是从原始社会的"自发宗教"到阶级社会的"人为宗教"；第三种是从"部落宗教"到"民族宗教"再到"世界宗教"。宗教的消亡是事物本身矛盾运动的结果，是社会历史发展的自然过程。

（4）宗教社会作用的二重性：既有积极的一面，如心理调适、劝人向善、

---

① 恩格斯：《反杜林论》，《马克思恩格斯选集（第1卷）》，北京：人民出版社，1995年，1－2页。

② 恩格斯：《反杜林论》，《马克思恩格斯选集（第4卷）》，北京：人民出版社，1995年，668页。

道德制约等；也有消极的一面，如对人们思想意识的麻醉和控制等。我们要充分发挥宗教对社会的积极作用，积极引导宗教与我们社会主义社会相适应。1844年，马克思在《〈黑格尔法哲学批判〉导言》中指出："宗教里的苦难既是现实苦难的表现，又是对这种现实的苦难的抗议。宗教是被压迫生灵的叹息，是无情世界的心境，正像它是无精神活力的制度的精神一样。宗教是人民的鸦片。"① 说明了在阶级社会，占统治地位的统治阶级总是利用宗教维护自己的阶级统治。马克思、恩格斯认为，宗教具有多方面的作用。一方面，宗教是维护经济基础的上层建筑，本质上是历史上统治阶级维护其统治利益的工具，但被压迫人民在特定的历史时期也会利用宗教进行反抗斗争。另一方面，马克思指出，宗教产生于颠倒的世界，因此是颠倒了的世界观，给人以虚幻的幸福，宗教"是这个世界的总理论，是它的包罗万象的纲要，它的具有通俗形式的逻辑，它的唯灵论的荣誉问题，它的狂热，它的道德约束，它的庄严补充，它借以求得慰藉和辩护的总根据"。马克思主义对宗教的批判的主要目的是要"废除作为人们幻想的幸福的宗教，也就是要求实现人民的现实的幸福"。

2. 马克思主义政党对待宗教的基本原则

（1）科学无神论世界观与宗教世界观的对立

马克思和恩格斯在《共产党宣言》中批判了基督教社会主义，指出"正如僧侣总是同封建主携手同行一样，僧侣的社会主义也总是同封建的社会主义携手同行的。要给基督教禁欲主义涂上一层社会主义的色彩，是再容易不过了，基督教不是也激烈反对私有制，反对婚姻，反对国家吗？它不是提倡用行善和求乞、独身和禁欲、修道和礼拜来代替这一切吗？基督教的社会主义，只不过是僧侣用来使贵族的怨愤神圣化的圣水罢了"。②

（2）实行真正的宗教信仰自由

1875年，马克思在《哥达纲领批判》中指出："信仰自由！如果现在，在进行'文化斗争'的时候，要想提醒自由主义者记住他们的旧口号，那么

---

① 马克思：《〈黑格尔法哲学批判〉导言》，《马克思恩格斯选集（第1卷）》，北京：人民出版社，1995年，1-2页。

② 马克思，恩格斯：《共产党宣言》，《马克思恩格斯选集（第1卷）》，北京：人民出版社，1995年，296-297页。

只有采取下面这样的形式才能做到这一点，即每一个人都应当有可能实现自己的宗教需要，就像实现自己的肉体需要一样，不受警察干涉。但是，工人阶级政党本来应当乘次机会说出自己的看法：资产阶级'信仰自由'不过是容忍各种各样的宗教信仰自由而已，而工人党却力求把信仰从宗教的束缚中解放出来。"① 马克思主义政党不仅实行真正的宗教信仰自由，而且还主张把信仰从宗教的束缚中解放出来。

（3）教会同国家分离，学校同教会分离

1918 年 7 月 26 日，列宁《在普列斯尼亚区群众大会上的讲话》中指出："宗教是个人的事情。让每个人愿意信仰什么就信仰什么，或什么也不信仰吧。苏维埃共和国团结各民族的劳动者，并且不分民族地捍卫他们的利益。苏维埃共和国对各种宗教一视同仁，它置身于一切宗教之外，力求使宗教同苏维埃国家分离。"② 马克思主义政党教会同国家相分离，学校同教会相分离。

（4）马克思、恩格斯认为宗教将随着其社会历史条件的逐渐成熟而消亡，宗教问题是人类社会问题的一部分，宗教对于国家来说是私人的事情，实行政教分离、宗教信仰自由政策。宗教对于工人阶级政党来说，不是个人的私事，共产党人不能信仰宗教。马克思主义政党不信仰宗教，但是要跟宗教打交道，所以必须研究宗教，不仅研究它的历史、社会、文化，还要研究现实问题。而研究宗教必须结合具体实际情况，不能完全用西方宗教学的概念去研究。

（三）马克思主义宗教观的中国化

马克思主义宗教观的中国化，是中国共产党在革命、建设和改革开放时期的宗教工作实践中，将马克思主义宗教观的基本原理与中国革命、建设和改革的实际情况相结合，不断地进行探索与创新，形成了具有中国特色的认识和解决宗教问题的中国化马克思主义宗教观。马克思主义宗教观的中国化，

---

① 马克思：《哥达纲领批判》，《马克思恩格斯选集（第3卷）》，北京：人民出版社，1995年，317页。
② 列宁：《在普列斯尼亚区群众大会上的讲话》，《列宁全集（第34卷）》，北京：人民出版社，1985年，504-505页。

既继承了马克思主义宗教观的精髓，又蕴含着中国智慧、中国方案，极具中国特色。中央统战部宗教研究中心副主任加润国教授是当下研究我国宗教理论与政策的著名专家，相关研究论著可以阅读参考，该部分编写参考了其《马克思主义宗教观中国化的历史、成就和经验》一文。

1. 中国共产党成立和大革命时期（1921—1927年）

该时期，毛泽东同志撰写了《湖南农民运动考察报告》，这是马克思主义宗教观中国化的第一个重要理论成果，明确了中国共产党认识、处理宗教问题的基本原则和方法。他指出：由一国、一省、一县以至一乡的国家系统（政权），由宗祠、支祠以至家长的家族系统（族权），由阎罗天子、城隍庙王以至土地菩萨的阴间系统以及由玉皇上帝以至各种神怪的神仙系统（神权），以及男子对女子的支配（夫权），代表了全部封建宗法的思想和制度，是束缚中国人民特别是农民的四条极大的绳索，其基干是地主政权。因此，目前应该领导农民做政治斗争，期于推翻地主权力；并随即开始经济斗争，期于根本解决贫农的土地及其他经济问题。至于家族主义、迷信观念和不正确的男女关系之破坏，乃是政治斗争和经济斗争胜利以后自然而然的结果。①这些论述，如对群众反神权和鬼神迷信的斗争加以引导，服从反封建的政治斗争和经济斗争等观点，开始自觉地将马克思主义宗教观与中国宗教国情相结合，而不是将马克思主义宗教观做教条主义式的机械照搬。

2. 土地革命时期（1927—1937年）

该时期，毛泽东同志在《寻乌调查》中，通过对传统汉族地区宗教信仰状况的调查与分析，把传统神道分为神、坛、社、庙、寺、观六种，并分析了各自的经济基础、形式和功能，基本弄清了汉族地区中国传统宗教和民间信仰的性质和现状，理清了中国传统宗教和民间信仰的类型和特点，为该时期进一步制定正确的宗教政策和法规奠定了坚实的基础。1931年11月颁布的《中华苏维埃共和国宪法大纲》规定："中国苏维埃政权以保证工农劳苦民众有真正的信教自由的实际为目的，绝对实行政教分离的原则，一切宗教不能得到苏维埃国家的任何保护和供给费用，一切苏维埃公民有反宗教的宣传之

---

① 毛泽东：《湖南农民运动考察报告》，《毛泽东选集（第1卷）》，北京：人民出版社，1991年，31-33页。

自由，帝国主义的教会只有在服从苏维埃法律时，才能许其存在。"① 这些论述，所体现的保障民众宗教信仰自由、实行绝对的政教分离等观点，表明中国共产党初步实现了马克思主义宗教观与中国国情的结合，达到理论与实践的统一。

3. 抗日战争时期（1937—1945 年）

该时期，毛泽东思想形成。1940 年 1 月，毛泽东同志在《新民主主义论》中提道："共产党员可以和某些唯心论者甚至宗教徒建立在政治行动上的反帝反封建的统一战线，但是绝不能赞同他们的唯心论或宗教教义。"② 1942 年 2 月 15 日，《新华日报》发表题为《共产党对宗教的态度》的社论指出：共产党人对于共产主义的信仰，是基于唯物主义的认识，基于科学的客观真理。共产党人主张教会同国家分离，主张国家不偏袒任何宗教，但绝不强迫别人遵从自己的信仰，这犹之别人不应强迫共产党人遵从他们的信仰一样，因为这是每一个人的意识和世界观的问题。这些论述，不仅进一步明确了关于宗教特点、本质、根源、演变等的中国化的经典表达，同时提出的与宗教界建立政治上的统一战线理论，全面阐述中国共产党对待宗教的基本政策，逐步形成了中国共产党关于正确认识和处理宗教问题的完整理论，使马克思主义宗教观深深地打上了中国特色的鲜明烙印和基本特点。

4. 解放战争时期（1946—1949 年）

1948 年《中央关于对待在华外国人的政策的指示》强调：对于外国人所办的宗教机关，不论是否属于帝国主义性质，一般不采取排除或没收政策；遇有外国人设立的教堂，我军到后不得没收和破坏；外国传教士进行特务破坏活动时，应扣留治罪，并将证据公布中外，但必须将其罪行与合法的宗教活动区别开，即犯罪的传教士须治罪或驱逐出境，教堂则不必封闭，许可其另派人来主持。③ 该时期马克思主义宗教观中国化的理论与实践进一步深化与发展。

---

① 《中华苏维埃共和国宪法大纲》，《中共中央文献选编（第 7 册）》，北京：中央党校出版社，1991 年，775 页。
② 毛泽东：《新民主主义论》，《毛泽东选集（第 2 卷）》，北京：人民出版社，1991 年，707 页。
③ 《中央关于对待在华外国人的政策的指示》，《中共中央文件选集（第 14 册）》，北京：中央党校出版社，1987 年，23 - 26 页。

5. 中华人民共和国成立到"文革"结束时期（1949—1976 年）

从中华人民共和国成立到 20 世纪 60 年代初期，在总结宗教工作经验，纠正错误的过程中，我们党坚持用马克思主义宗教观的基本原理分析宗教问题、开展宗教工作，提出了我国宗教国情具有长期性、群众性、民族性、国际性、复杂性的"宗教五性论"和双重作用等基本观点，奠定了我国处理宗教问题的现实出发点。"宗教界的大多数是爱国的，并且政治上大有进步。宗教界同社会主义的矛盾，除了反革命分子以外，是人民内部的问题，属于人民内部性质的矛盾。对宗教界应当按照处理人民内部矛盾的原则来处理同他们的关系。确实属于敌我性质的，才按照敌我矛盾处理。"[①] 毛泽东同志是最早提出宗教是文化的中国共产党领导人。他在 1952 年 10 月 8 日接见西藏致敬团代表时提出，"文化包括学校、报纸、电影等等，宗教也在内。"该时期，周恩来同志作为国务院总理直接参与党和国家关于宗教工作的决策和具体的指导工作，也形成了比较丰富的宗教问题思想，主要包括：周恩来一向非常重视民族宗教问题，他从中国的实际出发，运用马克思主义的立场、观点、方法，提出了我国宗教的自办原则，明确提出宗教在社会主义社会会长期存在的问题与观点，并对尊重和保护宗教信仰自由做出了详尽及深刻的阐述、明确中国共产党同宗教界在政治上可以团结合作。

6. 改革开放以来的中国特色社会主义建设时期（1978 年至今）

1982 年，中共中央《关于我国社会主义时期宗教问题的基本观点和基本政策》提出，"宗教是人类社会发展到一定阶段的历史现象"。习近平总书记多次谈及宗教的文化性，认为宗教是"人类文化的重要载体"，还说："作为一种文化，我很注意看宗教方面的著作，宗教在劝人向善方面有很多智慧，有很多有益的阐述。"1980 年 10 月 15 日，邓小平同志在会见格林率领的英国知名人士代表团时指出："我们建国以来历来实行宗教信仰自由。当然，我们也进行无神论的宣传。马克思主义者认为，像宗教这样的问题不是用行政方法能够解决的。林彪、"四人帮"破坏了我们一贯的宗教政策，我们现在开始恢复老的政策。宗教信仰自由涉及民族政策，特别是我们中国，一般都是少数民族在宗教信仰方面问题最多。我们要实行正确的民族政策，必须实行宗

[①]　李维汉：《统一战线问题与民族问题》，北京：人民出版社，1982 年，645–646 页。

教信仰自由。"①

改革开放以来，我们党坚持解放思想、实事求是、与时俱进的思想路线，形成了中国特色社会主义宗教理论，它是对马列主义、毛泽东思想中关于宗教问题的基本理论和方针政策的运用、继承和发展，是指导当代中国宗教工作和宗教研究的中国化、时代化的马克思主义宗教理论，特别是改革开放四十多年马克思主义宗教观中国化的最新成果。

（四）习近平总书记关于党的宗教工作的重要论述

党的十八大以来，习近平总书记在诸多重要会议和不同场合，诸如 2014年 3 月联合国教科文组织总部发表演讲、2014 年 5 月第二次中央新疆工作座谈会、2014 年 9 月中央民族工作会议、2015 年 5 月中央统战工作会议、2015年 8 月中央第六次西藏工作座谈会、2016 年 4 月全国宗教工作会议、2016 年5 月哲学社会科学工作座谈会、2017 年党的第十九次全国代表大会等，对解决宗教问题、做好宗教工作发表诸多重要讲话，提出了一系列新思想、新要求、新任务，推动了我国宗教工作理论取得创新性发展，丰富和发展了马克思主义宗教观，为新时代我国宗教工作指明了正确方向、明确了具体要求，中国宗教学学会会长卓新平教授将其概括为以下几点。②

1. 宗教问题始终是我们党治国理政必须处理好的重大问题，要把宗教治理纳入国家治理体系，对宗教管得住、管得好。

2. 做好宗教工作首先要解决认识问题，要坚持马克思主义宗教观，发展中国特色社会主义宗教理论，用马克思主义立场、观点、方法观察分析、处理宗教问题。中国特色社会主义宗教理论继承和发展了马克思主义经典作家、中国共产党人关于宗教问题和宗教工作的重要论述，融汇了党的十八大以来以习近平同志为核心的新一代中央领导集体关于新形势下如何认识和处理宗教问题、如何做好宗教工作的新思想、新理念，是马克思主义宗教观在新时代中国特色社会主义社会的最新理论成果，开辟了马克思主义宗教理论的新境界。

---

① 中央文献研究室编：《邓小平思想年谱》，北京：中央文献出版社，1998 年，134 页。
② 卓新平：《认真领会习近平总书记在全国宗教工作会议重要讲话的意义》，《世界宗教研究》2016 年第 3 期，5 - 11 页。

3. 对宗教要坚持"导"的态度,在"导"上想得深、看得透、把得准,做到"导"之有方、"导"之有力、"导"之有效,牢牢掌握宗教工作主动权。党的宗教工作基本方针是全面贯彻党的宗教信仰自由政策,依法管理宗教事务,坚持独立自主自办原则,积极引导宗教与社会主义社会相适应。这一重要的党的宗教工作理论创新体现了辩证唯物主义的方法论,体现了党与时俱进、实事求是的工作态度。

4. 积极引导宗教与社会主义社会相适应,必须坚持我国宗教的中国化方向,必须提高宗教工作法治化水平,必须辩证看待宗教的社会作用,必须重视发挥宗教界人士作用。

5. 要构建积极健康的宗教关系,特别是处理好党和政府与宗教、社会与宗教、国内不同宗教、我国宗教与外国宗教、信教群众与不信教群众之间的关系,促进宗教关系的和谐。

6. 在我国,公民有信仰宗教的自由,但共产党员不能信仰宗教、不能参加宗教活动,这是原则性、根本性的问题,这是由党的性质、宗旨和共产党人辩证唯物主义的世界观和方法论决定的。共产党员要做坚定的马克思主义无神论者,严守党章规定,坚定理想信念,牢记党的宗旨,绝不能在宗教中寻找自己的价值和信念。

7. 要加强对青少年的科学世界观宣传教育,引导他们相信科学、学习科学、传播科学,树立正确的世界观、人生观、价值观,引导广大青少年坚定马克思主义的科学信仰,区分马克思主义科学信仰与宗教信仰的本质区别,树立中国特色社会主义的共同理想,胸怀共产主义的远大理想,增强国家认同、民族认同、文化认同、制度认同和道路认同,为实现中华民族伟大复兴的中国梦贡献自己的力量。

二、开展马克思主义宗教观教育的背景

(一)中国共产党一贯重视马克思主义宗教观教育

不仅马克思主义经典作家一贯重视科学无神论教育,中国共产党也一贯重视马克思主义宗教观教育,与其一脉相承,发表了大量丰富的论述。李建

生教授先后发表《中国共产党关于马克思主义宗教观教育的论述及现实意义（上）》《中国共产党关于马克思主义宗教观教育的论述及现实意义（下）》《中国共产党关于马克思主义宗教观教育特点和原则的论述及现实意义》等论文，系统地研究了马克思主义经典作家和中国共产党重视马克思主义宗教观教育的论述，研究扎实、理论功底强，该部分编写参考了其相关内容。

1. 马克思主义经典作家一贯重视科学无神论教育

马克思主义经典作家一贯重视科学无神论教育，强调社会主义者本身必须坚持科学无神论，"在社会主义者当中也有理论家，或者，像共产主义者称呼他们的那样，十足的无神论者，而社会主义者则被称为实践的无神论者。"① 恩格斯指出："至于宗教问题，那我们不能正式谈论它，除非神父们迫使我们这样做，但是您在我们的所有出版物中都会感到无神论的精神，此外，我们不接受任何在章程中稍有一点宗教倾向的团体。"②

列宁在《社会主义和宗教》中指出："我们的党纲完全是建立在科学的而且是唯物主义的世界观上的。因此，要说明我们的党纲，就必须同时说明产生宗教迷雾的真正的历史根源和经济根源。我们的宣传也必须包括对无神论的宣传；出版有关的科学书刊（直到现在，这些书刊还遭到农奴制的专政政权的禁查）现在应当成为我们党的工作之一。我们现在必须遵从恩格斯有一次向德国社会主义者提出的建议：翻译和大量发行 18 世纪的法国启蒙著作和无神论著作。"③ 同时，列宁指出："社会民主党宣传无神论，应当服从社会民主党的基本任务：发展被剥削群众反对剥削者的阶级斗争。"④ 1922 年，列宁在《论战斗唯物主义的意义》中指出：要求党的《在马克思主义旗帜下》杂志要成为战斗唯物主义的机关刊物，就必须用许多篇幅来进行无神论宣传，评价有关著作。列宁进一步表明了必须向人民群众宣传科学的世界观，加强无神论教育，树立马克思主义宗教观的世界观和方法论。

2. 中国共产党关于马克思主义宗教观教育的论述

中国共产党在革命、建设和改革的长期实践中，一直坚持继承和发展马

---

① 《马克思恩格斯全集（第二版）（第 3 卷）》，北京：人民出版社，2002 年，433 页。
② 《马克思恩格斯全集（第一版）（第 33 卷）》，北京：人民出版社，1973 年，267 页。
③ 《列宁全集（第 12 卷）》，北京：人民出版社，1987 年，134 页。
④ 《列宁选集（第一版）（第 2 卷）》，北京：人民出版社，1960 年，379 页。

克思主义宗教观教育的理论与实践，针对不同时期的任务要求，对广大党员、干部、群众和学生进行思想宣传和科学无神论教育，保证了中国共产党各个时期事业的顺利发展。

在中华人民共和国成立初期，毛泽东同志提出要研究宗教，创办有关宣传马克思主义宗教观和科学无神论的刊物，指出："我赞成有些共产主义者研究各种宗教的经典，研究佛教、伊斯兰教、耶稣教等等的经典。因为这是个群众问题，群众中有那样多人信教，我们要做群众工作，我们却不懂得宗教，只红不专，是不行的。"① 在此背景下，中国社会科学院世界宗教研究所于1964 年成立，是第一个国家级宗教研究机构。

中发〔1991〕6 号文件明确指出："积极向人民群众，特别是广大青少年进行辩证唯物主义和历史唯物主义（包括无神论）的教育，培养广大青少年成为有理想、有道德、有文化、有纪律的一代新人。"

1998 年《中共中央关于加强和改进思想政治工作的若干意见》中指出："要加强马克思主义唯物论和无神论教育，大力提倡科学精神；坚持不懈地普及科技知识；普及那些与群众日常生活密切相关的自然科学、医疗卫生、科学健身和生老病死等方面的知识。"②

进入 21 世纪，江泽民同志提出，"要坚持不懈地对党员、干部进行马克思主义宗教观和党的宗教政策的宣传教育""把宗教理论政策纳入各级党校和行政学院的教学内容。宗教问题是极其复杂的。各级领导干部特别是高级干部和从事宗教工作的同志，都要尽量较多地掌握有关宗教方面的基本知识。像世界上各大宗教形成和发展的历史、我国宗教形成和发展的历史、世界主要宗教的基本教义和状况以及宗教文化等，都应该有所知晓，不多懂一些宗教知识，是做不好宗教工作的""宗教工作，最根本的是做信教群众的工作，是要团结和教育信教群众为祖国富强和民族振兴积极贡献力量"。③

2001 年 12 月，江泽民同志在全国宗教工作会议上的讲话中强调："努力把我国广大青少年教育和培养成为具有建设有中国特色社会主义坚定理想、

---

① 《毛泽东文选（第 8 卷）》，北京：人民出版社，1999 年，4 页。
② 《人民日报》，1998 年 11 月 8 日版。
③ 《江泽民文选（第 3 卷）》，北京：人民出版社，2006 年，393－395 页。

掌握丰富科学文化知识的一代新人，坚决防止宗教观念以及各种有神论侵蚀他们的世界观，影响他们的人生观和价值观。这是关系我国未来的大事，各有关部门各级党委和政府务必高度注意。"①

2003 年 8 月 19 日，时任中共中央总书记、国家主席的胡锦涛同志针对无神论研究和科学无神论教育宣传具体工作的相关报告做出重要批示："关于无神论研究和宣传教育是一项长期任务，需纳入科学研究规划和宣传思想工作的总体部署，锲而不舍地进行。"②

2015 年 11 月 24 日，第二次全国高校统战工作会议在北京召开，会议明确指出：着力做好抵御利用宗教对高校进行渗透和防范校园传教工作。要正确把握和落实党中央关于高校宗教工作的政策要求。反对敌对势力利用宗教进行渗透来实现其政治图谋；不能以信教为由，妨碍和影响学校的正常教学生活秩序；在国民教育中增加宗教常识教育，以马克思主义为指导开展宗教学研究，加强涉及宗教的各学科建设和人才培养；要坚持教育与宗教相分离的原则。严禁在校园传播宗教、发展信徒、设立宗教活动场所、举行宗教活动、建立宗教组织；要坚决阻断利用宗教对高校渗透和校园传教的渠道。加强对高校讲座、论坛、接受境外资助和个人资助等管理，加强校园网络监管。

2016 年 4 月 22 日习近平总书记在全国宗教工作会议上的讲话中指出："积极引导宗教与社会主义社会相适应，是要引导信教群众热爱祖国、热爱人民，维护祖国统一，维护中华民族大团结，服从服务于国家最高利益和中华民族整体利益；拥护中国共产党领导、拥护社会主义制度，坚持走中国特色社会主义道路；积极践行社会主义核心价值观，弘扬中华文化，努力把宗教教义同中华文化相融合；遵守国家法律法规，自觉接受国家依法管理；投身改革开放和社会主义现代化建设，为实现中华民族伟大复兴的中国梦贡献力量。"要广泛宣传党关于宗教问题的理论和方针政策，宣传宗教相关法律法规，加强宗教方面宣传舆论引导。党的基层组织特别是宗教工作任务重的地方基层组织，要切实做好宗教工作，加强对信教群众的工作。共产党员要做

---

① 《江泽民文选（第 3 卷）》，北京：人民出版社，2006 年，382 页。
② 转引自李建生：《中国共产党关于马克思主义宗教观教育的论述及现实意义（上）》，《科学与无神论》2014 年第 2 期，18 页。

坚定的马克思主义无神论者，严守党章规定，坚定理想信念，牢记党的宗旨，绝不能在宗教中寻找自己的价值和信念。要加强对青少年的科学世界观宣传教育，引导他们相信科学、学习科学、传播科学，树立正确的世界观、人生观、价值观。

（二）当下宗教在我国的现状和影响

1. 全球化与宗教的发展

所谓全球化，主要包含三个层面：经济技术层面一体化、国家政治一体化、文化与精神生活一体化。在全球化的背景下，当今世界宗教发展呈现诸多新的特点：多元化倾向更加明显、宗教呈现市场化与竞争化、世俗化更加明显、传播快速化、矛盾冲突下的交流对话日益加强、不同宗教文化互动过程中宗教极端主义的产生、新兴宗教与邪教不断产生。① 在全球化的背景下，我国宗教的总体格局在今后一段时间内不会产生重大改变，但我国的宗教整体形势的发展会呈现一些新的特征，各宗教之间的平衡会有进一步的变化，同时与我国宗教相关的社会现象也会不断地出现。

2. 宗教在我国社会主义初级阶段仍将长期存在

在未来，宗教消亡是社会发展的必然规律，但要经历一个极其漫长的历史过程，反对用任何行政手段人为地消灭宗教。由于人们意识的发展总是落后于社会存在、由于社会生产力的极大提高与物质财富的极大丰富还需要长久的奋斗过程、由于还存在一定范围的阶级斗争和复杂的国际环境，因而宗教在我们社会主义社会一部分人中的影响，还会长期存在。因此，宗教在我国社会主义初级阶段仍将长期存在。

三、高校马克思主义宗教观教育机制的构建

（一）明确高校马克思主义宗教观教育的内容

1. 坚持马克思主义宗教观关于宗教起源、本质、作用和宗教发展、消亡

---

① 孙琥瑭，杜丽：《论全球化背景下宗教发展的新特点与新思考》，《吕梁学院学报》2012年第1期，46 – 47 页。

规律的基本观点

宗教是人类社会发展到一定阶段的产物,社会劳动生产力低下、人类认识能力有限、存在阶级压迫等都是宗教起源的原因。宗教作为一种社会意识形态,是对社会存在的反映,宗教以超自然、超人间力量的形式反映支配着人们日常生活的外部力量,并把这种力量神圣化,使之成为主宰人们日常生活的支配力量,这是宗教之为宗教的根本,是一切宗教的基本特征和本质规定。

2. 我国现行的主要宗教政策法规

《中华人民共和国宪法》第三十六条规定:"中华人民共和国公民有宗教信仰自由。任何国家机关、社会团体和个人不得强制公民信仰宗教或者不信仰宗教,不得歧视信仰宗教的公民和不信仰宗教的公民。国家保护正常的宗教活动。任何人不得利用宗教进行破坏社会秩序、损害公民身体健康、妨碍国家教育制度的活动。宗教团体和宗教事务不受外国势力的支配。"公民既有信教的自由,也有不信教的自由。全面贯彻党的宗教信仰自由政策,依法管理宗教事务,坚持独立自主自办的原则,积极引导宗教与社会主义社会相适应,是党的宗教工作的基本方针。就国家而言,宗教是私人的事情,但就无产阶级政党而言,宗教就不是私人的事情。无产阶级政党坚持科学无神论,共产党员应该是彻底的无神论者,共产党员不能信教。我党曾多次明确规定:共产党员不得信仰宗教,不得参加任何宗教活动。

《中华人民共和国教育法》第八条规定:"教育活动必须符合国家和社会公共利益。国家实行教育与宗教相分离。任何组织和个人不得利用宗教进行妨碍国家教育制度的活动。"其中第九条规定:"中华人民共和国公民有受教育的权利和义务。公民不分民族、种族、性别、职业、财产状况、宗教信仰等,依法享有平等的受教育机会。"遵循教育与宗教相分离的原则,学校必须按照相关教育法律、法规组织相关教育教学活动,不得组织学生开展任何形式的宗教活动。

3. 对大学生关注的宗教问题进行引导

针对大学生普遍关注的"科学与宗教的关系""宗教与邪教的区别""道德与宗教的关系""如何引导宗教与社会主义社会相适应""不同宗教之间的

交流与冲突""气功"等热点、难点问题，对大学生进行引导与教育，澄清大学生关于这些问题的模糊认识和错误认识。同时，引导大学生高度警惕和坚决反对宗教渗透和校园传教问题，特别是坚决抵制冒用宗教、气功或者其他名义建立、散布迷信邪说等手段蛊惑或蒙骗他人、危害社会的非法组织，坚决反对民族分裂主义、宗教极端主义、暴力恐怖主义和邪教势力。

4. 中国传统文化知识教育

中国文化是一个兼容并蓄、不断融合创新的体系，有着悠久的发展历史和优良传统。历史上，从儒释道三教相争到儒释道三教会通，其背后的机制是中国传统文化的人文主义精神。在中国传统文化中，创世的并不是神而是神话式的人物，它是"神人"，是人的形象，人承担了神的一些角色。这是一种主张"天人一体、天人同构"的文化。中国人对宗教传统的理解是，宗教是劝人向善的，不是人为神服务，而是神为人服务，也即"神道设教"。中国传统文化主张宗教"礼法化"，也就是说，宗教先要符合社会的需要，然后才能成为宗教；信徒要先做人再修道。礼法讲的"三纲五常"，是宗教首先要践行的，践行好了，宗教才能在中国生根①。不了解中国传统宗教文化知识，就不能了解中国宗教的历史和现状，也无法理解中国宗教信仰者所表现出的种种特点。因此，对大学生进行马克思主义宗教观教育、中国传统宗教文化知识教育是绝对不可缺少的内容。

5. 充分发挥高校思政课主渠道的教育作用

高校思想政治理论课是开展马克思主义宗教观教育的主渠道、主阵地，充分发挥课堂教学的主导作用。在《马克思主义基本原理概论》教学内容中，增加马克思主义宗教观基本原理教育，运用历史唯物主义和辩证唯物主义等马克思主义理论说明宗教的起源、本质、作用、发展和消亡规律，引导大学生正确认识、对待宗教和宗教问题。在《毛泽东思想和中国特色社会主义理论体系概论》教学内容中，增加马克思主义宗教观中国化教育，引导学生全面、准确把握党的宗教理论、方针政策和相关的法律法规。在《中国近现代史纲要》教学内容中，结合中国近现代史具体案例，系统阐发我国各大宗教

---

① 谢志斌：《"长安宗教与中国宗教研究方法"会议综述》，《中国民族报》，2019 年 6 月 25 日。

与我国社会主义社会相适应的必然性。在《思想道德修养与法律基础》教学内容中，区别宗教信仰与马克思主义科学信仰的不同，加入马克思主义科学信仰教育、宗教相关法律法规教育，以提高大学生的法律素质、增强法制观念、坚定理想信念、加强马克思主义科学信仰教育。

（二）明确高校马克思主义宗教观教育的原则

学校承担着人才培养、知识创新、社会服务和文化传承的重要任务。办好我国社会主义教育，最根本的是要全面贯彻党的教育方针，解决好"培养什么人、怎样培养人、为谁培养人"这个根本问题。要坚定我国社会主义的办学方向，坚持用马克思主义中国化、时代化、大众化的最新理论成果教育学生、引导学生，使他们牢固树立马克思主义宗教观和科学无神论，普及科学文化知识，不断提高他们的思想道德素质和科学文化水平。马克思主义宗教观以辩证唯物主义和历史唯物主义为基础，坚持以马克思主义宗教观为理论指导。坚持以正面教育为主，避免对宗教现象全盘否定，对于个别宗教信仰的大学生应该予以宽容和理解。遵循教育与宗教相分离的原则，学校必须按照相关教育法律法规组织相关教学活动，不得组织学生开展任何形式的宗教活动，同时把马克思主义宗教观教育寓于大学生日常生活和管理之中。坚持理论联系实际，注重对处于困境中大学生的精准帮助和心理疏导，切断他们在困境中向宗教寻求寄托或帮助的根源。[①]

（三）营造高校马克思主义宗教观教育的有利环境[②]

1. 社会环境

要向广大人民群众进行科学无神论的宣传与教育，特别是对广大信教群众进行爱国主义、集体主义、马克思主义教育，普及现代科学文化知识，引导他们树立正确的世界观、人生观、价值观。无产阶级政党坚持科学无神论，共产党人应该是彻底的无神论者，共产党人不能信教。要对广大党员进行坚

---

① 马莉：《论大学生马克思主义宗教观教育》，《山东行政学院学报》2016 年第 2 期，1 - 5 页。

② 张爱辉：《新形势下高校马克思主义宗教观教育途径新探》，《临沂大学学报》2017 年第 6 期，114 - 121 页。

定共产主义理想和信念、普及科学无神论和科学文化知识、掌握党的宗教理论与政策法规的教育，弘扬社会主义核心价值观，从整体上为高校马克思主义宗教观教育营造有利的社会环境。

2. 家庭环境

高校进行马克思主义宗教观教育不能忽视大学生的家庭环境。有关调查显示，家庭影响是宗教信徒皈依宗教的重要原因。因此，高校进行马克思主义宗教观教育，必须同优化家庭环境相结合，应该积极有序地和大学生的家长沟通，社区应该采取措施努力提高家长的科学文化素养和人文精神素养，为大学生树立榜样，以此影响大学生及时转变思想观念，树立马克思主义的世界观和宗教观。

3. 校园环境

大学生学习和生活的主要场所是大学校园，坚持社会主义办学方向，坚持以马克思主义为指导来优化校园文化环境，加强校风、学风、班风、舍风建设。认真组织、积极开展丰富多彩的校园活动和社会实践，如知识竞赛、辩论赛、演讲比赛、专题讲座等，营造出崇尚科学、尊重知识的文化氛围，大力弘扬社会主义核心价值观，激发大学生对人生、理想信念、道德的高尚追求，使其在情感上有所寄托、在生活上有所帮助，从根本上消除大学生在人生低谷期向宗教寻求帮助的动机。

（四）开展高校马克思主义宗教观教育的现实意义

1. 有利于大学生牢固树立科学世界观、人生观和价值观

大学时代，是大学生形成系统的世界观、人生观、价值观的关键时期，在这个时期，系统学习人生观、价值观的理论，深入思考"人的本质是什么""人生为了什么""怎样的人生更有意义"等问题，对于大学生领悟人生真谛、创造人生价值，更好地度过自己的人生至关重要。人的生命过程不同于其他动物的生命过程，除了自然过程，还包含着极为丰富的社会内容。我们不仅要活着，还要生产、交往、创造，形成一定的人生价值目标，以一定的人生观指导自己的行为，赋予人生这样或那样的意义。一个人能成就什么样的人生，在很大程度上取决于我们有什么样的人生观。马克思主义宗教观是

马克思主义的重要组成部分，是科学的世界观和方法论。高校开展马克思主义宗教观教育，引导广大青年相信科学、学习科学、传播科学、崇尚科学，正确认识宗教和对待宗教问题，坚持以辩证唯物主义和历史唯物主义为指导，牢固树立科学的世界观、人生观和价值观，反对封建迷信，反对一切唯心主义，在为人民服务的实践中实现个人的社会价值和人生价值。

2. 有利于大学生坚定理想信念、树立马克思主义科学信仰

理想信念对人生有着定向作用，为人生指明奋斗的方向。在生活的海洋里，人生理想如同导航的灯塔，指引着人们朝着奋斗的目标前进。古往今来，无数事实证明，人有了正确的人生理想，就会因既定的奋斗目标，而能在黑暗中看到光明，在困难挫折甚至暂时失败时充满信心并坚信胜利。作为大学生，只有树立远大而又崇高的理想信念，才能认准前进的方向，在正确的人生道路上成长成才。随着社会的不断发展，人们的物质生活已经日渐丰裕，人们更重视追求精神生活，丰富自己的精神世界。理想信念是人们精神生活的核心内容和重要组成部分。它能充实人的精神生活，提高人的精神境界。在大学期间，大学生不仅要提高知识水平，增强实践才干，更要坚定科学、崇高的理想信念，明确做人的根本，这对于大学生的成长成才具有重要的意义。然而，部分大学生理想信念的现状不容乐观。伴随着经济全球化进程的日益深入，潮水般涌入的各种文化思潮和价值观冲击着大学生的思想，比如西方的宗教思想。某些大学生不同程度存在着理想信念模糊、价值取向扭曲、社会责任感缺乏、艰苦奋斗精神淡化、心理素质欠佳等问题。对于大学生理想信念方面出现的这些问题，我们既不能忽视，也不能回避。因为这涉及要引导大学生做什么样的人、引导大学生走什么路、激励大学生为什么学等问题，没有理想信念，这些事一件也学不会、干不成。

3. 有利于大学生崇尚科学、抵制邪教，确立马克思主义的科学信仰

一般来说，信仰分成两种类型：一是对虚幻世界、不切实际的观念，对荒谬理论的盲目相信和狂热崇拜；二是指在社会实践中，对以事物发展规律的正确认识为基础的思想见解或理论主张的持久探索、身体力行，这也就是我们所主张的信仰。高校开展马克思主义宗教观教育，可以很好地引导大学生崇尚科学、抵制邪教，弘扬科学精神、普及科学知识、倡导移风易俗、抵

制封建迷信，确立马克思主义的科学信仰。坚决抵制宗教渗透和校园传教，坚决地同民族分裂主义、宗教极端主义和暴力恐怖主义做斗争，大力推进和加强高校社会主义核心价值观体系建设。马克思主义指导思想是社会主义核心价值观体系的灵魂，建设社会主义核心价值体系，最根本的是坚持马克思主义的指导地位。马克思主义作为我们党和国家的根本指导思想，是由马克思主义严密的科学体系、鲜明的阶级立场和巨大的实践指导作用决定的，是近代以来中国历史发展的必然结果，是中国人民长期探索的历史选择。

总之，马克思主义宗教观是马克思主义理论的有机组成部分，是由马克思、恩格斯首先创立，建立在辩证唯物主义和历史唯物主义的世界观和方法论基础上的马克思主义者和共产党人对于宗教和宗教问题的基本认识。高校马克思主义宗教观教育主要是针对大学生进行马克思主义关于宗教基本问题的观点、党的宗教工作基本方针政策和科学无神论教育，引导大学生坚定马克思主义信仰，为实现中华民族伟大复兴的"中国梦"而努力奋斗。

专题六　思想政治教育面临的挑战

当代中国正处于机遇与挑战并存的时代。时代赋予大学生以新的历史使命。当代大学生如何实现建设国家、创造未来、担负民族复兴的历史使命，成为社会主义的合格建设者和可靠接班人是高校思想政治教育的历史使命和职责。如果我们关注新近兴起的职业就会发现一个有趣的现象，许多的"90后""00后"们所选择的职业形式多元、方式新颖，体现了他们对生活和价值的多元选择与追求。曾经有一个90后美妆博主在她的节目中分享自己三十岁的人生感悟。她提到一个观点令人印象深刻："孝顺不等于顺从。"她说："要真正地认识并坚守令自己幸福的道路，而不是父母认为的幸福的人生选择，因为毕竟父母无法替代自己走人生之路，我们每个人最终还是要为自己负责。而幸福是一种良性循环，自己开心幸福——过得越来越好——父母才会真的开心——自己才会更开心更幸福。"实际上，她所有的人生选择与她父母的想法都是背道而驰的。她父母希望她在国外留学结束后，回国并在银行工作，然后找一个同龄人结婚生子，不远嫁、不远游。可是她却选择了完全不同的一条道路。这个案例反映出了当代许多年轻人在对自我人生的思考和选择上已经呈现了多样多元的态势。特别对来自权威（父母、师长）或者传统文化（归国、结婚、相夫教子）所表征的传统性抱着更为批判和审视的心态，而追求独立的个性、实现自我的意义和价值，是当代青年人更为推崇的价值追求。

一、新时代大学生思想政治教育实践的内涵、目标与特点

习近平总书记在学校思想政治理论课教师座谈会上的重要讲话中强调思

106

政课建设长期以来形成的一系列规律性认识和成功经验为思政课建设守正创新提供了重要基础。守正，就是坚持正确的政治方向；创新，就是激活发展的动力和源泉。二者的辩证统一，为高校思想政治教育实现育新人、兴文化提供重要基础和关键。把握好高校思想政治教育"守正"与"创新"的关系，就是要牢牢把握思想政治教育的正确方向，又要创新研究的思维和局域，丰富思想政治教育研究的领域、对象和方法，实现研究范式的拓展与创新。在这里，范式可以成为有效的研究视角和工具，而不仅仅局限于其本身的理论意境。范式源起于托马斯·库恩（Thomas S. Kuhn）对科学历史的哲学规律探究。他界定范式为某一领域中的占主导或主流地位的方法论体系与实践模式，由理念（philosophy，某一科学共同体成员所共同分享的信念、价值、技术等的集合）和方法（methods，解决具体模式或范例的方法的集合）两部分构成。通俗来讲，范式体现的是一定时期内某一具体科学或研究中人们普遍接纳、认同的特定的知识、理论、观点或价值，且当人们共用这一种"范式"时，他们不仅共同认可这一特定的命题，同时还认可回应这一命题的方法的总体观点。

范式可以解答常规科学而非"变革"（即以一种思想彻底替代另一种思想）的规律。如果我们将高校思想政治教育实践理解为一种以意识形态为载体的话语，那么这一话语的臻熟往往伴随着其作为一个体系内部诸多要素的协同发展。这些要素包括高校思想政治教育独特的研究领域和研究对象、研究方法论和研究方法以及其研究范式的拓展与丰富。研究范式，即可作为统领该体系的上层建筑和哲学立场，也可作为囊括复杂多元的研究立场和视角的"篮子"，将不同研究视角统一规划到该体系的理论或实证系统之中。高校思想政治教育离不开对其作为一门学科的建构和发展延续。自2005年12月马克思主义理论被设立为一级学科，思想政治教育作为其二级学科随之得到了快速发展。按照托马斯·库恩对范式一词的释义，范式是指科学研究中那些公认的科学成就，并在一定时间内为实践共同体提供典型问题和解答或为特定连贯的科学研究的传统提供模型。由此可见，将思想政治教育作为一门话语来研究，并秉承其从常规—创新—新常规的更迭进程演绎，那么其内部的范式也经历不断从"单一"向"多元"的发展过程。

中华人民共和国成立七十年来高校思想政治教育的发展体现了一种统一范式下的话语演变。我们的高等教育致力于培养一代又一代的社会主义建设者和接班人，它回应着 20 世纪 50 年代时思想政治教育要培养有"社会主义觉悟"的"学生的唯物主义世界观和历史观……做到科学知识、进步思想和健全体魄的统一"。1949 年到 1953 年左右，教育部对高等学校中应开设的思想政治理论课的课程名称和内容做了明确规定。这一时期，高校开设了诸如"马列主义基础"和"政治经济学"等思政理论课程。它的主体范式是以老解放区的教育经验和苏联模式为主，并结合以马列主义、社会主义改造以及从新民主主义向社会主义转变的教学主题，体现了在思想政治教育中开展爱国主义、国际主义和劳动教育的时代特征。1956—1966 年间，思想政治教育体现了将马列主义同中国革命和建设相结合的范式特征，例如，将新民主主义论改为中国革命史，将毛泽东思想列为必修课等。之后，反右派斗争扩大化以及"文革"时期"停课闹革命"使思想政治教育范式进入了颠覆与倒退。阶级斗争令思想政治教育走向了异化，淹没了具有个人情操和道德美育的思政教育价值。20 世纪八九十年代，高校思想政治教育逐步得到了拨正，回归到培养学生坚持社会主义道路，坚持人民民主专政，拥护中国共产党领导，以马列主义、毛泽东思想为指导的四项基本原则教育的范式之中。然而，在社会主义意识形态充分发挥服务经济建设的背景下，高校人才培养也出现了"政治无用"的声音。意识形态转型带来思想政治教育的新变化。改革开放四十年历程中，思想政治教育的主流范式一直是在开放的环境下更要重视并加强思想政治教育，重视对大学生开展世界观、人生观和价值观教育，重视公民基本道德规范教育以及素质教育。特别是近几年，高校思想政治教育方式方法更为灵活、更加创新。同大数据、融媒体、慕课教学等创新模式相结合体现了高校思想政治教育在方法层面的范式演进。

（一）新时代大学生思想政治教育实践的内涵

以习近平同志为核心的党中央高度重视大学生思想政治教育工作。中央先后颁布印发了《关于进一步加强和改进新形势下高校宣传思想工作的意见》与《关于加强和改进新形势下高校思想政治工作的意见》等文件。习近平总书记在主持召开学校思想政治理论课教师座谈会时强调："要坚持理论性和实践性相统一，用科学理论培养人，重视思政课的实践性，把思政小课堂同社会大课堂结合起来，教育引导学生立鸿鹄志，做奋斗者。"这一论述深刻阐释了新时期大学生思想政治教育理论性和实践性相统一的重要意义。将"思政小课堂同社会大课堂结合起来"也为推动大学生思想政治教育实践的教学、课堂、方法改革指明了方向。

思想政治教育是通过思想观念、政治观点、道德规范、行为约束、意识规训等对特定的社会群体和组织成员进行有目的、有价值、有计划、有组织、有影响的教育行为，目标是促进社会群体或组织成员达到符合预期的思想品德和行为的一种社会实践活动。思想政治教育也是一种以人为主体的对象性活动，"实践"是思想政治教育的必由途径和根本属性。界定新时期大学生思想政治教育实践的内涵，我们应从以下几方面入手。

首先，理解新时期开展大学生思想政治教育的时代特征和意义。习近平总书记在纪念五四运动一百周年上对新时代中国青年深情寄语："青年是整个社会力量中最积极、最有生气的力量，国家的希望在青年，民族的未来在青年。"今天，新时代中国青年处在中华民族发展的最好时期，既面临着难得的建功立业的人生际遇，也面临着"天将降大任于斯人"的时代使命。新时代中国青年要继续发扬五四精神，以实现中华民族伟大复兴为己任，不辜负党的期望、人民期待、民族重托，不辜负我们这个伟大时代。大学生群体是中华民族伟大复兴的建设者和接力者。如何激发广大的大学生青年群体为党、为祖国、为人民建功立业的梦想与热情，彰显了新时期开展大学生思想政治教育的重大历史和时代使命。

其次，理解新时期大学生思想政治教育实践要厘清思想政治教育理论性和实践性的内在统一。有研究中将大学生思想政治教育的"实践"归类为高校思想政治教育研究的方法和方法论范式范畴，是策略、路径、对策以及具体的方法的集合，体现研究的偏好和思路。它包括思想政治工作方法、教育教学创新方法以及以思想政治教育为对象和目标而采用的研究方法的呈现。表1所示内容为对《思想教育研究》《思想理论教育》和《思想理论教育导刊》三本期刊中1998—2018年全部期刊文献的前沿热点词汇的汇总分析。如表所示，以"实践"的方法或方法论思维提升思想政治教育的实效具体表现为三个特点：一是"创新"或"创新式发展"具有显著的中心性特征，包括"理论创新"和"实现路径"的创新。2018年的"大数据"和"新媒体"同"创新"结合，体现着思想政治工作或教育教学传统路径与新方法相结合的特点。二是以"实践""理论联系实际"和"唯物史观"的科学研究方法论为指导是思想政治教育研究的一致原则。三是以举办"会议""研讨会"的形式进行论点的摘编和总结，广汇意见，碰撞观点，是思想政治教育研究的常见方法。

表1 "方法与方法论"节点词汇总表

	1998年	2008年	2018年
	年度热点词	年度热点词	年度热点词
《思想教育研究》	社会实践活动；武装；道德实践；意识；创新；指导	创新；培养；社会实践；研究；内涵；方法论；对策；作用；特征；发展；原则	理论创新；唯物史观；困境；对策；实现路径；实践；研究方法；本质；重构；特点
《思想理论教育》	座谈会；摘要；根本形势；会议	轮流"会诊"制	创新发展；大数据；唯物史观
《思想理论教育导刊》	社会科学研究；社会科学；理论联系实际；指导；研讨会；创新；会议	创新；整体性；论点摘编；思想理论教育导刊；进展；研究	路径；创新；对策；新媒体；思想理论教育导刊

由此可见，思想政治教育实践无法以统一的概念框架来界定内涵。"实践"贯穿于高校思想政治教育教学和工作的方方面面，联动社会实践活动、道德实践等，以"创新"为工作思路和导向，以提升"实效"、发挥作用、探究提升为主要动力，并借助互联网、大数据、信息技术等实现思想政治教育实践的内涵提升。

（二）新时代大学生思想政治教育实践的目标

新时代大学生思想政治教育实践以马克思主义为指导，是对马克思主义有关于社会发展的客观真理和人的解放的价值目标思想体现在教育实践层面的体现。马克思主义批判地继承人类优秀思想文化成果,其创立和发展也体现了在实践中不断发展的科学性和理论性的特点。厘清新时代大学生思想政治教育实践的目标,就必须以科学的精神、理论的思维、发展的眼光来掌握、领会并运用马克思主义的基本原理和方法来指导实践,其价值目标就是始终以人为出发点和中心,实现以人的自主活动、自由个性以及自由发展为主题,而实践的目标就是人的高度,最终实现"解放成人,达到人的高度"。因此,大学生思想政治教育实践旨在达成三个层面的目标:

第一,实现对大学生的人格教育和正确价值观养成,扣好"人生的第一粒扣子"。端正的人格教育是学校教育重要的价值目标之一,良好的习惯是产生优良道德品格的重要基础。高校思想政治教育既要充分利用课堂教育这一显性元素,也要为学生们构筑"润物细无声"的隐形教育环境。思想政治教育的实践应充分挖掘利用中华优秀传统文化资源,对先人传承下来的价值理念和道德规范要有效扬弃,开展广泛的校园文化活动,以文化人、以文育人。只有这样,大学生才会在不知不觉中感知、领会并内化正确的世界观、人生观和价值观。

第二,实现"在做中学"的教育价值,以行为促动大学生构建思想政治认同感。思想政治教育是社会实践的产物,它的产生、发展都紧紧联系着社会实践。高校思想政治教育的主体是学生,目标是将马克思主义理论及其科学的世界观、认识论和方法论传授给学生,而只有通过实践的方法才能完成主体学生对客体理论的知会、理解、认知、内化,知行合一,构筑正确的政治认同。

第三,以实践培养大学生的学习能力和思辨能力,笃实力行。高校思想政治教育要随时代的变化和社会发展的要求不断完善,要做到按规律办事,即"因事而化、因时而进、因势而新"。高校思想政治教育实践既要充分利用好思想政治理论课的主渠道为大学生提供意识形态教育,同时还要以"大思政"的思维和视野充分挖掘其他课程中的思政元素,注重培育大学生的学习能力和思辨能力,以勤学、笃行、思辨的思维能力不断增强本领,以实践的方法科学培养和训练思维能力和思维方法,把学习同思考、观察、实践紧密结合起来。

（三）新时代大学生思想政治教育实践的特点

1. 思想政治教育实践具有意识形态主导性

思想政治教育是中国共产党领导人民所开展的思想实践活动。高校思想政治教育实践是高校践行"立德树人"根本任务的关键内容，体现了鲜明的意识形态主导性。高校思想政治教育实践是以马克思主义理论为指导，将马克思主义基本原理同中国的具体实际相结合，形成的具有中国特色的思想政治教育文化传统。

2. 思想政治教育实践注重理论与实践相结合

作为马克思主义理论学科的一部分，思想政治教育的科学性基于其学科的理论基础和研究内容。思想政治教育实践的指导思想是马克思主义理论，教育和研究的主要内容是中国特色的社会主义实践，所面向的对象既要考虑其行动和实践的主观因素，如观念、价值、思想等，也要考虑客观因素，如环境、条件等。因而，思想政治教育实践是科学性、理论性与实践性的有机统一。只有以理论把握规律，以理论探究本质，才能在纷繁复杂的表象之外收获有效的教育实践效果。

3. 思想政治教育实践具有应用性

以实践促真知，体现了思想政治教育实践的应用性特点。如果说思想政治教育是关于学理的教育，那么实践则推进思想政治教育从对知识的理解和学习向对知识的改造与运用迈进。只有通过实践，我们才能更好地理解马克思主义理论跨时代的理论魅力，才能不断推动理论回应具体时代、环境和教育的需要，才能用理论解决实际问题，真正实现塑造思想、行动转换和改造世界的目标。

（四）践行"三全育人"的新时代高校思想政治教育实践的维度

习近平总书记于2018年5月2日在北京大学师生座谈会上对社会主义大学应坚持的正确的政治方向给予了明确的答案。总书记讲道："培养社会发展所需要的人，说具体了，就是培养社会发展、知识积累、文化传承、国家存续、制度运行所要求的人。所以，古今中外，每个国家都是按照自己的政治要求来培养人的，世界一流大学都是在服务自己国家发展中成长起来的。我国社会主义教育就是要培养社会主义建设者和接班人。"习近平总书记于2016年4月24—27日在安徽调研期间，寄语当代青年人的培养与成长："青年是国家的未来和民族的希望。希望同学们肩负时代责任，高扬理想风帆，静下心来刻苦学习，努力练好人生和事业的基本功，做有理想、有追求的大学生，做有担当、有作为的大学生，做有品质、有修养的大学生。大家要向我国老一辈杰出科学家学习，争取青出于蓝而胜于蓝。"高校思想政治教育工作的实践对于培养培育担当时代责任，做有理想、有追求、有本领的青年大学生发挥重要作用。围绕"三全（全员、全过程、全方位）育人"的目标、原则、内容、要求、方法和举措，新时代高校思想政治教育实践具有以下若干维度的内容，覆盖范围广泛。准确把握这些维度，为践行高校思想政治工作"三全育人"的科学内涵提供了根本遵循。

第一，"三全育人"强调育人过程的全面性，包括以大学生进入校园为时间起点所开展的大学新生入学教育以及以此所开展的思想政治工作和教育。许多学校在围绕大学新生的思想政治工作方面都有诸多有益尝试。由于大学新生群体是由一群在年龄、兴趣、爱好、价值观等方面较为接近的人所组成的一个特定群体，特别是在分享相似的爱好、兴趣、动机和目标过程中，大学新生彼此间会产生影响，进而影响他们在大学中的学习习惯养成以及作为集体的学风建设。因此，针对大学新生的思想政治教育实践应注重从以下几方面着手展开：首先，帮助大学新生正确认识大学、认知专业，树立正确的人生目标，增强学习动力。为大学生树立远大的理想目标，以理想之力和信念之光为大学生涯点亮起航，可以有效提升思想政治教育实践的实效性。其次，要帮助大学生认识到大学最重要也是最核心的任务就是学习。掌握知识和本领，拓展技能和眼界，增强以马克思主义的科学世界观和方法论来认识、解读并理解当今中国与世界的发展大势，不断修订并完善大学生涯和职业生涯规划，找到并确立人生目标，确定发展方向。只有具备这样的意识，才能在大学中不断开拓进取，做有理想、有目标、有追求、努力奋斗、拼搏奋发的时代新人。

第二，党团建设。《关于加强和改进新形势下高校思想政治工作的意见》文件中指出，应当把学生思想政治教育工作贯穿教育教学全过程，构建全员、全过程、全方位育人模式。在这一背景下，高校教师应以党执政的坚定支持者的角色和信念，担负起学生健康成长的指导者和引路人的责任。有学者谈道："学生党建的工作对大学生思想政治教育工作有引导、控制和鼓励等几个方面的作用。同时，也是大学生思想政治教育工作的指导方针和核心思想的来源。"《高校教师党员教育与大学生思想政治教育协同发展的意义及实践探究》一文谈道："当前，关于党建和思想政治教育实践协同发展的现实意义在于即通过以学生党建为核心促进思想政治教育发展的理论研究，同时也是高校'两学一做'学习教育常态化、制度化的重要支持。"通过加强基层教职工党支部的制度建设、组织建设以及优秀教职工党员的先锋模范作用，以思想政治教育实践为媒介开展大学生党建工作具有重要的意义。具体来讲，可以通过在高年级大学生中选取品学兼优、作风优良的学生干部和优秀学生党员开展帮扶，引导低年级学生健康成长而开展思想政治教育实践。优秀的"学长""学姐"们具有重要的模范引导力量，他们积极向上的人生理想信念、高趣味的兴趣爱好、远大的理想抱负、奋发图强的学习态度、健康积极的生活方式和行为模式、所取得的成绩和扮演的角色等可以为同辈或低年级学生们发挥模范、榜样、参照和效仿效应。这种良好的风气一旦形成，就会为思想政治教育实践提供源源不断的动力和形塑力量，引导广大学生形成优良的行为风范，积极追求进步。

第三，校园文化建设。一所学校所营造的良好的学习氛围和校园文化对大学生成长成才具有重要的潜移默化的作用。良好的校园文化氛围对于孕育优良教风、校风、学风，构筑强大的文化吸引力、凝聚力具有重要作用。打造优良校园文化，要立足学校特色，打造品牌效应。文化越来越多地同"实力"一词同生同现。特别是文化软实力概念的提出突出体现了文化对身处其中的个体的情感、态度、价值观、品格养成等所具有的影响力。习近平总书记在坚持"四个自信"（即"中国特色社会主义道路自信、理论自信、制度自信、文化自信"）中，明确"文化自信，是更基础、更广泛、更深厚的自信"。在《高校思想政治工作质量提升工程实施纲要》文件中，也明确了

"以文化人、文化育人"理念贯彻优秀校园传统文化培育和打造特色校园文化的任务。就一所大学而言，办什么样的大学、为谁培养人才、怎样培养人才，是定义社会主义大学的办学性质和发展方向的原则问题。对这一问题的回答，需要集中思考大学应进行怎样的文化建设，即铸就一种怎样的大学"精神气质"，并将这种精神与气质融入大学教育教学工作的方方面面。高等教育过程中的文化建设，绝不仅仅是学科建设问题，而是要铸造学生的一种生存样式。生存样式会深刻形塑高等教育对每一位身处其中的大学生的身份认同建构，以农业大学为例，农业大学应致力于打造师生互动共建的"三农"校园文化，和教师以及学生在互动中彼此互动共建，彼此影响塑造。从隐性到显性，从课程到校园活动全方位。打造校训、校史等各个内容。"三农"文化在农业大学中应代表一种"体面"文化。一所大学的校园文化建设应从学术、学习、课堂内与校园活动、课堂外多个层面来展开。具体来讲，校园文化建设从校训、校风、学风、目标和价值观等多个角度来展开。乡村振兴战略为农业大学的校园环境建设提供了一种全新的价值维度思考，其鲜明体现在如何将爱农业、爱农村、爱农民的情感要素，纳入农业大学的校园文化建设之中。懂农业，就是在农业大学的科研教学工作中，扎根科研基层，做到真钻研真弄懂，切实立足于为解决农业发展而提供真知识、真技术。将扎根农村基层，增长本领才干提升到农业大学的学风和校风建设的高度来重视，进一步突出农业大学与三农议题的天然关联。爱农村与爱农民，就是构建一种亲农爱农的校园文化氛围，让农业院校的广大师生对农村和农民具有更深刻的生活认知、更自觉的服务精神以及更深度的情感体验。在"爱农村、爱农民"的优良校风滋养下，农业大学的大学生们对自身"学习者"这一身份的建构和认同也将融入对亲农爱农这一价值导向的思考，最终实现农业大学和农业大学学生二者间彼此影响，互为呼应，互为"标签"，共同致力于农业院校服务振兴乡村的文化建设。

第四，就业与创业指导。创业是一种劳动的方式，是劳动者在组织、运用技术、服务、作业的过程中所做的思考、研究和判断的行为。自 1998 年教育部颁布《面向 21 世纪教育振兴行动计划》以来，有关大学生创新创业的政策文本随社会发展和经济发展的变化而不断推陈出新。2015 年，李克强总理在政府工作报告中提出推动"大众创业、万众创新"，这既可以扩大就业，又有利于促进社会公平正义。在这一背景下，不同应用型本科高校也越来越重视大学生创新创业教育，注重对大学生的创新、创业、合作、竞争等精神的培养。思想政治教育应贯穿高校创新创业教育全过程，这是贯彻总书记在全国高校思想政治工作会议上强调"三全育人"理念的具体表现和实践模式。创业教育实际上是意识形态教育的具体实践表征活动，因为它是需要创业者具备较强的意志、信念和精神，并将理想同行动结合所进行的创新活动。因此，我们应充分利用思想政治教育实践的路径推动大学生创新创业教育，并将思政工作贯穿创新创业教育全过程。这可以保证大学生的创新创业行为沿着正确的价值观和道德路径行进，同时也有助于培养符合社会主义核心价值观的大学生创新创业人才。

第五，心理健康教育。心理健康教育作为思想政治教育实践的有机组成部分经历了一段时间的发展历程。最早，心理健康教育是高校德育的重要组成部分，之后心理健康教育逐渐发展为一个相对独立的高校学工内容。当前，在"三全育人"理念的指导下，高校心理健康教育具有显著的思想政治教育工作特征，是思想政治教育实践的重要活动。2017 年教育部颁发的《高校思想政治工作质量提升工程实施纲要》中提道，高校心理健康教育必须坚持育人、育德、育心相结合，加强人文关怀和心理疏导，以实践活动为重要抓手，促进培育理性平和、积极向上的校园文化氛围，促进师生心理健康素质教育与思想道德素质，在高校思想政治教育实践的框架下开展大学生心理健康教育，以践行社会主义核心价值观促进凝聚社会共识。

第六，辅导员工作。辅导员是学生思想政治教育的骨干力量，专职从事学生思想教育和行为管理工作，是教师队伍的重要组成部分。高校辅导员的主要职责是帮助高校学生树立正确的世界观、人生观、价值观，确立在中国共产党领导下走中国特色社会主义道路、实现中华民族伟大复兴的共同理想和坚定信念。积极引导学生不断追求更高的目标，使他们中的先进分子树立共产主义的远大理想，确立马克思主义的坚定信念；帮助高校学生养成良好的道德品质，经常性地开展谈心活动，引导学生养成良好的心理品质和自尊、自爱、自律、自强的优良品格，增强学生克服困难、经受考验、承受挫折的能力，有针对性地帮助学生处理好学习成才、择业交友、健康生活等方面的具体问题，提高思想认识和精神境界。2004 年，中共中央下发《中共中央国务院关于进一步加强和改进大学生思想政治教育的意见》（简称"16 号文件"），提出要采取有力措施，着力建设一支高水平的辅导员、班主任队伍。为贯彻 16 号文件，教育部等陆续下发了《教育部关于加强高等学校辅导员、班主任队伍建设的意见》《普通高等学校辅导员队伍建设规定》《2006—2010 年普通高等学校辅导员培训计划》《普通高等学校辅导员培训规划（2013—2017 年)》《高等学校辅导员职业能力标准（暂行)》等文件，支持鼓励辅导员长期从事该项工作，着力打造一支专业化、职业化、专家化的辅导员队伍，明确辅导员的工作职责、聘任、培养等各方面内容。这些文件的背后体现了国家对辅导员、特别是专职辅导员队伍建设的高度重视，为建设并稳定一批能力强、政治过硬的辅导员队伍予以充分支持。辅导员即是高校思想政治教育实践的主要践行者和参与者，同时也是思想政治教育实践的主要创新者，不同学校近几年纷纷提出各自的创新实践模式，一大部分来自从事一线辅导员工作的一手经验。特别地，网络思想政治教育成为新媒体助力高校思想政治教育工作的重要载体和手段，辅导员工作借助网络力量实现形式创新、内容创新，可以更完善地引导并教育学生。高校辅导员的身份和角色内涵变得越发多元，因此开展思想政治教育实践的创新即需要加强辅导员自身理论学习，又要有效转变思路，以贴近学生的话语、方式开展教育实践。要善于通过网络与学生交流，解答疑思，使辅导员和学生之间的关系更具互动性，有效进行思想政治教育实践。

第七，国防教育。中央军委主席习近平在党的十九大报告中指出："我们的军队是人民军队，我们的国防是全民国防。我们要加强全民国防教育，巩固军政军民团结，为实现中国梦强军梦凝聚强大力量。"这对将国防教育融入高校"大思政"的教育布局具有总体的指导意义。国家的安全是社会稳定、人民幸福、国家富强的基础。伴随着全球范围内复杂因素的增多，国家安全问题也变得日趋复杂和多变。高校作为国家人才培养的主要阵地，对大学生开展国防教育即是新时代高校思想政治教育工作的必然要求，也是贯彻国家总体安全观、维护社会安全稳定的实际需要。在高校中开展国防教育具有一定的历史基础和经验。作为通识类教育和思想政治教育范畴内容，国防教育应坚持为国家战略服务的历史使命，提升工作的紧迫感和责任感，不断提升高校国防教育的质量。应加强对高校思想政治教育工作师资队伍的建设，提升其开展国防教育的理论基础。通过培养建设专、兼职高校国防教育师资队伍，致力于为学生提供守正立场、兼具趣味、灵活多样、内容丰富的国防教育内容。特别是可以借助思想政治教育实践形式，带领学生亲身访学、参观、体验具有国防教育因素的博物馆等环境和历史史料，令学生身临其境地感知我们美好生活的来之不易，构建保家卫国的历史责任感和实现民族复兴的爱国之情。

二、高校思想政治教育实践所面临的挑战

（一）多元社会思潮与高校思想政治教育实践

美国政治学家亨廷顿曾说："对一个社会造成最重大威胁的，并非外国的船坚炮利，而是他们的观念和思想的入侵。因为言论和思想的影响往往要扩散得更迅猛、更深入。"社会思潮是社会意识的综合表现形式，是一个时代所呈现的多种多样的思想流派。在物质生活可以基本满足人们的生活需要的基础上，对精神和思想的探索追求为多元社会思潮的孕育和扩散提供了土壤。社会思潮在不同的历史时期和不同文化背景下可能呈现多种形式，但它们无一例外地会对当下人们的观念、价值观产生一定的影响，且一定包裹着特定的利益选择、价值选择和观点倾向。青年人是社会思潮的重要形塑力量。同时，不同的社会思潮也会以特定的形式影响青年人，冲击着青年人建构自我认同、价值观和思想的选择。错误的社会思潮极易诱使青年人产生思想偏差和价值观危机，对青年人的生活、学习、成长、成才产生深远的负面影响和冲击。当前，全球化促使不同文化之间的冲突和融合进一步加剧，个体的发展也呈现多元化倾向。高等教育全球化是全球化发展的一种典型范式。现在许多的高校大学生毕业后选择出国深造和学习。许多人正是借助去国外留学、访学的机会，接触到了与自我十分不同的一种文化、生活和思维方式，进而会对自身固有的认知或者行为模式产生深刻的思考。这种思考的结果，要么

是更为坚定自身原有的意识、思维、文化，要么是对自身所具有的一种意识和思维产生了质疑，并进而试图打破、重塑或彻底改变。

大学生青年群体思维活跃、获取信息渠道多元。他们是全球化的重要参与者和创造者。在高校思想政治教育实践中，为青年学生引领正向的价值观和思想，用科学的理论、知识、思想、文化教育引导大学生们树立对马克思主义和中国特色社会主义的价值信仰，是一个紧迫、重大的时代任务。"全球化是现代社会人们实践的产物。在全球化背景下，对高层次人才的需求更多，且解决问题的基本素养之一就是全面性的思维模式。"① 思维模式的变革对国民的意识形态提出了全新的挑战，因为全球化也使得"国家的边界"这一概念变得更为动态、复杂和多元。固有的有关于领土和政治权力关系发生变化。在全球化的背景下，人们面临的是一种在文化方式思维方式、语言（思维）的巨大不同。这个过程就是不同的文化、思潮、价值观接触、碰撞，进而带来一种在意识形态、文化和思想上的碰撞。伴随着全球化浪潮，国际交流更为频繁、多种文化和思想杂糅交汇。来自西方的多种社会思潮伴随着不同的文化产品渗入我国社会，争夺着意识形态的领导权和话语权。例如，有学者总结，以美国为代表的西方向世界输出的"三片"（好莱坞影片、芯片、薯片）中就包含其所适切和信仰的价值观念与意识形态。同时，对经济、市场和资本的追逐以及过度消费等也会给青年人的职业选择以及人生规划带来信仰的迷茫。无论是以"物本信仰"为表现的重物质轻精神、重眼前轻长远的功利倾向，急躁、浮躁、烦躁、焦躁的"心躁"状况，还是以"器本信仰"为表现的重科技轻人文、重智育轻德育的倾向，还有专业重负、信息强迫状况，极易对大学生造成一定的价值观冲击。特别是大学生在升学、就业等方面面临着一定的压力和挑战，也容易造成过分追求个人利益，以实用主义为标准来衡量和评价身边的人和事。以带有明显的功利色彩、利益趋向的行为与认知指导实践。对社会、他人抱有一种情感和心理漠视，引发青年人在精神和生活等方面的困扰、困惑甚至是危机。

---

① 原文为：Globalization is the product of modern people's practical activities；The era of globalization puts higher demands on talents. The comprehensive thinking mode is one of the basic qualities of new talents in the context of globalization.

在世界多元思潮的影响下，思想政治教育实践所面临的另一个重要议题是如何实现思想政治教育的内涵转型。从思想政治工作向思想政治教育的转型以及思想政治教育理论和思想政治教育实践的二元分化，标志着思想政治教育学科的自觉以及一个由量变向质变的发展过程。我们的思想政治教育的转型均是在外部存在着不同的思潮挑战中存在并发展起来的。无论是从中国共产党思想政治教育向中国共产党领导的全国思想政治教育转型（即思想政治教育从政党系统向全国系统推展），还是从思想政治工作向着1984年设立思想政治教育学科的转型（即由工作系统向学科系统发展），思想政治教育均是在不同的政治语境下结合国家政治、经济、社会、历史文化背景而进行的内涵转型。任何国家和民族都有其立之为根本的文化和历史，保护并发掘来自民族的优秀传统文化是关乎构筑国家意识形态的重大议题。习近平总书记强调："能否做好意识形态工作，事关党的前途命运，事关国家长治久安，事关民族凝聚力和向心力。"过去五年间在国内受到广泛关注并产生一定影响的社会思潮主要包括：民粹主义、民族主义、生态主义、消费主义、泛娱乐主义、激进左派、文化保守主义、历史虚无主义、新自由主义、普世价值观等。高校思想政治教育的实践必须坚持正确的思想引领和价值导向，特别是大力加强对大学生进行正确价值观的引领，用正确的价值观塑造当代大学生的精神生活。习近平总书记在庆祝中国共产党成立95周年纪念大会上的讲话中强调："我们要坚定中国特色社会主义道路自信、理论自信、制度自信，说到底是要坚定文化自信。"我们要坚持马克思主义在意识形态建设中的指导地位，坚持社会主义核心价值观的引领地位，充分研究和挖掘中华民族在多年文明发展中所孕育出的优秀民族传统文化以及党和人民在伟大斗争中孕育的革命文化和社会主义先进文化，构建符合中国民族优秀传统文化和民族精神的爱国情、奋斗志，为培育新时代大学生成为担当民族复兴大任的社会主义建设者和接班人提供正确的价值引领。要引导大学生向真向美，以健康、积极、奋斗的精神生活面貌开展大学的学习与生活。我们应在高校思想政治教育实践中加强对大学生形成中国特色社会主义的文化自信的教育实践。将主流价值观念高度凝合，汇聚成主流的意识形态话语内容，为形成实现中华民族伟大复兴的中国梦提供强大动力。

（二）新媒体新技术的话语对思想政治教育实践的挑战

新技术革命的兴起改变了知识创造、传承和传播的媒介、效率和途径。麦克卢汉讲道："任何技术都倾向于创造一个新的人类环境。"技术一般指人类改造自然、社会和自身的方法、手段、实践、活动的总和。信息技术则是人们用来交流、传播、分享和创造信息的工具、方法、手段、媒介等技术的统称。新信息技术为全球视阈下的信息传媒、知识创造构建了数字化的生存、生活、交流、学习和工作环境。互联网技术传播信息具有海量性、虚拟化、个性化的特征，使得人与人的交流在一定程度上突破了时间与空间的限制。近几年来，信息技术融入我国公民社会生活的方方面面，包括政务公开、交通、金融支付、教育与医疗等领域。我国的信息化建设也取得了巨大成就，特别是对高等教育的模式、形态和发展产生了重大影响。在学校教育中，采用书写文字的方式进行教育活动，是以信息为媒介技术改革学校教育教学模式的一种重要变革。有关于电子媒体或多媒体技术应用于学校教育可以追溯到20世纪中叶之后，如教学电视、DVD、投影仪设备等纷纷投入课堂以辅助教学。特别是多媒体教室的投入极大地改变了传统课堂教学的面貌，学生可以在丰富的文字、图形、声像、影音、视频等素材中开展学习，即改变了师生身份互动模式，也极大地提高了学生的学习效率。当前，基于互联网技术和多媒体计算机的现代信息技术正改变着教育三要素（"教育者""受教育者""教育中介"）的角色和教学组织形式。截至2018年6月，我国的网民规模达到八亿以上，而大学生是网络驻民中最活跃的群体。网络思想政治教育成为过去五年间思想政治教育研究的最热词汇。2016年12月7—8日，习近平总书记在全国高校思想政治工作会议上提出："要运用新媒体新技术使工作活起来，推动思想政治工作传统优势同信息技术高度融合，增强时代感和吸引力。"如何应对新信息技术对思想政治教育教学的传统模块（如教学过程、方式、内容、组织形式等）所产生的深远影响，成为当下思想政治教育实践需要迫切思考的问题。如何因势而化、因时而新，充分运用新媒体新技术做好高校思想政治教育实践成为当前的重要现实议题。

新媒体技术具有形式新颖、开放互动、传播迅速、个性时尚、超越时空、功能多样的特点。当前，"大数据"和"新媒体"等媒介与思想政治工作或教育教学传统路径相结合是思想政治教育实践创新的显著方法。虽然互联网技术进入中国只有不到30年，但其发展速度之快，覆盖范围之广，足以对我国的高等教育模式和教育教学方式产生重要影响。有数据显示，2018年国内网民规模已达到8.29亿，而青少年约占总体网民的26.8%。可以说，高校思想政治教育实践所面对的主要主体大学生是网络时代最重要的受众与对象，包括手机移动端等新信息与媒介对青年学生们的价值观养成、生活习惯、个人志趣、行为偏好等都会产生深远而重大的影响。借助互联网与信息技术同传统的思想政治教育实践相结合，是实现其方法创新的一种基本思路。

新媒体和信息技术对高校思想政治教育实践带来了挑战和机遇。当前信息技术发展对国家和社会安全提出了诸多挑战，且主要表现在以下几方面：首先，信息安全问题出现集中爆发的形态。国与国之间的竞争更为复杂与激烈，基于国家利益的经济和企业竞争对数字资产的争夺成为竞争新常态。在大数据时代，各种网络黑客、钓鱼网站可能加剧个人信息泄露，从而对国家信息安全产生重大隐患。其次，信息技术鸿沟与相关的社会不公平现象加剧。那些充分掌握和利用信息的主体则掌握更多的资源，进而在竞争者占据主动地位。高校思想政治教育的实践应善于运用媒体技术占领信息传播主动地位，为学生传播正能量内容。特别地，新媒体信息技术对当前大学生构筑娱乐生活与精神世界构成了一种新的挑战形式，如以"短视频"等为代表的娱乐资源传播途径全面渗入大学生的日常生活和娱乐之中。这不禁令人想起尼尔·波兹曼在《娱乐至死》中所描绘的场景："有两种方法可以让文化精神枯萎，一种是奥威尔式的——文化成为一个监狱，另一种是赫胥黎式——文化成为一场滑稽戏。"媒介会影响人们的语言方式甚至思维方式。当前的新媒体信息技术正在改变公众话语的内容和意义，所有与此相关的公共事务都不可避免地被新技术新媒体重新定义，或以娱乐的方式出现，或成为娱乐的附庸。我们应认识到这种以新媒体技术为媒介的信息传播的"双面"作用，特别要正确引导大学生以严谨科学的理性批判精神捍卫自身的语言、思考和思维能力。同时，我们也应当看到新信息技术给高校思想政治教育特别是创新实践的教育形式、内容、途径和方法所带来的机遇。例如，当前许多高校致力于建设

"智慧校园"工程，打通教师的教学、管理、科研等传统壁垒，探索构建适合中国教育、具有中国特色的智慧校园和智慧课堂系统。首先，运用新媒体技术平台和资源，可以实现资源的统一调度和管理，提升思想政治教育借助新媒体话语平台开展传播的力度和效度，便于学生短时间内收获大量有益的资讯和信息，促动学生的深度参与和共享。同时，信息的分享也打破了校园的局域限制，令学校、家庭、社会的力量参与进来，发挥思想政治教育的合力效应。此外，新媒体技术本身带有独特的"创新"特质，这表现为思想政治教育实践借助新媒体技术所实现的内容创新，也包括新媒体技术自身的创新和改良为高校思想政治教育实践带来的新机遇、新资源和新平台。最后，新技术和新媒体可以促动思想政治教育活动中的主体角色反思。在传统教学中，基于以教师的"教"为中心的权威身份贯穿传统课堂的教育模式和教学组织。而在新媒体技术环境中，我们更应将学生当作思想政治教育实践的主体参与者、积极贡献者、内容开拓者和形式创新者，因为在新媒体环境中人人都可能以各种形式对信息进行传播与创造。学生也可以在贴吧、公众号和媒体平台发布言论。在此需要说明的是，我们应当对网络上所发布的各种言论予以辨别、分析和引导，特别是那些具有煽动性的不当言论必须予以彻底制止，以避免造成恶劣的网络舆情事件。

高校思想政治教育管理者、教学者和服务者都应充分认识到新信息新媒体技术为思想政治教育实践所提出的现实挑战和机遇，充分运用网络媒体平台与学生建立互助互瞩互注的关系模式，运用平台不断为学生推送国家发展改革巨大成就和充满正能量的资讯信息，深度融入大学生的网络交流"朋友圈"中，围绕学生开展服务，关注学生所思所想，不断提高新时代大学生的思想水平、政治觉悟、道德品质，以社会主义核心价值观贯穿学生培养培育成才成人的发展过程之中。

三、新时代大学生思想政治教育实践创新发展及对策研究

针对大学生的特点开展思想政治教育实践极为必要。当前，全球范围内所弥漫的"民粹主义""历史虚无主义"等社会思潮对大学生的价值观和思想造成了一定的冲击，资本主义夹带着其价值导向对我国大学生建构正确的

世界观、人生观和价值观形成严峻的挑战。此外，大学生思想活跃且其生活和学习与网络和信息媒体高度交织，这使得传统的思想政治教育和工作模式已经不适用于新时代大学生活跃、现代、批判和独立的个性特点与思维方式，使得思想政治教育实践所面临的环境和对象变得更为复杂。针对大学生思想政治教育实践的质疑也存在于对其实效和实践的功用性方面，认为大学生思想政治教育就是做"表面功夫""面子工程"等，质疑高校思想政治教育的成效，认为开展大学生思想政治教育是投入—产出不平衡的资源配给。虽然这些观点存在片面性，但也从侧面体现了高校思想政治教育实践的内容、形式、效果存在单一、不明显等问题。基于此，提升新时代大学生思想政治教育实践的创新，可以从以下三个方面着手。

（一）高校思想政治教育实践的内容创新

常见的思想政治教育实践活动有以下三种形式：文体类表演活动、公益性实践活动和社会调查和实践。文体表演活动是最为常见的一种思想政治教育实践内容，也是大学生参与度最高、兴趣最浓厚的一种实践形式。在开展这一类教育实践活动内容创新方面，应充分调动大学生的角色参与，在感悟和总结中完善与提升自我。按照学校在一定时期的工作安排，有针对性地开展主题活动。特别地，许多的思政课堂为强化学生参与以提升教学实效，会在学期进行中安排具有特定主题的翻转课堂实践活动，让同学们围绕主题以情景剧、演讲、辩论等多种形式开展活动，更好地理解课程主旨内容。第二类别的公益性实践活动主要是通过组织大学生参与社会公益，体验和认识社会，增强服务意识。例如，在学校组织下到敬老院服务或在社区公园清扫垃圾、去除小广告等，以实际行动为社会提供服务。第三类别的社会调查和实践是为大学生参与社会、锻炼社会适应能力、为职业规划和职业发展做准备而开展的主题实践活动。

跨学科研究视阈下的多元整合研究是拓展大学生思想政治教育实践内容创新的一个维度。高校中普遍存在将思想政治教育同大学生心理健康教育融合推进的实践举措，因为思想政治教育与心理健康教育体现了教育学与心理学两大学科的特点，也体现了高校学生工作的两个重要议题。高校思想政治教育以马克思主义为指导形塑大学生正确的世界观、人生观和价值观；心理健康教育则侧重通过科学的心理健康教育知识、技术、学科经验对大学生开展心理健康建设、疏导解决心理问题、形成健康向上的新时代大学生健康心理状态。因而，这两方面实践内容具有内在的一致性和高度关联。无论是借由心理学的知识与技巧来拓展思想政治教育的实效还是借助思想政治教育的话语和平台推进大学生健康教育，二者互为支撑、相互渗透，往往可以取得良好效果。在内容创新方面的一个推进点可以从思想政治理论课程中挖掘互为关联的知识点，即可以提高思想政治理论课教学的内容创新，也借由课程融合开展了大学生心理健康教育，实现对大学生正确的世界观、人生观、价值观、就业观等的指导。

如何避免高校的思想政治理论课教育教学在对理论知识进行讲解时陷入灌输式或说教式的弱势地位，增强课程对学生的吸引力、亲和力和针对性，是创新思想政治理论课实践的重要议题。以"课程＋实践"的模式改革传统课堂教学模式，可以促使学生在实践活动中实现对理论知识的内化和理解，在做中学，学做结合、知行合一，最大限度地提升思想政治教育实践的实效性。

高校思想政治理论课的教学实践环节（包括内容设计、活动设计和课堂设计等方面）应强化对国家、民族和中华优秀传统文化内容在政治性与学理性方面的价值统一以及内容的统筹兼容。教育是把前人的经验、知识和技能传递给后代的社会活动。通过思想政治教育实践活动将中华民族优秀传统文化、国家和民族理念、中华民族共同体意识以及中华民族的多元一体格局思想、内涵与价值有效地传递给学生，反映了思想政治教育的社会属性，还旗帜鲜明地体现了高校思想政治教育必须服务国家延续、社会发展与民族复兴的立场与方向。习近平总书记在关于教育的重要论述中多次提道，高校以立德树人为根本任务就是要致力于培养社会主义的合格建设者与可靠接班人，这也无不体现了教育的政治属性。

（二）高校思想政治工作者和思政教师的角色创新

对思想政治教育实践开展形式多样的创新，必须充分调动和发挥思政教师的"服务者"角色。从根本上讲，思想政治理论课教师的一切工作就是要服务于课堂和学生的需要，提供具有亲和力和针对性的教育内容。所谓"服务者"而非决策者的角色定位，清晰划定了思想政治理论课教师在课堂中的活动边界和角色自由。在一篇研究高校职能定位满足市场化需要的研究中，作者对高校的功能定位与使命提出过这样的质疑："在全球范围内，有关于大学的标准化和效率性的讨论变的日趋激烈……大学似乎变得越来越模式化了……就好像生产标准汉堡的麦当劳一样，大学也变得'麦当劳化'。大学的标配变成了规范可口的课程模块以及迎合学生所需要的低压力的'祝你过得开心'的顾客式服务。"诚然，参照西方背景下的高等教育运营模式，特别是英国高等教育自给自足的运营体制，这种顾客式的服务具有现实意义，但这也在一定程度上逃避了大学应具有的社会理性担当以及作为客体中介的独立性与自主性。我们应当认识到我国高校思想政治教育、思想政治工作所具有的独特的意识形态教育特点和价值观教育的本质属性，必须把握好其"主渠道"和"主阵地"的作用。思想政治理论课虽然立足于"课程"与"教学"，但越来越多的学校正尝试将创新的理念和丰富多样化的实践活动融入课堂之中，使课程与实践相结合，增强课程的趣味性和亲和力。例如，有的课堂教学中思政教师会适当安排课堂活动、游戏、演讲、表演等，把课堂中的知识讲授与学生讨论或辩论、团体竞赛、观看短片等体验式和浸入式手段相结合，让学生深度参与课堂，适当"翻转"课堂，改变单一单调的教学模式。这种丰富、多变、多元、互动的课堂教学模式，是思想政治教育的一种创新实践模式，也是创新师生身份和角色互动的一种形式。这既可以充分调动学生的学习积极性，营造生动活泼的课堂氛围，令学生感受到他们在教学中所发挥的主体作用，同时也可以提高教学吸引力，令学生收获学习的乐趣。

（三）高校思想政治教育实践的方法创新

高校思想政治教育实践的创新应充分结合新媒体、新技术特点。现在的高校在教学体制、内容、授课、师生互动等方面，在新技术态势影响下正发生着诸多重要且显著的变化。在线教育或以在线教育为媒介所展开的网络教育正改变着高等教育的传统面貌，使其可以面向更为广泛、多元的教育受众体。同时，经典教育学学科中所标注的教育三要素（"教育者""受教育者""教育中介"），也在网络在线教育的形塑下发生了深刻的变化。慕课，是在新技术态势下所发展出来的一种新型的课程形式。它的英文直译为"大规模开放的在线课程"，所以简称"慕课"。近年来，慕课在不断地改变传统教育模式，促进优质教育资源的积累和共享。自 2008 年问世以来，在将近十年的时间里，慕课教育发展迅速，已经有超过五千八百万的用户注册过。与传统课程只有几十个或几百个学生不同，一门慕课课程可以达上百万人。

实现思想政治教育实践的方法创新，需要同思想政治教育的时代话语与政策紧密结合，寻找创新式的工作方法。针对高校大学生的关注和兴趣点，可以开展形式多样的思想政治教育实践活动。

以形式之创新，提高思政教育教学的实效。有学者探索如何将"红色精神"融入大学生思想政治教育，实现实践形式之创新。因为红色精神既是进行历史教育的良好载体，也为开展大学生思想政治教育提供了丰富多样的内容和素材，是传承红色文化的极佳渠道。在改革开放和伟大建设时期，通过带领大学生参观、体验井冈山、延安、西柏坡等红色革命圣地，或参观高铁、桥梁、港口等国家基础设施建设和航天、潜海等重大科技成果取得世界领先成就的单位，设立高校思想政治教育实践基地，进而实现大学生思想政治教育实践的形式创新。此外，应注重挖掘思想政治教育实践的区域性特点。在不同地区开展思想政治教育应充分考虑本区域的地方特点，充分挖掘地方民族文化、革命文化和优秀传统文化资源，开展思想政治教育实践的组织设计。例如，在少数民族地区高校或民族院校开展思想政治教育实践应紧紧围绕铸牢大学生特别是少数民族大学生中华民族共同体意识，开展以维护民族地区稳定和发展而进行的彰显民族性和地方性特色的思想政治教育实践活动，进而促进民族地区和谐发展。在实践活动设计中，应融合优秀民族文化其与民族地区独特历史发展道路相结合开展设计。

评价思想政治教育实践的效果，既要建立在充分认清思想政治教育实践所具有的独特属性与功能之上，同时也要以过程性评价的教育测量和评价模式对思想政治教育实践进行有效评估。思想政治教育是对"人"的教育，实践是以"人"为主体的实践。因而，思想政治教育价值目标的实现也应以对个体的精神和价值目标实现与否来予以测定，但这种结果的测定又是难以把控的。在大学教育阶段，思想政治教育的实践致力于促进个体品德与价值观的完善，但这种教育又不仅仅只依靠大学这一独立阶段而完成。习近平总书记在思想政治理论课教师座谈会上的讲话为构建大中小思想政治理论课教育教学的一体化建设提供了根本指导，也为构建一体化的思想政治教育实践模式提供了根本思路，这些均为未来教育工作者开展理论和实践研究提供了思路。

专题七　思想政治教育的认同建构研究

当今世界见证来自不同文化和族裔背景的人口高频度、深层次、复杂化的交往与融合，而这种融合的一个显著结果是人们对自我身份和社会认同的发展与建构出现了多样性而非单一性、流动性且非固定不变的需求。特别是同工业时代人们稳定且固定的社会认同建构相比，当代社会中人类对自我认同的认知和建构变得越来越复杂，并倾向于以一种动态的、变革的角度来审视自我与他人、自我与社会以及自我同组织结构的关系。相比较工业时代人们对自我认同的诸多维度的认识，例如，职业认同、家庭身份认同、性别认同等是较为固定且不易改变的，甚至是一生只付诸一项的庄重承诺。现代社会的人们对自我社会认同抱着更为开放和自由的态度。这种自由和开放的意识和价值选择，导致很多高校大学生对大学中所开设的思想政治教育存在一种"信仰质疑"或"三观质疑"。当自我认同与社会组织结构和权利话语紧密交织时，个体的认同发展也在一定程度上受之影响，并随之产生附和、内化、反思或改变。特别是在后现代主义研究视域下，当人类社会不断地被来自社会/政治变革、现代科技、人口与资源的跨境/跨国流动等因素重塑格局时，人们对自我认同的认知似乎变得越来越自由和散化，认同变得不再是一件确定的事，个体对认同把控的自主性也愈来愈强。然而，即便当代社会的格局越发多样化，人们对身份认同的选择、建构与发展就真的变得越来越易变吗？

高校开展思想政治教育重要的历史性价值就是通过多种渠道和手段铸牢一种意识形态和思想的"确定性"，打破不确定性，提供一种稳定、持续的价值和思想，引导大学生树立正确的观念和意识。从这一点上讲，社会认同理论可以成为建构大学生马克思主义的世界观、人生观和价值观的意识形态认同，对中国特色社会主义的理论认同和道路认同，成长为担负民族复兴大任的社会主义建设者和接班人的角色认同与身份认同，对继承和发扬中华民族优秀历史文化的文化认同。这些认同可以归统到建构大学生统一的社会认同中来研究。

一、受教育者的社会认同建构是现代思想政治教育的切入点

（一）社会认同建构的概念、理论与当代价值

界定"认同"的概念和理论是当代西方社会学的一大难题。一般来讲，认同往往同一个人的"自我意识"互为替代，这种自我意识变现为一个人所特有的观点、行为、情绪情感集合体。之所以认同的概念和理论难以被统一界定并容易产生话语歧义，是因为一直以来不同的学者、学科和理论流派是从不同的关注点、侧重点、兴趣点在解读并运用认同这一概念及其理论，抑或是他们"踏入"认同的角度不同，进而产生了不同的解读。为了厘清认同的概念和理论溯源，我们将依学科发展的脉络进行阐释说明。

认同是现代社会学中难以被定义的概念之一。虽然社会认同理论起源于社会心理学实验，但是越来越多的学者将社会认同的概念放置在社会学的学科视阈下予以研究。谈到社会认同，就不得不谈其理论的开创者——英国社会心理学家亨利·泰弗尔。检阅亨利·泰弗尔（Henry Tajfel）（1919—1982年）的生平简历，可以理解为什么他致力于推动社会认同理论的研究，并将这一理论的内容应用于研究诸多社会现象，如社会偏见、歧视、群体冲突或对抗等。亨利·泰弗尔是波兰犹太裔，曾在法国军队服役，后期曾被德国纳粹关入集中营。在战争结束后，泰弗尔参加了诸多的社会援助志愿活动，特别是帮助那些在战争中同亲人失散的犹太家庭儿童同他们的亲人相聚。这种来自个人的人生际遇和族裔背景逐渐演变为泰弗尔的研究志趣，使其研究关注"人类社会行为的复杂性"。在泰弗尔看来，诸如偏见、歧视、冲突、矛盾等社会现实是无法只聚焦于对个体行为的研究的。这些研究对于美国20世纪

60 年代风起云涌的种族和性别平权运动具有重要的启示意义。正如泰弗尔讲过:"人们所赖以存在的社会现实,在绝大程度上决定着他们的信仰以及彼此对这种信仰的共享(the social conditions in which people live largely determine their beliefs and the extent to which they are shared)。"可以说,泰弗尔对社会认同研究的最大贡献在于将一定的"社会学"研究注入社会认同研究之中,使得人们认识到将一个个体人视为群体一员和作为独立的个体会得到不同的关于其价值观、认知、情感关联、重要意义和行为的内容。通过这种"社会学"的视角,社会认同的研究可以把个体放置在一个特定的环境、群体、互动关系和背景之中。

早期,泰弗尔和特纳(Turner)所提出的"个体和群体关系互动连续体"(interpersonal and intergroup continuum,后期发展为自我认知连续体)中,将社会认同和个体认同进行了区别。社会认同体现的是个体在群体影响和群体背景下,对自我身份和角色的认知。泰弗尔在其 1981 年出版的著作《人类群体与社会分类:基于社会心理学的研究》中,将社会认同界定为:

> "个体自我概念的一部分,来自个体对其所属的社会群体(单个或多
> 个)成员身份的认知。这种对自我身份的认知,伴随着其对所属的群体
> 的价值观和情感等方面的重要性,共同构成了一个人的社会认同"。
> (Tajfel,1981)

社会认同概念来自泰弗尔的一系列心理学实验。他最为著名的实验为"最小群体偏见"。正如实验所示,竞争对于形塑和建构个体的社会认同至关重要。社会认同是指个体基于其所属的社会群体和类别来构建自我概念。特别地,其所属的社会群体和类别是宏观的类别,如一个人的国籍、社会阶层、政治认同、宗教认同等。因此,一个人的社会认同可以提供磅礴的行为动力,甚至可以令一个人为了他所属的群体而产生爱恨行为。泰弗尔对社会认同的界定,具有明显的社会心理学意味。然而,纵观泰弗尔本人的人生履历,我们可以发现泰弗尔的社会认同概念的形成具有独特的理论语境以及基于人本主义的现实关照。有学者也谈到一个观点,"社会认同理论最重要的当代价值体现在其对现实问题的关照"。虽然社会认同理论起源于社会心理学的学科传统,但越来越多的研究者试图将研究对象社会认同的建构放置在一个社会、

背景、历史、唯物的语境下去研究，而并非仅仅将研究对象的社会认同建构看成一个精神或认知性的心理过程。这一点符合马克思主义理论的精神内核，正如哲学家海德格尔在《人道主义的书信》中所评价的那样：因为马克思在体验异化时深入历史的本质性维度中去了，因此马克思主义的历史观优越于其他历史学。在这里，"历史的本质性维度"就是一种对现实、现实问题、社会现实、历史本质的深度关照和话语切入。

有关社会认同的概念和理论同思想政治教育实践的融合研究，具有多重视角。许多研究运用社会认同的理论视角作为切入点，研究构建当代大学生社会主义核心价值观的实效性路径，因此"社会认同"也成为构建大学生的价值认同的一种理论工具。核心价值观是国家、社会和公民的精神追求，是判断社会和公民行为是非曲直的重要标准。党的十九大报告把坚持社会主义核心价值体系作为新时代坚持和发展中国特色社会主义的基本方略之一。社会主义核心价值观从社会、国家和个人三个层面对中国特色社会主义优秀价值观进行提炼，反映中国特色社会主义的制度属性。社会主义核心价值观凝结着全体人民共同的价值追求，构建大学生对社会主义核心价值观的价值认同是关系民族、国家与社会向心力、凝聚力的重要议题。社会主义核心价值观教育也是高校思想政治教育的重要内容，以培养担当民族复兴大任的时代新人是培育和践行社会主义核心价值观为着眼点。在以培养担当民族复兴大任的社会主义建设者和接班人的任务目标指引下，如何通过思想政治教育实现大学生对社会主义核心价值观的领会和养成是重要的研究课题。在进行社会主义核心价值观教育中，依靠灌输或说教的方式无法真正有效地达成教育目标。借助社会认同理论，有研究提出以"三同"（情感认同、理念认同、行为认同）教育为切入点，以提升社会主义核心价值观的教育实效和价值认同的水平。构建学生对社会主义核心价值观的价值认同需要从情感入手，而建立情感上的认同也是"三同"教育的基础环节。"知行合一"是社会主义核心价值观教育实现价值认同的延伸，也是建构认同的行为目标。只有学生将社会主义核心价值观内容内化于心、外化于行，才是真正体悟社会主义核心价值观的价值内涵和实践意义。大学生是国家和民族的希望，而对他们进行社会主义核心价值观的认同教育对社会稳定、国家繁荣和民族复兴具有重要作用。因此，以社会认同为理论切入探索构建大学生社会主义核心价值观和社会主义核心价值体系认同的路径，是提升思想政治教育实效性、让主流意识形态掌握话语权的必由路径。

（二）高校思想政治教育构建大学生的"五个认同"

习近平总书记在全国高校思想政治工作会议上强调："要坚持把立德树人作为中心环节，把思想政治工作贯穿教育教学全过程，实现全程育人、全方位育人努力开创我国高等教育事业发展新局面。"习近平总书记高度重视高校思想政治工作，对高校思想政治教育应增强当代大学生的五个认同进行了说明。高校思想政治教育要为大学生构筑对伟大祖国的国家认同感，铸牢中华民族共同体的民族认同，对中华传统文化的文化认同，对中国特色社会主义的制度认同和对中国共产党的认同。借助高校思想政治教育实践的渠道，对大学生开展国家认同、民族认同、文化认同、制度认同和对中国共产党的认同，可以帮助大学生树立正确的人生观、世界观和价值观，培育对中国特色社会主义的信念感，进而增强高校思想政治教育的实效性。

"五个认同"的论述，对开展高校思想政治教育实践具有重要的指导意义。首先，社会认同的概念和理论可以作为多元认同的集合，为大学生建构正确的认同提供学理基础。从社会认同的概念框架出发，它可以研究个体作为群体的成员或置身于某种特定的情景中而产生并强化的一种自我认知。社会认同与个体认同有所不同，二者处于认同连续体的两端。个体认同是基于自我偏好、认知、情绪、选择等而建构的一种认同体。社会认同则完全基于个体对其社会成员身份的认知、社会分类/类别的认识以及由此产生的以一个集体或团体成员身份对事物的偏好和憎恶的一种认同感知。认同即"认为相同"，认为自我同团队成员之间有着密不可分的关联。以自我在社会和群体中的地位、角色、身份来建构自我的认知。按照泰弗尔对社会认同的进一步解释，社会认同本质上指向一个人处于特定的位置中进而产生的某种与这一位置相匹配的角色认知。不仅认同"我的角色"，更认同这一角色所包含的社会规则和行为准则。因此，将社会认同理论同高校思想政治教育实践相融合，可以为探索大学生建构与国家、民族、社会和大学等具体场域相匹配的角色认同和价值感提供理论的思路。

其次，构建大学生的"五个认同"对开展高校思想政治教育实践提供认识论意义。由于信息技术日臻发达，当代大学生所接触的新信息、新资讯层出不穷。如何通过思想政治教育的实践让大学生认知并认同"新思想"，实现入心入脑入行的目标，不仅关系思想政治教育是否有效，更关系着我们培养的大学生能否为社会的和谐稳定发展、祖国的繁荣强大以及中华民族的伟大复兴担责献力。只有大学生在思想、认知和行为上真正认同中国特色社会主义制度，真正对国家强盛和民族复兴抱有必胜的信念，我们民族复兴的伟大梦想才有坚实强大的继承者和建设者，百年目标的实现才真正拥有理想信念坚定的生力军。只有真正实现在自我认同层面的价值构筑，青年学生才会有将个人梦想融入国家梦想的行为自觉，勇做时代的奋进者、开拓者和奉献者。

最后，构建大学生的"五个认同"为开展高校思想政治教育实践提供方法论支持。基于社会认同理论对大学生开展"五个认同"建构的实践模式是创新思想政治教育方式方法，提高思想政治教育实效性，落实习近平总书记重要讲话的一种有效途径，提供了一种方法论层面的有益尝试。我们应了解到，新媒体为思想政治教育提供了丰富的素材资源。大学生运用各种新媒体手段可以有效便捷地接触、阅读、流连、思考与思想政治教育相关的各种资源，包括党中央治国理政理念、社会热点新闻资讯、马克思主义理论经典、中华优秀传统文化内容以及多样化的资讯内容。他们不仅是在课堂上接触思想政治教育内容，同时也在课外或碎片化的时间里接触有益讯息。通过新媒体技术，大学生们可以更好地拓展眼界、丰富知识、掌握资讯，以批判性思维思考当下热点。这不仅有利于提高他们的思想政治和文化水平，更在阅读与理解、思考与批判中实现价值内化，构建认同。

二、高校思想政治教育实践构建学生"五位认同"的多重内涵

高校思想政治教育在新时代被赋予了新的内涵。学生通过思想政治教育的实践行动，正确认知社会、认识世界、了解国情，进而树立中国特色社会主义的理论、制度、道路和文化自信，这是高校思想政治教育的重要目标。共青团中央印发的《关于在全团实施"青年大学习"行动的方案》中明确规

定，应建立以"导学、讲学、研学、比学、践学、督学"六位一体的学习和实践体系，使广大青年学生在实践中锻炼品格、磨砺意志，在践行中担当历练，积累经验，履行高校以实践育人的教学、研究、社会服务以及文化的传承与创新的功能。因此，高校思想政治教育实践育人即是促进大学生实现自我价值，形塑正确的人生观、世界观和价值观的有力举措，同时也是高校履行其职能，实现社会价值的重要保障。特别地，高校思想政治教育在构建学生的国家认同、民族认同、文化认同、制度认同和对中国共产党的认同方面，具有三个维度的价值内涵。

（一）思想政治教育构筑大学生的政治认同

政治认同是个体对其所归属的政治范围和群体的政治身份的一种价值认同，并包括与之产生的情感和价值联结。政治认同在《中国大百科全书》中被定义为"人们在社会政治生活中产生的一种感情和意识上的归属感。它与人们的心理活动有密切关系。人们在一定的社会关系中确定自己的身份，如把自己看作某一政党的成员、某一阶级的成员、某一政治过程的参与者或某一政治理念和信念的坚守者和支持者。人们会自觉地以组织及过程来规范自己的政治行为，这种现象就叫作政治认同"。政治认同是社会认同的一个重要组成部分，例如，美国社会成员对"民主党"和"共和党"，英国社会对"保守党"和"工党"等二元身份的归属与确认，就属于社会公民的政治认同范畴，它是个体成员对某一具体的政治制度、主张的支持，对其基本理念、倡议和政治合法性的认同。社会认同强调个体对"我们"而非"我"的价值和个体身份的归属，因此政治认同则是一种基于集体观念的身份认知。政治认同是关系党和国家发展全局的根本性问题。习近平总书记关于高校"立德树人"的重要论述，系统回答了高校应当"培养什么人、为谁培养人、怎样培养人"的根本问题。当代大学生树立正确的政治认同是高校思想政治教育实践的重要目标，也是检验高校思想政治教育成效的一个标尺，因为这不仅关系高校思想政治工作是否真正践行"立德树人"这一根本任务，同时也关系治党治国和国家治理的重要内容。习总书记讲道："思想政治工作从根本上说是做人的工作，必须围绕学生、关照学生、服务学生，不断提高学生思想水平、政治觉悟、道德品质、文化素养，让学生成为德才兼备、全面发展的人才。"这段论述为高校大学生为什么要确立正确的政治信仰，树立政治自信，构建政治认同指明了方向。如何令当代大学生真学真懂马克思主义基本原理，对中国特色社会主义理论和制度具备正确的理解，能够在生活中运用马克思主义科学的历史观、认识论和方法论看待国家和世界发展大势，把握正确的政治方向，以高度的政治觉悟融汇理论、指导实践，是高校思想政治教育实践需要思考的重要课题。构建大学生的政治认同是党夯实执政之基的重要内容。

大学生作为青年一代知识分子，只有他们对党的领导、党的建设规律具有正确且充分的认知水平，我们党的执政之基才有了源源不断的可靠的建设者和接班人。当前西方青年"亚文化"的渗透和传入使青少年群体以批判性和边缘化的价值观念对抗社会主流文化。所谓西方青年"亚文化"是指20世纪五六十年代在英美等国出现的边缘青年群体在抵抗他们难以融入的中产阶级和上流社会的活动中，自创的"光头党""嬉皮士""朋克党"等形象。他们以"非主流"文化自居，抗击社会的主流文化甚至主流价值，以特立独行、博人眼球的方式刷存在。这种亚文化的渗透和潜入，对于大学生的思想价值观念易产生较负面的影响，使他们在潜移默化中接受西方的意识形态和文化观念，出现对政治冷漠和抵触的反应。特别是当代大学生会花费大量时间在网上进行信息浏览、游戏、购物、交友、聊天、阅读等，这样的新型生活态势也会对大学生的价值观念产生冲击，而沉浸在虚拟世界或游戏中可能会产生对现世的疏离感。这些均对通过思想政治教育实践开展大学生的政治认同教育形成挑战。

加强当代大学生的政治认同应当从以下几方面入手。首先，应加强党的意识形态教育，充分发挥主流话语权作用，把握意识形态教育的主动权。在对大学生开展思想政治教育和形势与政策教育的过程中，我们应当紧跟时代发展脉搏，运用青年人的话语形态和语言方式，用生动、鲜活、灵动的现实案例来讲述理论、讲明理论、讲清理论，形成青年人乐于听、乐于念、乐于讲述、乐于传播的话语形式。特别是在以思想政治理论课为主渠道的教育模式中，改变传统的单一灌输式教育，开展多种形式的教育活动，激发学生从被动向主动的学习角色的转变。只有在这样的过程中，我们的思想政治教育才能最大限度地激发学生的学习欲望，使其对政治和时事产生探究的兴趣，引导学生真正去分析、讨论、研究社会政治现象，提高他们的政治鉴别力。其次，我们应当重视社会公共区域中的媒体效应，为大学生构建正确的政治认同创造健康积极的舆论氛围。当前，在许多网络平台中不乏充斥着消极、负面，甚至是为"博人眼球"而虚张声势的新闻报道，反而是那些具有正能量的事迹和人物缺少有效的舆论宣传。我们应当在全社会致力于构建一种积极的舆论氛围，重视并发挥主流媒体的宣传与载体作用，抓住主流媒体的宣传平台，特别是那些大学生和青年人乐于驻足浏览的媒体媒介，加大对国家的发展成就、党的革命和建设历史、马克思主义基本理论和马克思主义经典内容以及中国特色社会主义理论体系的各项内容的宣传力度、宣传广度，积极组织大学生们学习、研究并展开讨论，及时予以指导和反馈，为大学生创造优良的舆论氛围。这种同新媒体相结合的模式在许多高校中已经予以推广和实践。不同学校也在积极探索如何有效利用网络资源，将"碎片化"的知识同"系统性"宣传教育相结合，为大学生的政治认同教育提供丰富素材。

（二）思想政治教育构筑大学生的价值认同

党的十九大明确指出弘扬和传承优秀传统文化的重要意义。高校思想政治教育强调对大学生开展信仰教育，培养大学生对传统文化的价值认同，这同时也是高校思想政治理论课的核心使命。在当今世界多种社会思潮的影响下，大学生容易受到不同思想的影响而产生信仰的危机。马克思主义信仰在根本上区别于其他的宗教信仰和社会思潮，为促进个体实现健康的精神和积极的行为改造提供一种信仰的力量。这是因为从本质上，马克思主义理论具有坚实的理论基础，经得住时间和实践的考验。特别地，构筑大学生的价值认同必须基于实践的路径。只有将所学的知识同实际相结合，才能产生共同的价值与认同。实践是促使个体对知识和信仰产生体验和感悟的必由路径，也是构建价值认同的关键环节。思想政治教育实践的设计（包括师资配置与课程设计）均必须在文化和价值认同的视阈下开展。实践是检验真理的唯一标准，思想政治教育内容往往涉及诸多的时代背景、现实状况、人生经验和实际案例，对这些内容的深刻体悟必须经由实践才能予以深化和升华，达到从"知"到"悟"，从"知"到"行"的转变。在实践中，大学生可以更为真切地感受和理解那些在课堂和书本中所讲授的道理和真知。通过实践，将自身的认知结合经历与体会同外部世界关联，更深入地理解理想与现实的关系，将价值内化为追求崇高理想的行为诉求。

思想政治教育工作者，特别是思想政治理论课教师应成为马克思主义理论的坚定信仰者和笃信传播者与践行者，在教育实践和教学课堂中令学生感受信仰的力量和魅力。良好的师风师德奠定了高校的办学基础，即在一定程度上体现着高校的管理层次和办学水平，同时也是构筑大学生实现对社会主义核心价值体系认同的重要力量。习近平总书记于 2018 年 5 月 2 日在北京大学师生座谈会上的讲话首次明确提出了"评价教师队伍素质的第一标准应该是师德师风"。这对于教师个人成长和发展，深入推进师德师风建设，具有重大的导向作用。2019 年 3 月 18 日，习近平总书记在学校思想政治理论课教师座谈会上的重要讲话对广大思政理论课教师提出殷切期盼。习近平总书记说："思政课是落实立德树人根本任务的关键课程。"我们要理直气壮讲好思政课，用新时代中国特色社会主义思想铸魂育人。以高校思政课的主渠道和主阵地积极引导大学生增强中国特色社会主义道路自信、理论自信、制度自信、文化自信，让思政教育成为触动学生心灵的教育，思政课教师就必须发挥能动性、积极性、主动性和创造性，要潜心研究教育教学方法，培育践行新型师生互动关系。这同时也要求思想政治理论课教师既要担负起对学生的思想品德教育、价值观树立等方面的德育工作，也能够让学生浸润在高尚师德和醇正师风中。总而言之，构筑大学生的价值认同既要强化教师的信仰引领作用，同时应结合学生特点，尊重教育主体的差异性和个体特点，兼听兼和，以正向的文化内容、信仰力量、理想理念使学生产生认同感。综合运用传统教学与新媒体技术融合媒介（如微视频比赛、经典诵读、文化宣传、演讲辩论赛等），为大学生树立价值认同提供兼具学理和趣味性的教育内容。

（三）新时代大学生社会主义建设者与接班人的角色身份建构

党的十九大提出，中国特色社会主义进入新时代，这是我国发展新的历史方位。在新时代的历史方位下，高校思想政治教育和思想政治工作也面临着全新的机遇和挑战。围绕我们的教育事业要培养什么样的人、为谁培养人的重大议题，以习近平同志为核心的党中央高度重视学校思想政治工作。在相继召开的全国思想政治工作会议、全国教育大会、学校思想政治理论课教师座谈会上，总书记多次为高校的人才培养和思想政治教育做重要论述和阐释。2018年9月10日，习近平总书记在全国教育大会上提出"教育是国之大计、党之大计"，应引导广大学生练真本领、求真学问，做有理想、有学问、有才干的实干家。2019年3月18日，习近平总书记在学校思想政治理论课教师座谈会上强调："要坚持马克思主义指导地位，贯彻新时代中国特色社会主义思想，坚持社会主义办学方向，落实立德树人根本任务，坚持教育为人民服务、为中国共产党治国理政服务、为巩固和发展中国特色社会主义制度服务、为改革开放和社会主义现代化建设服务，扎根中国大地办教育，同生产劳动和社会实践相结合，加快推进教育现代化、建设教育强国、办好人民满意的教育，努力培养担当民族复兴大任的时代新人，培养德智体美劳全面发展的社会主义建设者和接班人。"教育部部长陈宝生在新时代全国高等学校本科教育工作会议上提出，我国高等教育进入新时代，要推动本科教学向本科教育的转变，全面强化本科教育质量，推动本科教育教学回归梦想、回归初心，以人才培养、以德育人为根本任务。要解答时代之问，需要把握我们的社会主义大学就是为中国特色社会主义政治、经济、军事、科技等各个领域培养建设者与接班人，以教育兴、教育强来提升民族素质，增强整个民族投身伟大建设的本领。

习近平总书记讲过："我们中国共产党人能不能打仗，新中国的成立已经说明了；我们中国共产党人能不能搞建设、搞发展，改革开放的推进也已经说明了；但是，我们中国共产党人能不能在日益复杂的国际国内环境下坚持住党的领导、坚持和发展中国特色社会主义，这个还需要我们一代一代共产党人继续作出回答。"这说明总书记对我们的社会主义建设是否有着接连不断的建设者与接班人进行过深刻的思考。高校肩负培养担当民族复兴大任的社会主义合格建设者和可靠接班人的使命，这对高校人才培养提出了更高的要求和标准：我们的高等教育不仅仅是培养合格的社会公民，更要培养可以为社会主义建设献力献智的建设者。这种定位是从复兴民族和实现百年伟大梦想的历史维度出发的。社会主义建设者与接班人就是要把服务和奉献中华民族伟大复兴作为自己的使命，在实现中华民族伟大复兴梦想的征程与不懈奋斗中实现个人价值，这同时对应着新时代党的教育方针要坚持教育为人民服务、为中国共产党治国理政服务、为巩固和发展中国特色社会主义制度服务、为改革开放和社会主义现代化建设服务。

建构大学生社会主义建设者和接班人的角色认同，不能脱离对人的需求的考量，要研究学生特点和需求，把握学生学习、成长和发展规律，为学生的角色建构提供可能。建构社会主义建设者和接班人的角色认同，应致力于从厚植爱国主义情怀、加强思想道德修养、认同中国精神、增强综合素质着手。青年人代表着国家的未来，今日大学中的青年学子即将成为两个百年目标实现的全程参与者和建设者，如果他们的总体角色认同是向上的，则我们的民族复兴和百年梦想指日可待。中国梦的实现，关键在党，希望在青年。培养一代又一代拥护中国共产党领导和我国社会主义制度、立志为中国特色社会主义事业奋斗终生的有用人才，这是我们思想政治理论课教师应该肩负起的历史担当和时代职责。总而言之，构建大学生的社会主义建设者和接班人的角色认同，要建立在对这种角色的使命感的认同之上。以马克思主义的历史观和国家观，引导大学生自觉把个人理想融入党和国家的事业之中，抵制各类历史虚无主义思想，增强国家认同和民族底气。

（四）思想政治教育构筑大学生的民族和国家认同

全球化发展至今日，在世界范围内来自不同的文化、语言、宗教或族群背景的人们的交往变得日趋复杂。随着我国"一带一路"倡议的提出，有关于不同文化背景的人群共享"人类命运共同体"的理念变为一种合作的需要、交往的需要、理解的需要和时代的需要。在我国，各民族成员所构成的"你中有我，我中有你"的中华民族多元一体格局，也是一种共享命运、共享前途、共享时代、共享发展成果的中华民族共同体。习近平总书记提出"民族团结是各族人民的生命线"，处理民族关系要树立中华民族共同体意识，在思想教育上要加强民族团结，要"像石榴籽那样紧紧抱在一起"。如何理解中华民族共同体、如何实践民族团结，在深入理解并践行习近平总书记的民族观方面，高校就是一亩实践地，高校思想政治教育就是一把硬锄头。如何将习近平总书记的民族观融入高校思想政治教育实践是全面深入理解并践行习近平总书记民族观思想的重要举措。习近平总书记的民族观，着重强调加强各民族团结，共建平等团结互助和谐的民族关系的新时代愿景。高校作为培养人才、服务社会、传承和创新民族传统文化的重要阵地，对于研究和培育当代大学生的中华民族共同体理念以及加强民族团结教育，铸牢大学生中华民族共同体意识，建构以爱国主义为核心的民族认同和国家认同具有重要作用。有研究系统提及切实铸牢中华民族共同体意识的五个基础：思想基础、政治基础、文化基础、物质基础和法制基础。总体而言，只有坚持中国特色解决民族问题的正确道路，加快全面小康和现代化建设战略进程，使得各民族共享改革发展成果，才可以有力构筑实现中华民族命运共同体的良好氛围。这五大基础，对于在高校中开展中华民族共同体意识培育的相关课程设计、实践设计、活动设计和内容设计具有重要启示作用。近五年来，有关于将"中国梦"和"社会主义核心价值观"的相关理念融入高校民族团结教育的内容有所增长。例如，"中国梦"的本质要求与高校民族团结教育的核心内容相统一既是高校开展民族团结教育的助推器，也为高校开展民族团结教育提供视角。

新时代下，将民族团结教育纳入思想政治教育体系从而构筑大学生爱国爱家的民族情怀和家国情怀，不仅是少数民族地区高校和民族院校的教育任务，同时也是非民族高校和非少数民族地区的高校重要的政治任务和教育任务。铸牢大学生中华民族共同体意识，建构以爱国主义为核心的民族认同感和国家认同感，不仅仅关乎某一个个体、某一个民族，同时也是关乎整个中华民族的议题。这既表达了不仅要在民族地区践行民族团结，同时要把民族团结和中华民族共同体意识推广为中华民族普遍共享的价值选择。当代大学毕业生可能奔赴民族地区工作，或投身"一带一路"建设，成为新时代我国高校毕业生就业的一种新业态，推进民族团结教育和铸牢大学生中华民族共同体意识成为满足新时代特征的重要举措和尝试。加强高校思想政治教育视阈下的民族团结教育，帮助大学生树立中华民族共同体意识，构筑正确的民族认同和国家认同，不仅仅是民族院校的重要工作，也是非民族院校和非少数民族地区高校思政教育的重要内容和组成部分。这是习近平总书记民族观在非民族地区高校践行的一种指引，是维护我国民族团结的重要思想阵地。理解是实践的前提，特别是在非民族地区，理解何为民族共同体，可以更好地践行民族团结，这对于大学生理解并认同新时代我国的民情、国情，构建平等、团结、互助、和谐的民族关系具有重要意义。

总而言之，加强马克思主义民族观教育，铸牢大学生中华民族共同体意识，是构建大学生民族认同的根本理论基础。树立马克思主义的民族观，正确认识民族理论和民族问题，正确认识中华民族多元一体格局，认识我国是由五十六个民族所组成的多民族国家以及多元一体的民族格局。特别地，要把构筑民族认同同宗教议题分开，强化大学生的马克思主义宗教观教育，做坚定的唯物论和无神论者。坚持用马克思主义的宗教观、马克思主义的立场、观点和方法认识宗教，这些对于构建中华民族共同体的民族认同具有积极正面效应。

培养大学生树立正确的民族认同和国家认同，要建立在培育大学生树立社会主义建设者和接班人的角色认同之上，进而产生协同效应。我们民族复兴伟大"中国梦"的实现要付出艰苦的奋斗，因而实现大学生的认同建构要在培育大学生树立远大的理想信念上下功夫。特别是在思想政治理论课教育教学与实践中，重点挖掘新中国史、中国革命史、中国共产党史、中国改革开放进程素材，引导学生树立共产主义远大理想和中国特色社会主义共同理想，教育引导大学生践行社会主义核心价值观，逐步成长为胸怀大志向、大情怀的人。

（五）思想政治教育构筑大学生的文化认同

习近平总书记在党的十九大报告中提出："文化是一个国家、一个民族的灵魂。文化兴国运兴，文化强民族强。没有高度的文化自信，没有文化的繁荣昌盛，就没有中华民族伟大复兴。"党的十九大报告明确提出建设社会主义文化强国的目标，进一步确立了以增强文化自信的时代影响力引领高校思想政治教育创新与改革的方向。高校思想政治教育的重要价值维度和目标之一就在于增强新时代大学生的文化自信，以文化人、以文育人，用文化持久而深远的感召力和独特优势培育大学生树立对中国特色社会主义制度的坚定信念。

　　文化的认同来自对文化的自信，来自对国家、文明、历史、社会、文化的自信心和自豪感。建构新时代大学生对中国优秀传统文化和革命文化的认同与构筑大学生的文化自信具有内在的逻辑必然关系。中华优秀传统文化在中国特色社会主义建设事业中发挥着"以文化人、文化育人"的重要作用。习近平新时代中国特色社会主义思想是马克思主义中国化的最新成果，是新时代坚定文化自信的源泉。中华民族在漫长的历史发展过程中，凝练了博大精深的传统文化。中共中央办公厅印发的《关于实施中华优秀传统文化传承发展工程的意见》中明确提出："传承发展中华优秀传统文化，就要大力弘扬讲仁爱、重民本、守诚信、崇正义、尚和合、求大同等核心思想理念。"以思想政治教育提升大学生的文化认同和文化自信，必须坚持习近平新时代中国特色社会主义思想的指导地位，加强理论与实践相结合，引导大学生坚定为社会主义建设和民族复兴大业而奋斗的理想信念，自觉地以理性、科学的精神武装自我，以文化的力量为学生提供思想的滋养和人生目标的启迪。培育大学生做中华传统文化的继承者和弘扬者，关键在于构建大学生对中华优秀传统文化的认同。关于构建大学生形成对中华优秀传统文化认同方面，要发挥思想政治理论课的主阵地以及同其他课程的协同联动效应。以思想道德修养与法律基础课为例，在进行课程设计时可以以专题形式将"文化"的因素贯穿始终。特别是在讲授关于社会主义核心价值观内容方面，要突出强调以正确的价值观培育认同的积极作用，重视学生理论的学习与社会实践相结合。在讲授有关依法治国、法律意识和法制精神专题内容时，要善于从各种社会现实案例入手挖掘与中华优秀传统文化相关的内容，对于那些充分体现着中华优秀传统文化的内容，如善孝敬老、诚实守信、正义、见义勇为等案例要大力弘扬和宣讲，对于社会假丑恶现象，如网络诈骗、弄虚作假、违背诚信的内容要态度鲜明地反对。通过案例讲解和树立典型，鼓励大学生在共情中体验文化内涵，在大学生心中播下真善美的种子，在为大学生培育诚实守信的人际理念提供丰厚的土壤，为大学生提供精神引领、道德培育、价值塑造等方面发挥积极作用，从而提高大学生对中华优秀传统文化的认同感。此外，应重视思想政治教育的文化环境建设，在校园文化中将中华优秀传统文化的育人理念、校风学风、价值体系、文化内涵通过校园文化环境彰显出来，不断升华大学生的文化认同和自信。在思想政治教育中突出"以文化人"的重要作用，就要做到文化性与政治性的相融相和。思想政治教育的文化价值只有通过教育的实践才能产生真正的内化和引导作用。

以思想政治教育实践为媒介建构大学生的文化自信和文化认同有利于提升我国思想政治工作的国际对话能力。20 世纪中叶，高等教育作为独立的研究领域出现。伴随着全球化和高等教育普及化，对这一领域开展研究正受到越来越多国家的关注。在高等教育独特的研究视阈下，开展某一具体专项的国际比较研究已成为热门，这是因为在世界高等教育发展进程中，许多国家面临着高等教育在其体制、政策、系统等方面的相似问题。提出解决这些问题的方法，对世界不同地区、不同国家的高等教育发展具有共享意义。然而，当前的世界高等教育的话语系统与范式建构，仍旧由那些来自发达经济体或传统盎格鲁撒克逊世界的学者所主导，例如，澳大利亚、美国、加拿大、英国等国家。来自"西方"的声音，是全球高等教育机制化的主流。在这样的背景下，提升新时代我国高校思想政治工作话语权力，增强其国际对话能力，显得尤为迫切和紧要。其背后的理论逻辑是，由西方所主导的高等教育话语体系建构使得知识产生了一种等级的划分。有一些知识被认为比其他类别的知识享有更高的等级，并对具体领域产生更大的影响。而提升我国高校思想政治工作的国际对话能力，就是打破这种以西方为主导的话语体系和知识等级体系，从而使得更多来自我国本土的知识、观点、经验与成果得以被平视，并得到更广泛的关注或推广。

总而言之，在认同建构上下功夫，就是教育引导大学生认识和关注当今世界形势和发展变化，培育家国情怀，练就过硬本领，以不懈的奋斗精神和昂扬的精神面貌、乐观积极的人生态度面对生活和奋斗。自强不息、增强综合素质、创新思维，在德智体美劳多方面全面成长和发展，形成多维认同的协同建构。

三、构建大学生五位一体的社会认同的实施路径

（一）思想政治教育实践发挥院校特色、打造人才培养创新模式

思想政治教育实践离不开对具体院校和专业的特色分析，只有同学生所学具体专业以及学校的教育实践传统优势和模式相结合，才能有针对性地设计并实施思想政治教育实践。有研究以农业大学为例，探讨了开展大学生思想政治教育实践的内涵与职能拓展。文章提出了一个观点："农业大学应该提供最好的三农教育"。何谓"最好的三农教育"？这是一个极具思辨价值的问题。对这一问题的解答同时也是从高校"人才培养"的职能维度探索思想政治教育实践的内容。农业大学要为学生提供"最好的三农教育"，这种教育必须首先基于扎实过硬的专业知识的传授。因此，思想政治教育实践必须以"大思政"的宏观视阈进行内容的拓展与创新。最好的"三农教育"还体现为一种情怀教育和认同教育。因此，农业大学的思想政治教育实践应致力于形塑大学生形成与"三农"相关的社会认同，这就是基于知识层面的人才培养，也是校风文化建设的重要方面。最好的"三农教育"体现为一种情怀教育和认同教育。农业大学的教学应致力于形塑大学生形成与"三农"相关的社会认同发展。这要求教师们不仅要教授学生农学知识，还要思考如何培育学生们爱农支农的"体面"情怀（即学习农科专业是体面的，毕业也不会脱离）；不仅帮助学生树立学习目标，还要思考如何帮助学生们将学习目标同事业目标、人生志向相结合，树立投身"三农"事业的理想和奋斗方向；不仅知晓学习应达到的程度，还要思考如何帮助学生寻求学习与社会需要的结合点，改变被动的学习理念。因而，"最好的三农教育"也是一种认同教育，在帮助学生树立农业院校大学生这一身份认同的同时，更好地将他们的角色认同拓展到与"三农"相关的职业认同、事业认同、人生认同和社会认同之中。基于这一点，可以充分发挥思政育人的重要作用，依靠农业大学马克思主义学院的"四课"讲授以及辅导员队伍的骨干力量，为农业大学学生提供职业指导与价值引领，这也是思想政治教育实践创新要达成的目标。此外，农业大学应致力于打造自身特色"品牌"和服务"三农"的特色研究。农业大学

应借助学科与科研优势，嫁接乡村振兴同现代科技产业技术的高度融合。这种高度融合可以促进农业大学的科研成果转化为可开发、可应用、可生产的产品，而不仅存在于理论层面或实验室中。特别地，创新成果的运用可借助例如电商农业、乡村旅游、休闲农业、智慧农村以及现代农产品供应产业链等多渠道实现，为振兴乡村提供创新的发展思路，发展创新之路。在这里，农业大学的"创新"是一个复合体，即代表对农业大学创新能力的夯实与提升，使得"创新"贯穿农业大学助力乡村振兴的组织、联通、协调等多方面。当"创新"内化为农业大学的一种价值追求，其助力乡村振兴的路径与实施也必将迈入创新驱动之路。这些均体现了一所大学基于自身特色和特点创新思想政治教育实践的路径和内涵。

（二）思想政治教育实践发挥学科优势、打造思政育人主阵地

马克思主义学院是学校践行"以思政育人"的主阵地。通过创新改革教育教学模式，马克思主义学院在引导、培育学生树立正确的人生观、世界观、价值观，弘扬社会主义核心价值观，推进校园文明建设等方面发挥了重要作用。例如，在某校"思想道德修养与法律基础"教研部中，借助线上和线下相结合的"N＋4＋3"（线上视频＋练习，线下专题＋课堂实践）混合式教学创新模式，使思政课堂真正地"活"起来，有趣有味，润物无声。学高为师，身正为范。该校教学模式的创新改革对于构建新型师生关系具有三个方面的闪光点。

第一，人文关怀，创新学生融入课堂形式，丰富师德师风文化。如果可以有一种学习方式，每个人都可以根据自己的时间和学习程度，自主安排学习方式和课堂参与方式，那么将极大促进学生融入课程的积极性和主动性。在该校的"基础"课教学改革中，有超过74%的学生在问卷调查中提到他们更倾向于通过混合式教学模式开展学习。学生可以通过线上＋线下互动的形式融入课堂、融入课程，通过自主安排时间的方式在网上学习知识点或做课后练习题。这打破了传统的学生参与课程的"单项选择题"模式（学生只能准时现身课堂）而为学生提供了"多项选择题"（既有线上自主学习的模拟互动，也有现身课堂的现实互动）。学生们有了更多的选择，也激发了他们的

好奇心和学习兴趣。

第二，力行模范，更迭师生互动方式，推进教师自身发展。打破了学生参与课堂必须通过现身课堂这种"单项选择"模式，师生互动的方式也发生了改变。教育家伯恩斯坦（Bernstein）曾说过：教师的教与学生的学，不仅是师生的教学互动，也是一种身份互动；教师的权威身份和身份权威，在这种互动中得以巩固、强化和定型。在该校针对学生开展的教学满意度调查问卷中，超过44%的学生倾向于"互动式"的教学模式：在线上，同学们观看老师录制的课程视频，就如观看其他新媒体平台上的影音资料一般。讲得精彩的内容、具有传播力度的片段使老师可以转身成"网红"，受到学生的喜爱和追捧。在线下，定期的模块总结又使教师回归了"传道与授业"的传统身份，和学生实现面对面地互动交流。学期中穿插的翻转课堂，无论是有关人生理想的演讲比赛，还是法律知识竞赛，抑或是爱国主义的诗歌朗诵，有关社会道德议题的课堂发言，传递社会主义核心价值观的"随手拍"等，在这些活动中学生同教师亦师亦友——既是教学相长的师生关系，也是玩与学相结合的伙伴关系，同时还是共同开发、研习和创新课程互动模式的战友关系。一个学期下来，线上学习、线下授课、学生活动成了老师和学生们共同开发创造的教学成果。彼此共享知识，分享经验和乐趣；彼此成就"新"得、收获友谊和快乐。

第三，实践德育，创新知识传播方式。著名教育家蔡元培先生曾说过"知教育者，与其守成法，毋宁尚自然；与其求划一，毋宁展个性"。这句揭示教育真谛的良言，是蔡元培先生的殷切期盼，也是照亮新时代我国高等教育教学改革的一盏明灯。我们必须了解到，当下世界范围内知识的传播和共享，已经呈现多层级复合型的发展特点。学生了解知识、学习知识、掌握知识、运用知识，无法再通过"成法"式的课程教学模式和评价模式而实现，也无法通过"整齐划一"式的课堂组织方式而实现。学生获取知识并共享知识的"自然"之法，借助着科学辅助教学的东风，展现了丰富多样的个性特点。慕课教学改革，贡献了一种知识如何共享、怎样传播、为何创新的典型案例和有益经验。例如，学生可以通过共享平台，实现交流和互动，打破了时间和空间的局限，彼此互助学习，互通有无。特别地，期末考试的形式也发生了变化，这是对学生知识获取评价模式的创新。学生最终的课业成绩，由四大部分组成，分别为网上学习成绩＋课堂参与＋考勤＋翻转课堂活动成绩。在期末考试阶段，同学们不再通过"一张考纸定成绩"，而是分批次、分阶段、分类别、分模块实现权重计分，强调学生的过程学习、过程积累和过程评价。关注学生的学习过程而非结果，既缓解了学生们以考促学的压力，还纾解了期末考试中教师的监考压力，真正推动以兴趣促学习、以知识促学习的教学实践创新。

当然，科技辅助教学的实现还必须依靠不断升级和发展的新媒体技术。虽然在该校调查问卷中显示有超过46%的学生对这种混合式的教学模式评价为"非常好"，有超过33%的学生评价为"好"，但我们也意识到由于教学实践的改革创新正处在开始阶段，我们同时也面临着很多的新问题，这需要来自学校、学部、教师和学生多方力量的协同合作，共同解决。

高校思想政治教育在引领高校大学生坚定政治立场，树立正确的世界观、人生观、价值观，形塑端正的人生态度，向上的道德品德，树立积极的理想信念，从而使其成为符合国家和时代的需要，投身建设社会主义现代化强国的伟大事业方面具有重大的作用和意义。当前，我国高校思想政治教育蓬勃发展，借助认同建构理论视域，实现高校思想政治教育进行理论创新、内容创新、方式创新、手段创新、思路创新、路径创新，在不同地区和高校都有很多有益的尝试，并形成了一定程度上的联动效应，推进高校思政教育实践向着横向和纵向全面延展。

专题八　西方思想政治教育研究

西方国家有着悠久的"文明传统"，特别是到了近代资产阶级统治时期，它的政治、经济、文化、军事一直处于世界的领导地位。作为其文明传统之一的思想政治教育，在西方也是有着悠久的历史，而且经过多年的发展，到现在已经积累了丰富的实践经验和理论成果。运用马克思主义的观点和方法，考察西方各国不同时期的思想政治教育及其历史沿革，总结经验教训，通过比较、鉴别，批判地吸收他们在思想政治教育内容和方法上的有益成分，去除糟粕，吸收其精华，真正地做到"西为中用"，无疑有助于加速我国思想政治教育的学科建设以及服务于当前我国的思想政治教育。

一、西方思想政治教育概况

长期以来，无论是学界，还是社会各界，普遍认为西方国家没有思想政治教育，其实这种看法是片面的。要了解西方国家是否存在思想政治教育，就要先看看思想政治教育的概念。所谓的思想政治教育，就是社会或社会群体（统治阶级）用一定的意识形态内容（思想观念、政治观点、道德规范等等），对其成员施加有目的、有计划、有组织的影响，使他们形成符合一定社会（统治阶级）所要求的思想品德的社会实践活动。从这个意义上说，西方国家是有着思想政治教育的，尽管形式跟中国等国家有所区别。

在西方，一般常用"德育"来替代思想政治教育。当然，这两个概念有其区别之处，思想政治教育的范围要广得多，涉及政府部门、学校、军队等诸多领域，而德育一般是特指学校范围内的思想政治教育。德育是包含在思想政治教育里面的。近些年来，"大德育"的概念产生并流行开来，其意就在于沟通学校思想政治教育和社会教育，使二者产生合力，如此与思想政治教育的概念并无多少区分。

所以说，思想政治教育并不是从属与哪个阶级或阶层的，它是人类步入阶级社会之后，随着阶级、国家的产生而逐渐产生的。它是人类社会非常普遍的一项实践活动。不同类型的国家，其思想政治教育内容与形式自然有所区别，但其实质和目的却是相似，甚至是完全相同的，那就是为统治阶级服务的。

西方国家重视思想政治教育，西方的思想政治教育既是西方资本主义政治经济文化制度孕育的产物，又是为西方国家的政治经济文化制度服务的。长期以来，不少人认为思想政治教育仅是社会主义国家才有的，而西方资本主义国家根本没有。正是因为存在这种观点，我们对西方思想政治教育的研究和借鉴才不十分充分。其实，西方的思想政治教育不仅有，而且内容极为丰富。西方思想政治教育的实质内容古已有之，发展到现代社会其内容、方式不断丰富和发展：一方面，西方资本主义国家高校思想政治教育在内容上秉承了资产阶级一贯坚持、标榜的以个人利益为核心的自由主义，以维护和巩固资产阶级的政治、经济和文化等方面的统治地位，保护资本主义的私有制；另一方面，在社会规范教育、权利义务教育、品德教育、公民宗教教育方面也下了很大功夫，有许多内容很值得中国学习。

西方思想政治教育，从古至今，都有其自身特色，无论是柏拉图、亚里士多德时代的哲学、政治学教育，中世纪的宗教、神学教育，还是近代的自由、平等、博爱的公民教育、政治教育以及今天的爱国主义教育、道德教育，这些内容都是在西方思想政治教育范畴内的。当前，西方对于这些思想政治教育的重视程度，也是越来越高。

（一）西方思想政治教育的研究对象

思想政治教育作为人类社会一项普遍的社会活动，古今中外，概莫能外。因为一切的统治阶级为了维护其统治地位，总是坚持用自己的意志去培育人，宣传各种有利于加强其统治的观点、理念，以期使教育对象即基层民众认同其政治思想。国外的思想政治教育可以说是"无名有实"，他们虽然不跟中国一样，有一个统一的"思想政治教育"的名称，但它在公民教育、道德教育、法制教育、宗教教育、历史教育等名义下进行大量的实质性的思想政治教育工作。所以，在西方国家，虽然没有建立正式的专门研究机构以及专门的学科教育、研究，但是在与其相关的学科如政治学、教育学、伦理学、社会学、心理学、历史学等学科中，都可以找到有关思想政治教育的研究内容和情况。西方从古希腊罗马时期就有政治思想家如柏拉图、亚里士多德等，都对思想政治教育的理论进行阐述，直到现在，对思想政治教育的研究一直没有中断过。而且，到了现代随着西方资产阶级对思想政治教育越来越重视，思想政治教育的地位不断提高，因此，对其理论研究也越来越深入。所以，西方思想政治教育研究的对象就是西方在这方面的实践及相关经验。

西方思想政治教育，从学科上来说，属于思想政治教育学科领域中的一门专业，它研究西方思想政治教育理论与实践，包括历史沿革、特点、内容形式等诸多方面。西方思想政治教育的主要任务就是研究、分析西方国家在各个历史时期，尤其是当前，其思想政治教育理论与实践的状况与发展，归纳其不同特点，总结其历史发展的经验，探讨其规律，研究其在各种社会问题中的对策，借以吸收、借鉴。

不同的社会形态、不同的国家之间，人们的社会实践活动是不一样的。基于此，每个国家的思想政治教育都会有其针对性，同样每个国家的国民都会对这种思想政治教育产生不同的反应。所以，思想政治教育在历史发展的过程中，都会受到国家、社会的制约，同样，人也会对思想政治教育产生一种反作用力，西方国家在这个问题上是非常明显的。这些都是西方思想政治教育研究的对象。

（二）西方思想政治教育研究的意义

思想政治教育作为人类进入阶级社会之后的一项极其普遍、正常的社会活动，自古以来，无论中外都被统治阶级所重视和采纳。统治阶级都希望将自己的意志灌输到民众中去，无论是同盟者，还是被统治阶级，使其接受这些意志，从而更好地维护统治。所以，统治阶层运用各种方式、方法，以加强其统治观念，使教育对象认同这些思想，接受统治。西方国家在这点上，是非常明显的，而且在思想政治教育方面，有其独特之处，所以，研究、了解西方的思想政治教育，是有其必要性的。

1. 有助于思想政治教育学科的发展

研究西方思想政治教育，有助于开拓研究思路，促进思想政治教育学科的进一步发展。西方思想政治教育的基本特点就是"无名有实"，虽然不像在中国有思想政治教育这样一个总的名称，但是西方在公民教育、历史教育、宗教教育、道德教育、法治教育、爱国主义教育等名义下，混杂着大量的思想政治教育，而且这些教育伴随西方民众始终。与这些教育相适应的，西方虽然没有正式的思想政治教育的学科或研究机构，但这并不妨碍在其他学科中，诸如历史学、社会学、政治学、心理学、教育学、哲学、伦理学等，都会涉猎思想政治教育研究的内容，所以，从这个角度上说，新时期学习、研究西方思想政治教育有助于利用其他学科来开拓思想政治教育研究的视野和思路。

学习西方思想政治教育，对于思想政治教育学科的理论发展和指导实践有着重要的意义。通过了解、学习、研究西方国家和地区的思想政治教育的历史、现状、内容、特点、问题以及发展趋势，等等，通过比较、分析、吸收、借鉴，可以加深我们对于思想政治教育普遍规律和本质、特点的认识和了解，促进我国思想政治教育学科的发展。

我国在思想政治教育方面有着的优良的传统和丰富的经验，自古以来，思想政治教育就是我国的一个传统。近些年来，我国越来越重视思想政治教育，但是思想政治教育作为一门单独的学科和专业，还比较年轻，有着诸多的不成熟，还有很大的发展空间。与此同时，近些年来，思想政治教育愈发呈现科学化、系统化、现代化的发展趋势，而且随着改革开放的深入发展，社会主义市场经济体制的建立，全球化的状态下，现代科学技术不断地更新换代，各种价值观念碰撞激烈，所以，在多元化的时代，我国的思想政治教育也要跟上世界和时代的发展。所以，思想政治教育的学科建设，要推陈出新，放眼世界，借鉴人类社会的优秀成果，尤其是西方发达国家思想政治教育的成功经验，以充实和完善我国的思想政治教育学科建设。

2. 为我国思想政治教育提供借鉴

他山之石，可以攻玉。思想政治教育在西方有着悠久的历史，而且经过历史的锤炼和多年的发展，现如今，已经积累了丰富的理论成果和实践经验。运用马克思主义理论观点和方法，研究分析西方国家不同历史时期的思想政治教育，通过归纳、分析，批判地借鉴他们在思想政治教育方面的方式、方法，吸收其有益成分，去除糟粕，真正地做到"西为中用"，有助于我国思想政治教育的发展。

教育，是与世界和时代紧密相连的，是受经济、政治等诸多因素制约的。西方国家有其自身发展的规律和特色，所以在思想政治教育方面，有着属于他们的特点。无论是方式上，还是方法上，都有着可供中国借鉴的地方。例如，西方国家特别看重发挥大众媒体的作用，利用互联网、VR 等现代传媒技术，拓展思想政治教育传播渠道；同样，西方国家注重采取合力方式，构建家庭、学校、社会一体化思想政治教育体系，等等，这些都值得我们去学习借鉴。

1983 年邓小平为北京景山学校题词，要求教育要"面向现代化，面向世界，面向未来"。思想政治教育同样也离不开世界。尽管我国在思想政治教育方面有着自己的特色和传统，但这并不代表我们的思想政治教育是尽善尽美的，还是有很大改进余地的，而西方思想政治教育就是我们很好的借鉴。

3. 有助于提高我国思想政治教育的有效性

西方思想政治教育的一大特点是隐形教育，而且客观地说，西方的思想政治教育在有效性方面还是很值得我们借鉴的。自"05 方案"（即《〈中共中央宣传部教育部关于进一步加强和改进高等学校思想政治理论课的意见〉实施方案》）施行以来，我国高校的思政教育取得了巨大的成效。但另外一方面，当前意识形态领域的斗争日趋激烈，经济全球化、自媒体网络化等等，又带来了极大的挑战。大学生有着极强的好奇心和求知欲，逆反心理较重，喜欢一些标新立异的学说，但三观尚未定型，极易造成思想意识、价值取向等方面的混乱。所以，尽管我国高校的思想政治教育取得了不错的成就，但一刻也不能放松。当前，我国的思政教育还存在一些问题，突出表现在由于一些客观原因，某些学生将思政课视作负担，兴趣不足，应付了事，从而导致思政课流于形式。所以，增强学生的积极性，提升思政课的有效性，这也是非常有意义和价值的。

另外一方面，隐性资源能够弥补显性资源的不足，对人才的培养起到积极的作用，所以，挖掘与充分利用各种教学隐性资源成了促进我国思政教学改革的一个关键。教学中要使隐性资源得到有效的开发与应用，这也是当前在自媒体时代下，让大学生思想政治教育走出困境，提高思政教育针对性和有效性的一个很好的尝试。而且，隐形教育也是西方国家对自己公民开展思想政治教育的主要方式，这种方式理应被我们所研究，继而批判、吸收。

4. 有助于应对西方思潮的攻击

思潮是一个国家、社会潮流的一部分。当前西方社会思潮，大多有着政治倾向性，这些思潮戴着有色眼镜，以所谓的"普世价值"理念汹涌地冲向中国。当前中国社会，各种思潮混杂，加上全球化的发展，使一些国人的思想陷入混乱之中，给我国的社会主义现代化建设带来了诸多的障碍。

在我国一些人中间，存在着一些模糊的认识，例如，西方的价值观念，中国应该全盘接受，西方"没有思想政治教育"，我们也要"淡化思想政治教育"，向西方一样搞法律教育、道德教育、公民教育等即可。这些片面、错误思想的产生，很大原因在于对西方思想政治教育了解的欠缺。西方思想政治教育的"渗透性""隐秘性"使很多国人没有看清西方思想政治教育的本质，也忽视了意识形态方面的建设。

所以，学习、研究西方思想政治，使我们对于西方的思想政治教育有一个比较深入的了解，可以很好地教育民众，让我们更好地认清西方国家的本质，从而坚定"四个自信"。

(三) 西方思想政治教育研究的方法

学习和研究西方思想政治教育，有各种不同的路径和方法。对于我们来说，必须坚持以马克思主义为指导，运用马克思主义的观点和方法，辩证唯物地去看待西方思想政治教育。具体要做到以下三点。

1. 坚持实事求是，以客观真实为依托

一切从实际出发，从整体上把握事物的发展规律，这是马克思唯物主义的基本原则和出发点。这也是研究西方思想政治教育的第一个阶段。

实事求是的第一个要求就是做到尽可能占有翔实的原始文献材料，尤其是西方各个历史时期不同的政治家、思想家、伦理学家、教育家，等等，对他们的著作和思想尽可能地掌握，研究要如实地反映他们的思想、观点和逻辑，不能掺杂研究者个人情感，更不能断章取义，歪曲篡改。同时，也要把同一时期的思想家、政治家们的思想、观点，集中综合地分析，探求他们的共同特性和本质，同样，也要分析他们之间的不同，这样才能将一个时期的一个阶层、一个集团的基本面貌和发展概况了解清楚。

2. 切实贯彻历史和逻辑的统一原则

坚持以历史和逻辑相统一的原则来研究西方思想政治教育，就要做到：对于近代之前的西方思想政治教育，一定要从其历史发展阶段的政治和经济斗争去观察、研究，去归根溯源地寻找这些思想产生和发展的根源、脉络，探寻这个过程中的思想政治教育的效果，确定各种思想反映的经济基础和阶级实质等；而对于近代至今的思想政治教育，一定要看清其实质内容，揭示这些思想教育背后的内在逻辑和联系，考察研究这些思想的发展脉络。

当然，对于西方思想政治，一定要注意西方和中国社会背景、文化思想、意识形态等方面的差异，不能简单地把中国的研究模式生硬套在西方思想政治教育研究上，要注意这些内在的差异。所以，研究西方思想政治教育，要找出各种思想的逻辑发展和社会历史发展间的紧密联系，也要发现其内在的自身特点，尤其是西方与中国的差异，更要准确地把握，切实做到历史和逻辑的统一。

3. 具体问题具体分析，坚持批判继承的原则

只有具体问题具体分析，才能了解事物的本质和特点，不会被表面所迷惑。西方国家，很多政治家、思想家等，往往把他们的观点说成超阶级的，是"普世"的，掩盖了其阶级实质，带有很大的迷惑性。例如，西方很多政客喜欢夸赞自己国家的价值观教育，声称自己国家从来不搞思想政治教育，他们只是对国民进行自由、平等、博爱等方面的教育，对于这一类的言论，一定要具体分析。世界是复杂的，历史又是丰富多彩的，生活在其中的人们是离不开自己所在的世界的。所以，对于西方思想政治教育研究，不要设想得过于简单，也不要看得太复杂；对于西方的政治家、思想家们，要从他们

所处的时代出发，既不能把古人现代化，也不能把今人古代化，实事求是，置身于所处的时代背景去研究，这才是马克思主义的观点。

西方思想政治教育的内容庞杂丰富，我们要尽可能地掌握那些重点环节：一是有代表性、有影响的思想家、政治家、伦理学家等，他们的思想观点以及如何影响当时乃至今后人们的思想；另一方面，对我国思想政治教育理论建设和付诸实践有益的内容，从中吸取经验和教训。当然，在借鉴、吸收的同时，我们一定要注意思想、意识形态方面的区别，把握好政治方向。这些都是我们研究西方思想政治教育的重点内容。

二、西方思想政治教育的内涵

西方思想政治教育内涵丰富，在其历史发展的长河中，形成了属于自己的独特风格。研究西方思想政治，一定要了解这些特点。

（一）西方思想政治教育研究的特点

1. 内涵丰富，强调爱国主义

当前，思想政治教育的社会功能和经济效益越来越明显，对社会的影响越来越大。所以思想政治教育得到西方国家的日益重视，内容日渐丰富。

西方各国广泛采用各种形式的思想政治教育，如政治教育、公民权利义务教育、宗教教育、国民精神教育，等等。一些高等学校专门设置了职业道德课、政治课、公民课、哲学课等思想政治教育课程，以期能够把思想政治更好地渗透到日常课程教学之中，从而培养社会所需要的"合格公民"。

在这些教育中，"爱国主义"是西方国家所强调的。在西方发达资本主义国家的思想政治教育中，"爱国主义"的教育一直位居前列，无论哪一个国家都没有忽视这方面的教育。如美国一直在对公民灌输所谓的"美国精神"，这就是他们渗透着爱国主义的民族精神。美国一直给自己的国民灌输美国至上的思想，使他们产生一种认识，即作为一个美国人，是光荣的。所以，这种爱国主义教育使得美国人总以他们的国家为荣，以自己是美国人为骄傲。无论这种思想是客观真实的还是虚拟的，美国的爱国主义教育无疑是深入美国人内心的。

2. 方式灵活多样，重视实践教育

在历史发展过程中，西方国家的思想政治教育形式，日渐多样化，而且呈现易变通的特点。例如，西方国家利用学校开展思想政治教育的同时，也特别重视家庭、社会在思想教育过程中的角色。例如，一些社区与社团，像图书馆、博物馆、纪念馆等公共活动场所，都会积极开展思想教育。此外，西方国家所重视的宗教活动，也是其开展思想政治教育的重要场所等等，所以西方国家的思想政治教育活动，呈现灵活多样的特点。

在开展思想政治教育时，西方国家特别重视教育中的实践活动、客观环境感染熏陶的德育作用以及重视榜样的作用，实行显性教育与隐性教育、正面教育与渗透隐蔽式教育、调查与社会服务、课堂教学与各种社会活动相结合的方式。通过这些方式、方法，西方的思想政治教育已达到"无时不有、无处不在"的地步，渗透到社会的每一个角落。

西方许多学校除在课程选择上，对学生进行规定课程教育之外，还会将思想政治教育目标寓于校园、社会等场所，进行实践活动。西方国家在开展实践教育时，积极引导学生参加课外活动，并有专门的分数或学分。这些活动包括学习小组活动、学习生活仪式、学生社团、志愿者社会服务，等等。很多学校都会设置一些课外实践的指导老师或机构，来统筹安排学校的课外实践活动。这些活动深受学生欢迎，在教育中，引导学生向国家、社会所期望的方向发展。

3. 全员参与，全方位立体式教育

西方国家在坚持课堂教学这一主渠道的同时，为了提升学生的参与度及其效果，常常借助于各种内容丰富、形式活泼、主题鲜明、情节生动有趣的社会活动，这些活动基本不受规模、范围、时间、地点的限制。这样可以很好地激发学生积极主动地思考各种社会伦理问题，提升他们解决实际问题的能力，最终提高学生的思想道德品质，思想教育的有效性也得到了保证。

其中，家庭、个人学校、社区、大众传媒、政党甚至宗教团体等，都在传播西方式的思想理念，进行西方式的思想政治教育。整个国家、社会形成了一张巨大而又无形的网络，努力使各空间、领域内的思想传播形成一股有效的合力。例如，美国特别重视社区，在美国，社区是高校大学生生活、娱乐活动的重要场所，也是对大学生开展思想政治教育，提高其各种实践能力的重要途径。

所以，众多高校对与社区相关的各种活动非常重视，积极鼓励自己的学生参与社区的社会服务，如政治领导人竞选宣传、公益服务、法律咨询、环境保护宣传与治理、为孤寡老人和残疾人士服务、募集资金等，这些活动让学生在实践中增强服务社会意识，提高了自己的综合能力，培养了社会责任感。一些世界知名高校，如哈佛大学、斯坦福大学、耶鲁大学等，都会把提供社会服务成绩证明作为入学的必备条件，没有这方面经历的学生，一般是不会录取的。所以，西方国家通过这种社会全方位式的社会活动和社会服务开展思想政治教育，效果也非常好。

4. 目标明确，强化阶级意识形态

西方国家为了更好地服务于资产阶级的利益，在思想政治教育方面，会根据形势的不断变化，去改革、拓展教育的内容、方法和手段，以适应社会和时代的变化，增强其适应性。但无论怎样变革，在这个过程中，意识形态教育都是西方国家关注的重点，以便巩固意识形态在思想政治教育中的主导地位。例如美国会推出"宪法教育"，全国大多数州都有宪法学习的要求，无论是国家领导人，还是普通公民，都要学习宪法宣誓、国旗教育等内容。通过大众传媒的宣传，美国人感到作为美国人是自豪的，从而达到了思想政治教育的效果。所以，像美国这样的国家，其思想政治教育侧重于对国民进行所谓美国精神的培养，以使学生具有所谓的资产阶级民主观念和享有自由民主权利的国家公民意识，其根本性目的就是灌输自己的意识形态，从而培养有利于资产阶级统治的合格公民。

所以，西方国家所宣传的所谓自由、民主、平等、博爱的价值观念，其实就是一种意识形态上的思想政治教育，这种教育毋庸置疑对西方国家的内部政治生活以及外部形象都有着维护作用。同时西方国家通常打着这些旗号，每时每刻都在极力地宣传资产阶级的价值导向，输出意识形态。

(二) 西方国家之间思想政治教育的异同

1. 不同点

每一个西方国家在思想政治教育方面，都有其理论和实践，侧重点也有不同。例如，美国，作为一个移民国家，得益于两次世界大战，迅速崛起为当今世界第一强国。美国之所以成为"世界霸主"，与这个国家重视实用主义分不开。实用主义在 20 世纪的美国是最主要的思潮。美国是非常务实的，根本不受一些世俗东西的制约，只要有利于国家，都会付诸行动。所以，美国的思想政治教育是紧密联系社会实际的，基本不会用大而空的说服教育，它会根据社会实际需要，从美国的政治、经济、文化、社会的发展角度来调整和完善这些教育，以适应新的社会需要，适应美国的需要。例如，美国的国旗、宪法教育，也是基于美国这个移民国家的特色，既为本国公民，也为这些移民开展独特的思想政治教育。

同样，其他国家根据自己的历史背景，也会有自己的理论和实践。如北欧国家，西欧荷兰、比利时等低地国家，由于所处的地理环境，所以特别重视对气候环境方面的保护；英国等国家，一直宣扬西方的绅士礼仪文化，所以英国家庭非常重视对孩子个人品行以及外在行为礼仪方面的教育，如一些用餐的礼节，守时守信，在公共场所要举止端庄，要有公德心；德国由于历史的原因，重视清除纳粹思想，大力进行政治价值观和历史观方面的教育，等等。所以，西方国家在进行思想政治教育的时候，都有其独特的一些理论和实践内容。

2. 共同点

尽管西方国家在进行思想政治教育时都有自己独特的一些理论和实践内容，但在这些不同的背后，也有着众多相似，甚至是相同的内容。

例如，西方国家在思想政治教育上，表现出隐蔽性与渗透性。西方国家基本上都没有统一设置的思想政治教育课程与管理机构，但他们却能把思想政治教育贯穿于社会生活的各个方面，西方国家基本上都是通过这种比较隐蔽的方式，来使国民在无意识的潜移默化中，接受思想政治教育。西方国家的思想政治教育课程，都分散在诸如历史学、心理学、社会学、政治学等学科当中，各门专业课，包括理工科都渗透着思想政治教育内容，可以说是贯彻着完完全全的课程思政内容。

西方国家在进行思想政治教育的时候，比较重视层次性与递进性，注意不同层次的衔接，各个阶段的思想政治教育目标之间，相互衔接，递进上升。

在课程安排方面，也具有阶段性，教育内容也有着不同的选择，例如，西方国家的爱国主义教育，一般选择给小学生讲故事、做游戏，给中学生讲历史，参观、旅游国家的博物馆、遗址等，在大学阶段就是理论讲授，不同阶段，选择方式不一样，但都呈现出一种递进性，效果也是显而易见的。这些都是西方国家思想政治教育的一些共同之处。

（三）西方国家与中国思想政治教育的不同

1. 价值取向不同

价值取向不同主要表现在两个方面：一方面是整体价值取向与个体价值取向之间的区别，这是由中国与西方不同历史发展轨迹所决定的。中国的传统是重视整体，所以中国的思想政治教育更多地注重整体，主张整体价值取向，要求个人服从和服务于整体和社会，重视整体的要求多于重视个体的发展。今天之中国，整体价值取向仍以其特有的号召力和合理性，给转型时期的人们的价值观念以巨大的影响。当然，这种重整体不是忽视个人，个人与集体也不是对立的，而是辩证统一的。与中国不同，西方国家更强调个体价值，尤其是在近代以来，随着资本主义的发展和资本主义制度的巩固，以个人利益为核心的自由主义思想成为西方社会的主流，所以西方重视个人。当然，西方国家的个人与国家，也不是对立矛盾的，并非因为重视个人，就忽视或不顾国家利益，等等；另一方面，这种价值取向的不同还表现在对待宗教的态度上，尤其是当今宗教在中国与西方思想政治教育方面的影响，从而导致的世俗取向与超世取向的差别。西方国家重视宗教，西方民众普遍信仰宗教，而且非常虔诚，所以西方的价值取向是超世的。西方国家利用人们对宗教的态度，采取一些宗教仪式进行思想灌输，进行思想政治教育，这是西方思想政治教育的一大特色，也是与中国不同的。

2. 思想政治教育的形态不同

中国与西方国家在思想政治教育形态上的不同，主要表现在两个方面：第一，表现在侧重追求上的区别，即内在价值与外在价值的区别。中国古代的思想家更加注重内在，强调修身，也就是个人私德方面的追求。如"天下之本在国，国之本在家，家之本在身，君子之本在修身"。认为人，尤其是统治者，首先必须"修身"，之后才能"齐家、治国、平天下"。强调"内圣外王"，要成为"外王"，首先必须"内圣"，内是本。这同西方侧重于外在价值的追求形成了鲜明的对比。西方古代的先哲们虽也强调人的内在道德，但他们更多是强调知识、快乐、幸福的价值观念，更多地注重人的外在价值追求；第二，中国强调德治，即"以德治国"，而西方更加重视法治。古代中国重视"德"的传统，儒家思想也十分强调君主要接受道德的制约，注重道德修养，端正个人的道德品行，实行"德治"和"仁治"。中国古代的法律更多是刑法，强调的是犯法后的惩罚；西方国家的思想政治教育更加重视法治。在古希腊罗马时期，亚里士多德就详地阐述了法治的优越性，强调法治教育的必要性。法国人卢梭则强调法律是国家意志的体现，而法律一经建立，任何人都必须服从。

3. 思想政治教育的方式不同

在思想政治教育的方式问题上，中国与西方国家最主要的不同之处就是一个侧重显性教育，另一个则是隐性教育。显性教育与隐性教育是思想政治教育的两种基本方式，一般说来显性教育就是有组织计划的，非常直接、明显的教育活动，使受教育者自觉地受到影响的有形教育，简单地说就是学校课程教育，学生从小到大都有专门的思想政治教育课，这些课程最后还参与考核，列入总分，甚至直接关系能否顺利毕业和升学。而隐性教育，则是通过一些间接性、潜移默化的方式来影响学生，使其在不自觉的情况下通过接受教育和熏陶，达到了一种"润物细无声"的境界。这种渗透式的教育方式在西方国家备受青睐，这些国家虽然没有设置专门的思想政治教育课程，却收到了思想政治教育的效果，而且还可以借此攻击别的国家采取"思想控制"。

我国主要采取显性教育，学校是思想政治教育的主要阵地。这也与我国的传统有关，自古学校教育都担负着塑造人、培育人的重要职能，历史上我国的学堂教育都会给学生灌输思想道德方面的教育，"德"一直是我国学校乃至社会教育的重点。当前，我国各级各类学校均开设了与思想政治教育相关的课程，小学阶段主要是思想品德课，中学阶段的政治课，大学阶段的思想政治理论课等，这些都是以思想政治教育为主要内容的课堂理论教育。

西方思想政治教育的方式、方法则呈现多样化，课堂理论灌输较少，主要是实践活动和环境熏陶教育，更注重隐性教育。而且西方国家对于受教育群体的不同年龄、阶段，教育方式也有不同划分，体现出层次感，如道德教育主要针对中小学阶段，到了大学主要侧重知识理论，大量开设与思想政治教育相关的人文社会科学方面的课程，灌输西方的价值观和理念。西方许多国家的思想政治教育内容和目标也都是分层次的，针对不同年龄阶段的人，有不同的教育内容和目标。例如，爱国主义的教育，小学阶段主要是通过讲故事、做游戏来灌输，到了中学阶段就是通过参观博物馆、政府所在地或议会（如白宫、唐宁街十号、爱丽舍宫等）、参加社区活动等社会实践活动，培养爱国主义，到大学阶段则是讲授各种学科理论，达到思想政治教育的目的。通过这些，资产阶级的价值观、人生观由浅入深，慢慢渗透到学生的脑子中，并不断加以强化，最终根深蒂固。这也达到了西方国家思想政治教育的目的。

当然，这些年来，中国也越来越重视隐形教育，各种社会活动逐步增多，但相对来说，思政课堂还是主渠道。

三、西方思想政治教育的发展历程

当前，在世界全球化下，我国的思想政治教育要适应时代的变化和发展，就要在对本国思想政治教育进行分析总结的同时，对西方的思想政治教育清醒的认识，查缺补漏，继而进行借鉴和超越。

人类社会发展至今，已有几百万年的历史。在漫长的原始社会，人类的祖先就逐步学会了对下一代进行教育，将自己的技能传输给下一代。但是在原始社会，由于生产力的低下，这些知识、技能以及社会规范非常简单，也没有专门的学校，所有的技能基本都是在社会生产实践中通过口耳手一步一步传授的。真正的学校教育，是随着生产力的发展、阶级和国家的产生而产生的。所以，奴隶社会是学校教育产生的时期，思想政治教育最早也产生在奴隶社会。

（一）奴隶社会时期的西方思想政治教育

马克思主义认为，随着生产力的进一步发展，生产率有了较大的提高，劳动力开始出现剩余，这就导致一方面一部分人逐渐摆脱了繁重的体力劳动，专门从事社会管理和文化科学活动，为文化发展和一部分人独占文化教育提供了可能；另一方面也为私有制的产生提供了条件，社会上出现了剥削阶级和被剥削阶级，奴隶社会产生。在这样的情况下，统治阶级为了维护自己的统治，逐步建立起法律、军队、国家等暴力机器，当然也包括思想上的控制，所以奴隶社会一般只有统治阶级即贵族的子弟接受教育。

在奴隶社会时期，西方最有代表性的思想政治教育，是古希腊和古罗马的思想政治教育，这也是西方思想政治教育的理论与实践之源。

古希腊是西方文明的出发点和源头，尤其是古雅典，诞生了诸多的思想家、哲学家、科学家、教育家，这些人被尊称为"智者"，如苏格拉底、柏拉图、亚里士多德等人，对西方的思想政治教育影响深远；古罗马经历了共和国时代和帝国时代，则有着优良的法律传统，对于法学研究也有着很高的造诣，学法、研法蔚然成风，涌现出一大批知名法学专家。古罗马的学校教育也进一步发展，公民送他们的孩子去学校接受公立教育，而且拥有专门学校，进行分层系统管理。

1. 古希腊的思想政治教育

在世界文明史上，古希腊文明尤其是雅典、斯巴达以其特异的风采与卓越的成就享誉后世。古希腊作为西方政治思想的源头，在事实上构成了西方思想政治教育的最初萌芽。而在古希腊众多城邦中，雅典与斯巴达是最有代表性的两个，这两个城邦也奠定了两种不同的思想政治教育道路，同时也是西方后来两种不同思想政治教育道路的源头。

马克思曾高度评价希腊艺术和史诗的成就，认为它具有"永久的魅力""而且就某方面说还是一种规范和高不可及的范本"。① 黑格尔也高度赞扬古希腊文明，认为对于欧洲人来说，"一提到希腊这个名字，在有教养的欧洲人心中，尤其在我们德国人心中，自然会引起一种家园之感……今生，现世，科学与艺术，凡是满足我们精神生活，使精神生活有价值、有光辉的东西，我们知道都是从希腊直接或间接传来的，——间接地绕道通过罗马"。② 公元

---

① 《马克思恩格斯选集（第2卷）》，北京：人民出版社，2012年，711-712页。
② 黑格尔：《哲学史讲演录（第1卷）》，北京：商务印书馆，1959年，157页。

前 8 世纪前后，希腊进入奴隶制社会。经过长期的发展，到公元前 5 世纪前后，希腊奴隶制达到繁荣时期，文学、艺术、哲学、史学都得到了极大的发展。史学家将古希腊文明划分为四个时期，分别是：荷马时代、古风时代、古典时代和希腊化时期。大体上，古希腊自古风时代开始，进入奴隶制时期，之后的古典时代、希腊化时期，都有独特的教育方式，各个城邦之间也各有自己的特点，尤其是古雅典和斯巴达。

　　古希腊重视公民教育，在公民教育方面可以说是西方公民教育的源头，其中，自由、民主、人本主义思想至今仍深深影响着西方。由于希腊城邦制的发展，作为城邦主体的公民，其个人作用不断得以体现，因而也就不断强化了对个人价值、个人主义与个人尊严的信念。与公民相关的各种教育也得到了体现，诸如体育、音乐、辩论等，初步涉及德智体美教育。

　　在古希腊城邦中，斯巴达和雅典的思想政治教育最有代表性。斯巴达最为著名的是军事教育。斯巴达全部男性公民生来即为战士，不事劳作，只从事军事训练与战争。为了对付奴隶的反抗和暴动，抑制侵略，对外称霸，全体斯巴达男性无一例外都被编入军队。这种社会状况，决定了斯巴达教育注重军事教育的特点——"战士教育"。斯巴达教育的唯一目的，就是要通过严酷的军事教育把斯巴达男性训练成体格强壮的武士，文化上的教育也为这一目的服务。斯巴达人出生后，母亲只对七岁前的孩子有养育的职责，男孩从七岁到十八岁，开始过兵营生活。在这十年中，要使他们接受单调的军事体育训练、强制的政治道德灌输和严酷的身心磨炼，以求形成勇敢、坚韧、顺从和爱国的品格。斯巴达人认为只有身体强健的母亲，才能生下刚强的战士。所以，女孩七岁仍留在家里，但她们不是整天织布做家务，而是从事体育锻炼，学习跑步、竞走、掷铁饼等，以锻炼好身体。十八岁的青年，要转到高一级的青年军事训练团，年满二十岁的青年，要开往国家边境沿线驻扎，开始实战训练。直到年满三十岁，通过一定仪式，才能获得完全的公民身份，娶妻生子，到六十岁退伍，但仍然是预备役军人。所以，基于此，斯巴达重视对公民的尚武精神培养，并围绕着成为一名优秀的战士开展英雄传统教育、爱国主义情感教育，训练服从、敬畏法律的精神。学界对于斯巴达是不是军国主义尚有争论，但毫无疑问，斯巴达是尚武精神的代表，其中的一些做法也为后来的军国主义国家所借鉴、吸收。

与斯巴达不同，雅典有着灿烂、辉煌的文化遗产。雅典特别重视教育，所以雅典的教育是繁荣的雅典文化、科学、艺术中的一个重要环节，也是雅典实施奴隶主民主政治的一个不可缺少的有机组成部分。雅典的教育，不仅要把统治阶级的子弟训练成身强力壮的军人，更要求把他们培养成具有多种才能、能言善辩、善于通商交往的政治家和商人。雅典重视公民教育，认为一个好的、合格的公民，必须是道德、智慧、健康、强壮等优秀品质集于一身的人，所以雅典重视人的和谐、全面发展，认为教育最主要的内容就是让人的身心和谐发展，无论是内在的还是外表的，脑力的还是体力的，所以雅典也强调体育锻炼，但不像斯巴达那样极端。雅典的教育，采取不同阶段实施不同的德育，七岁前，父母在家中养育儿童。七岁以后，女孩继续在家，由母亲负责教育，学习纺织、缝纫等技能，不进学校学习；男孩则开始进入学校学习读、写、算、音乐、诗歌等，到了十五六岁时，大多数青年不再继续上学，而从事其他职业。只有少数贵族子弟，进入由国家主办的体育馆，实施全面教育，尤其是作为三艺的文法、修辞学和哲学，更是重中之重。18~20岁的青年，属于预备公民阶段，进入青年军事训练团受军事训练。他们一进兵营就被授予一矛一盾，到神庙庄严宣誓，遵守法律，为国家利益而战。二十岁后，通过一定仪式，接受正式公民称号，获得完全的政治权利。

古希腊的公民教育以及对于国家的忠诚和服从方面的教育，都是重要的思想政治教育内容。

2. 古罗马的思想政治教育

在西方思想政治教育的发展历史中，古罗马占有绝对重要的地位。古罗马积极吸收古希腊的文化与教育，而且更重要的是在吸收的过程中，根据自身的实际需要，做出了一些调整和补充，真正做到了批判地继承。另外一方面，古希腊的文化、教育主要是通过古罗马的吸收、整合才流传后世的。

古罗马先后经历罗马王政时代（公元前753—前509年）、罗马共和国（公元前509—前27年）、罗马帝国（公元前27—前476年）三个阶段，但由于王政时代各种资料缺乏，所以一般提到古罗马，就是共和国和帝国时期。罗马帝国在公元395年分裂为东、西罗马帝国，此处所说的罗马帝国在分裂后，主要是指西罗马帝国。

与古希腊类似，古罗马也十分重视公民道德建设。古罗马重视遵纪守法，注重秩序的法制观念教育，培养公民吃苦耐劳、忠勇卫国的爱国精神。古罗马的教育根据时代的不同，也各有特色。

共和国时期，重视家庭教育，让青少年通过家庭生活及父辈日常的教诲等，受到虔敬、恭顺、勇敢、爱国、守法以及谦虚谨慎、认真等思想道德方面的教育；重视法治教育，在共和国时期，成文法——十二铜表法制定，包括了债务法、继承法、婚姻法以及诉讼程序等各个方面，基本上是罗马人传统习惯法的汇编；注重演说家、雄辩家教育，这是成长为"政治人"的必需技巧。古罗马公民学习修辞学、哲学、法学、历史与天文，从而成长为合格的"政治人"，参加公民大会、元老院，可以从容辩论；抛弃不适宜自己的哲学类学校，采取实用主义，根据古罗马的客观实际需要，重视军事、政治、法律等方面的学习，开始法律、医学、建筑、机械等课程，培养大批实用型人才。

到了帝国时期，官办教育兴起，学校广泛设立，形成了独特的拉丁文教育。这个时期，随着古罗马帝国版图的逐步扩大，培养顺民、忠臣便成为主流，思想政治教育也偏向这些方面。这一时期，由于基督教被确定为国教，宗教教育兴起，"原罪说"逐步成为国家政权统治的利器；对外战争规模的扩大，使军队教育更加严格；法律教育也有新的发展，古罗马良好的法律传统，到帝国时代达到了顶点，至今仍影响着世界。

古罗马的思想政治教育，与之前古希腊的相对比，有自己的特色：强调民族精神，使公民有着强烈的民族自豪感；重视实用，强调与古罗马的国家需要相结合；加强公民教育；强调宗教的作用，实施宗教教育；强调法制建设，重视法的作用，等等。

（二）中世纪时期的西方思想政治教育

在西方人的思想观念中，中世纪一直被视作"黑暗"的，这段历史也被称为"千年黑暗"的历史。

中世纪西方思想政治教育的基本特点是宗教神学的统治，宗教僧侣统治了文化和学校教育，在社会中，出现了僧侣与世俗封建主两种类型，教育也呈现两种类型：第一种，教会教育。教会中的僧侣教育民众信仰上帝，所有的教育都贯彻着神学思想，主要是三科（文法、修辞、辩证学）四学（算数、几何、天文、音乐）教育，合称"七艺"。教会教育的目的是为基督教服务，这些学习的内容缺乏系统性，方方面面都贯彻基督教的思想与教义。这种思想政治教育的机构在教会或教堂，其管理权由教皇、教主等掌握，对民众冠以"上帝创世""君权神授""原始罪恶"等学说；第二种，骑士教育。世俗封建主通过贵族教育，灌输骑士精神，即著名的骑士七技，包括马术、游泳、投矛术、剑术、狩猎、吟诗、弈棋。当然，骑士教育也含有宗教方面的教育。

随着社会的发展，在西方国家，一个独特的阶层——城市崛起，市民力量逐渐强大，社会中有了"城市的空气使人自由"的呼声。这直接导致在教会教育和骑士教育的同时，又产生了另外一种教育——中世纪大学教育。这也是中世纪留给后世的宝贵财产。早期，城市中的大学教育以拉丁语学校和写作、算学为主，随着社会经济的发展，逐步扩大到法学、医学、神学和人文学科等。这些大学有着自己的独立性，贯彻自治的原则，推行精英教育。当今世界上一些著名大学，如英国剑桥、牛津都是在当时产生的。这些大学的诞生带动了社会上文化的发展，也直接推动了文艺复兴和宗教改革，迎来了资本主义的诞生。同时，这些大学的诞生，还为思想政治教育提供了新的平台，结束了教会对文化的垄断。

（三）资本主义早期时代的西方思想政治教育

西方在经历了黑暗的千年中世纪后，经过文艺复兴和宗教改革，西方的思想政治教育迎来了一个新的时期。

受文艺复兴和宗教改革的影响，在反抗中世纪的基督教神学思想的斗争中，提倡对健康、积极、乐天的人的崇拜，逐渐形成人文主义的思想倾向。文艺复兴时期，一些人文主义思想家公开倡导把思想道德教育从宗教的束缚中解放出来。此后，随着一系列资产阶级革命与改革，资本主义制度确立，西方进入了近代发展时期。

在整个资本主义发展的历史时期，18世纪的启蒙运动对于西方国家的影响是至深的，比文艺复兴和宗教改革还要深刻、彻底，具体到思想政治教育领域，则是大力传播资产阶级的人权观，宣扬"天赋人权"，以契约论、自然法等向封建世俗和教会神学进攻。例如，法国，在启蒙运动的影响下，1789年爆发大革命，即著名的法国大革命，法国在军队中开展政治训练，发放宣传资产阶级思想的报刊，抵抗反法同盟的进攻，社会上组织政治俱乐部，宣扬反封建的"天赋人权"，学校里，积极向学生传授自由资本主义的政治道德观念，等等。

这个时期，西方国家诞生了诸如洛克、伏尔泰、卢梭、孟德斯鸠、康德等著名的思想家，他们的思想给西方思想政治教育提供了新的视角。例如，英国人洛克主张绅士教育，强调对儿童开展德智体教育，主张私有财产的神圣性以及国家不得干涉公民的私有财产等；法国人卢梭提出了契约论，即一个民主、平等的社会政治制度要以社会契约为基础建立民主共和国家。此外，还提出了人民主权思想，即一切权利属于人民，政府和官吏是人民委任的，人民有权委任他们，同样也有权撤换他们，如果政府统治者压迫人民，则人民可以直接推翻政府，等等；法国人伏尔泰主张人一生下来就应当是自由的，而且在法律面前人人平等，人享有自己的权利，那句"我不同意你说的每一个字，但我誓死捍卫你说话的权利"更是他的经典名句；法国人孟德斯鸠主张三权分立，影响至今，他的著作《论法的精神》则直接奠定了近代西方政治与法律理论发展的基础。

这些启蒙思想家们，有力地批判了封建专制制度和宗教神学，为资产阶级的发展做好了充分的准备，而且为资产阶级政权的建构提供了理论支撑。启蒙运动宣扬了资产阶级的思想体系，摆脱了思想上的枷锁和制度上的专制。有赖于摆脱宗教神学的束缚，西方的思想政治教育从服务于宗教转向世俗社会。

这就标志着西方思想政治教育世俗化的形成和确立，自此之后西方思想政治教育更加面向时代，实用性加强，为当代资本主义国家的思想政治教育工作打下了坚实的理论和实践基础。

（四）资本主义近现代时期的西方思想政治教育

19世纪下半叶至20世纪上半叶，是西方思想政治教育发展的重要时期。

自 19 世纪中叶开始，西方各国资本主义生产获得了惊人的进展，工业革命的迅速发展，一系列科技成果的应用，使工业生产突飞猛进。这一时期资本主义到处安家落户，并按照自己的面貌创造一个新的世界体系。在经济、政治、文化等方面都表现出了与以往社会不同的新特征。从 19 世纪下半叶到二战结束，西方资本主义社会经过百年的发展，其思想政治教育也随着社会的发展而呈现现代的特征和发展趋势。

这一个世纪是西方乃至整个世界翻天覆地变化的百年。在这段时期内，马克思主义诞生，并且迅速向欧洲以及欧洲以外传播，影响了整个世界；世界主要资本主义国家相继进入垄断帝国主义阶段；爆发了两次世界大战，数以亿万的人民卷入战争中；世界上诞生了第一个社会主义国家——苏联，在苏联的影响下，成立了大批社会主义国家，其中就有中华人民共和国。这一百年可以说是激荡起伏，变化和影响之大是之前所从未有过的。

这段时期，西方由于政治、经济发展的不平衡，所以彼此之间矛盾重重，各国思想政治教育无不充斥着狭隘的爱国主义、种族主义，等等。西方各国大力培养民族沙文主义和种族主义的爱国情感，鼓吹帝国主义的战争政策；强调公民对社会和国家的责任；宣扬本国现行经济政治制度的"优越性"，反对、诋毁社会主义，等等。所以，这时期西方国家的思想政治教育更多是出于国际竞争、掠夺方面的宣传教育，充斥民族狭隘主义成分。

但这些并没有掩饰这一时期出现的一些教育大师。这一时期，西方国家也产生了众多的思想家，如杜威、斯宾塞等人。美国的杜威是西方教育史上最有代表性的人物，他被美国人称为"美国人民的顾问、导师和良心"。杜威主张对国民进行道德教育，学校生活和各科教学要包含道德教育的内容，通过它们来进行"间接性的教育"，而不用设置专门的道德课程；同样，教师也不用发挥主导作用，而应该依靠学校这个整体来进行道德教育；学生接受道德教育的最好方式是去社会上实践，参加社会生活，而不是单纯待在学校里，等等。这些思想即为当前西方国家所采取的显性教育。

（五）当代西方思想政治教育

在第二次世界大战之后，世界进入美苏争霸的冷战格局之中，这时期思想政治教育愈发受到统治者的重视。

这个时期，由于国际格局演变，国内国际的政治斗争激烈，促进了西方国家对思想政治教育的重视。当前，西方国家的思想政治教育主要集中在爱国主义、公民教育、政治观、法治观、宗教和道德教育等方面。

爱国主义是西方国家所看重的，任何一个国家都会强调这一点。西方的爱国主义教育主要通过学校内的历史课等课程教学来灌输爱国主义。例如，美国，其历史虽然较短，但是美国人格外为自己的历史自豪，并以此作为维系整个国家和人民的纽带。美国各类学校一般都开设美国历史课程，通过历史教育来培养学生的爱国主义精神，树立民族自尊心和自信心。所以，历史教育就成为美国爱国主义教育的主战场。美国历史教育特别重视其成就史和奋斗史教育，让学生理解今日繁荣来之不易，是奋斗、流血的结果，这样不但培养了学生积极向上的奋斗精神，也使学生更加热爱自己的国家。当然，社会也是进行爱国主义教育的重要地点，美国在社会实践中，如参观、访问、纪念日活动等，来进行爱国主义的教育，使国民发自内心地爱自己的国家。

公民教育一直是西方国家的传统，西方一直将公民教育与国家政治统治相联系。西方公民教育的重点就在于通过政治社会化形成公民意识，也就是对自己国家产生的责任感。这种责任感使公民有权利表达各种观点，对国家、政府的施政发表看法，提出有建设性的观点，当然这些的前提是公民对自己的国家制度必须有着高度的认可感。例如，美国就把宪法和《独立宣言》作为最高经典，在国民中进行传播和灌输，竭力宣扬民主、自由、平等、博爱等资产阶级价值观，意图在于使美国人深信"美国的政治制度是最先进的""美国的政府是最好的政府""美国是世界上最成功、最强大的""美国是最伟大的国家"，等等。

政治教育，主要是以学校的课程为中介面向学生，学校之外的政治观教育主要通过大众传播媒介进行宣扬。通过政治观教育，国民对本国的政治制度、路线、施政方针等有着强烈的认同。值得一提的是现在西方国家政党所开展的思想政治教育。西方国家采取的是政党政治，各政党轮流上台，这也就决定了各国政党要对民众施以影响，继而取得选民的选票。政党的思想政治教育，基本都是国家价值理念的再现，如强化国家意识，进行爱国主义教育。美国前总统肯尼迪的一句"不要问国家能为你做什么,而要问你能为国家做什么"让美国人至今都不忘,成为一句经典语句。美国两党总统候选人竞选时,无不以爱国主义为主题进行宣传教育。同时,各党利用本党掌控的传媒资源,不遗余力地去影响公民的政治倾向、价值取向。在这个过程中,各党都在进行思想政治教育。

纵观西方思想政治教育的发展历程,可以发现,西方在其漫长的探索过程中,走出了自己特色的道路,无论是道德教育,还是公民教育,不管是学校教育,还是隐形教育,西方的思想政治教育都有很多值得我们借鉴的地方。他山之石,可以攻玉。对于中国来说,不能闭关自守、故步自封,要大胆借鉴和吸收西方国家那些成熟的做法。当然,在这个过程中,我们要保持清醒的头脑,不能盲目地全盘吸收,如西方国家思想政治教育中的一些极端个人主义、利己主义,等等。所以,我们要取其精华、弃其糟粕,把西方思想中的一些具体做法和特点与中国实际相结合,创造适合我国国情的、具有我们特色的思想政治教育方法。只有这样,我国的思想政治教育才能保持旺盛的生机和活力,更能提高有效性。

专题九　中国共产党思想政治教育研究

中国共产党是中国特色社会主义的领导核心，"党政军民学，东西南北中，党是领导一切的"。思想政治教育是中国共产党的政治优势和优良传统，在中国共产党百年的发展历程中，起着"生命线"的作用。中国共产党从诞生开始，就着手创建自己的思想政治工作体系。在这个体系中，思想政治教育是其基本内容和中心环节。中国共产党在领导中国人民进行革命、建设、改革的过程中，逐渐确立了一整套有中国特色的思想政治教育理论、方针、原则、内容、方法以及作风和制度，并形成了优良传统。近百年的实践证明，中国共产党的思想政治教育在中国革命、建设和改革事业中占有极其重要的地位，发挥着巨大的作用。历史是一面镜子，我们要从历史中总结思想政治教育成功的经验和失败的教训，并努力从中揭示思想政治教育的规律，使思想政治教育在中国特色社会主义新阶段不断得到发展和完善，为实现中国崛起的"中国梦"贡献自己的一分力量。

一、中国共产党思想政治教育的研究对象和基本内容

（一）中国共产党思想政治教育的研究对象

中国共产党思想政治教育有着自己的研究领域和对象。党的思想政治教育是把其实践和经验作为自己的研究领域和研究客体，探讨党在不同历史阶段如何加强中国共产党党员思想教育，提高党员思想觉悟；如何加强对人民群众的思想教育，走群众路线；如何加强对中间势力的教育，争取他们成为

统一战线的一分子；如何加强对敌军的思想政治教育工作，使其成为人民的一分子，等等。这些都是中国共产党思想政治教育的研究对象。

世界上各政党，无不重视思想政治工作和意识形态方面的教育，但就其鲜明性、坚定性和有效性等方面而言，中国共产党毋庸置疑是最为突出的。资产阶级国家的政党，虽然也重视思想教育和意识形态，但往往不敢公开承认这点，这也导致了这些政党没有中国共产党这样的影响力和领导力。而苏联和东欧国家的共产党和工人党，在思想指导方面搞多元化、"新思维"，忽视思想政治教育，从而导致苏联剧变，东欧解体。所以，只有中国共产党，以马克思主义为根本指导思想，立场坚定，态度鲜明，坚定地坚持思想政治教育，走出了中国特色社会主义道路，领导中国人民为实现"两个一百年"奋斗目标、实现中华民族伟大复兴的中国梦而努力奋斗。

中国共产党已经走过了百年的历程，作为执政党，也有了七十年的历史积淀。中国共产党不仅是世界第一大政党，也是最有影响力的政党。中国共产党领导中国人民取得了新民主主义革命的胜利，实现了民族独立，又领导中国人民进行社会主义现代化建设，走出了一条中国特色社会主义之路，在人类文明史的进程中留下了光辉的烙印。其间，中国共产党积累了丰富的经验和做法，思想政治教育无疑是重要的一方面。在中国共产党百年的历史中，思想政治教育始终是中国共产党的重点，伴随其始终。当然，在革命年代、建设阶段和改革时期，历史背景不同，社会条件不一，中国共产党的历史任务也不尽相同，所以这也决定了中国共产党的思想政治教育在每个时期、阶段，有着不同的特点。

所以，中国共产党思想政治教育的研究，要注意不同的历史背景和客观环境，要从历史现象入手，透过现象抓住本质，探讨不同历史时期中国共产党怎样进行思想政治教育，如何增强实效性、推动党的事业健康发展，促进社会的全面发展，哪些经验更能反映思想政治教育的客观规律，等等。

实践是检验真理的唯一标准。"殷鉴不远，在夏后之世。"研究中国共产党思想政治教育的实践，正是要把中国共产党在思想政治教育方面的基本经验加以系统总结，努力从中揭示思想政治教育的客观规律，帮助人们提高自觉性，减少盲目性，为当前的思政政治教育提供借鉴，把新形势下的思想政治教育工作做得更好，从而为实现"两个一百年"奋斗目标而努力。

（二）中国共产党思想政治教育的基本内容

中国共产党思想政治教育的研究内容，往往由根据学习、研究中国共产党思想政治教育的目的、任务以及思想政治教育本身的特点所决定的。一般说来，学习、研究中国共产党思想政治教育的任务，一是总结经验，吸取教训。对于中国共产党在思想政治教育中的经验、教训进行总结整理，从而有助于中国共产党今后工作的开展，也能提高民众对于思想政治教育重要性的科学认识，以便提高发挥党的这一政治优势中的自觉性；二是要通过中国共产党思想政治教育的研究，加深对思想政治教育地位作用、任务内容、方针原则、途径方法、领导管理等基本原理的理解，以促进对思想政治教育规律性认识的升华，从而对客观规律的认识达到理论与实践的统一；三是要通过对中国共产党思想政治教育的研究，加强思想政治教育优良传统的继承和发扬。中国共产党走过的历程已经充分证明，对于中国共产党思想政治教育正反两方面的历史经验必须予以继承和发扬，不能违背和抛弃。继承和发扬思想政治教育的优良传统，本身就意味着在加强的前提下改进，在继承的基础上创新，不断结合新的国内国际形势以及不同时期的任务与特点，使中国共产党的思想政治教育工作与时俱进，达到新的水平。

据此，党的思想政治教育史的主要研究内容如下。

第一，研究中国共产党组织和领导思想政治教育的活动，探讨不同历史时期中国共产党在思想政治教育指导思想方面的变化、发展以及思想政治教育所处地位、所起作用和价值实现的规律性。

第二，研究中国共产党的思想政治教育如何随着党的事业的发展不断扩大新的领域，如本党内部、人民群众的思想政治教育，乃至对敌对势力如日军战俘等群体的思想政治教育，从而相应地使思想政治教育的概念、范畴、理论体系等加以演变和丰富发展。

第三，研究中国共产党思想政治教育的目的任务、方针原则、途径方法的历史沿革以及形成发展、贯彻实施的客观规律性。

第四，研究中国共产党思想政治教育领导管理体制，包括机构设置、制度建设和干部队伍建设的历史经验及发展规律。

第五，总结、研究中国共产党思想政治教育的历史经验及在此基础上形成、发展起来的优良传统，总结历史经验，服务于现实。

（三）中国共产党思想政治教育的研究方法

中国共产党思想政治教育是思想政治教育专业中的一个重要研究内容。学习中国共产党的思想政治教育，首先，必须以史为线、以史为据，根据当时的历史去研究，做到客观真实，坚决杜绝以今天的情景来苛求前人。正如习近平总书记所指出的："对历史人物的评价，应该放在其所处时代和社会的历史条件下去分析，不能离开对历史条件、历史过程的全面认识和对历史规律的科学把握，不能忽略历史必然性和历史偶然性的关系。不能把历史顺境中的成功简单归功于个人，也不能把历史逆境中的挫折简单归咎于个人。不能用今天的时代条件、发展水平、认识水平去衡量和要求前人，不能苛求前人干出只有后人才能干出的业绩来。"做到实事求是，避免陷入历史虚无主义思潮的误区。

其次，紧扣主题，不能离开思想政治教育这条主线，从思想政治教育出发，围绕中国共产党所开展的思想政治进行学习。要充分挖掘和整理中国共产党历史中的思想政治教育史实和案例，再现党在思想政治教育工作领域中的历史真相，从而更有说服力。研究中国共产党的思想政治教育，离不开中国共产党的历史，尤其是在历史上的一些经验教训，这些活生生的事例是最好的素材。虽然这些丰富的史料和素材蕴藏在中共党史之中，但这并不等同于出版的党史著作就是现成的思想政治教育著作或是教材。所以，需要我们去做扎实的研究，从发掘和搜集原始文献资料入手。

再次，以客观史实为依据，进行科学的理论分析，一定要注意以原始文献为最基本的素材，同时要注意选取最为权威的刊物以及出版社。研究中国共产党的思想政治，必然离不开中国共产党的历史，由于中国共产党的历史地位以及其波澜壮阔的历史，所以这段历史深受民众喜爱，从而导致大量的相关文化作品问世，浩如烟海。这其中自然真伪难辨，甚至有一些给读者带来思想之混乱。所以，研究中国共产党的思想政治教育必须以原始文献为参考资料，如《建党以来重要文献选编》《中共中央文件选集》《三中全会以来重要文献选编》以及从十二大到十九大以来的重要文献选编，当然，诸如《毛泽东选集》《刘少奇选集》等等，更是必不可少的参考资料。与此同时，在研究中国共产党思想政治教育时，也要注意文献资料的出版单位，一般来说，像中央文献出版社、中共党史出版社、人民出版社等正式出版机构所出版的文献资料都是比较可信的。

最后，要做到理论与实践、理论学习与解决问题相统一，从而积极总结中国共产党在思想政治教育方面的经验、教训，为当前新阶段加强和改进思想政治教育提供借鉴。中国共产党从成立到今天，走过了一个世纪，在这个过程中积累了丰富的思想政治教育的经验，当然，由于历史条件和客观环境的限制，也走过一些弯路。这些经验、教训都为今天的思想政治教育，为今天的社会主义建设，提供了可资借鉴的宝贵财富。所以，学习中国共产党的思想政治教育，一定要把握历史的经验，以解决当前存在的问题为导向，增强学习的针对性和目的性，在理论学习中注意联系实际，做到继承、发扬。

二、中国共产党思想政治教育的发展历程

重视思想政治教育，是中国共产党能够取得新民主主义革命胜利、建成社会主义、迈向全面建设小康社会的思想纲领和政治优势。研究中国共产党百年历史中的思想政治教育工作及其历史、现实的经验，对于当前社会中的思想政治教育工作的开展有着积极的指导作用，也可以为推动党和国家建设提供强大的思想保证和理论基础，从而保障我国的高质量发展。

关于中国共产党思想政治教育的发展历程，学者们中间有着不同的观点，但基本上都同意分为三个大的历史时期：第一个历史时期，从中国共产党成立之初到中华人民共和国成立，即新民主主义革命时期；第二个历史时期，从中华人民共和国成立到改革开放；第三个历史时期，从改革开放至今。不同的历史时期，又可以分为不同的历史阶段。

（一）新民主主义革命时期中国共产党的思想政治教育

这一时期中国共产党的思想政治教育工作分为三个阶段，主要包括思想

政治教育的初步探索阶段、思想政治教育的建立阶段、思想政治教育的成熟和继续发展阶段。按照历史划分，相对应的是中国共产党创建于第一次国共合作阶段、土地革命阶段、抗战和解放战争阶段。

1. 思想政治教育的初步探索

1921年至1927年，这个时期是中国共产党思想政治教育的初步探索阶段。中国共产党成立后，一直到第一次国共合作分裂，这个阶段的中国共产党一直在探索思想政治教育。

早在成立前，中国共产党便在积极地宣传马克思主义。中国共产党积极创办进步刊物，组建社团，积极接触工农群众，传播马克思主义，并与当时的一些错误思潮论战，使更多的民众接受了马克思主义。

中共一大上，通过了《中国共产党第一个纲领》《中国共产党第一个决议》，初步确定了党的基本法规，申明了中国共产党思想政治教育的原则，明确规定了党对宣传工作的绝对领导，制定了一系列的计划和纪律，指出："一切书籍、日报、标语和传单的出版工作，均应受中央执行委员会或临时中央执行委员会的监督。每个地方组织均有权出版地方的通报、日报、周报、传单和通告。一切出版物，不论属于中央的或地方的，均应在党员的领导下出版。"同样，"任何出版物，无论是中央的或地方的，都不得刊登违背党的原则、政策和决议的文章。"① 这是党对宣传教育工作、新闻舆论提出的严格要求，即思想政治教育一定要遵守党的原则、宗旨和纲领，不能违背党的意志。

（1）中国共产党对工人阶级的思想政治教育

中国共产党积极与工人结合，传播马克思主义，发展党员力量。工人阶级早在五四运动中便发挥了主力军的作用，而且作为一支独立的政治力量登上了历史舞台。中国共产党在成立前，就在工人中间出版进步刊物，如《劳动界》《劳动音》《工人周刊》等，开办文化学校，启发他们的阶级觉悟，甚至发动工人，成立工会组织，从而对工人开展思想教育，揭露帝国主义、封建势力、资本家等阶层对工人们的剥削。

在中国共产党成立后，工人阶级也是思想政治教育的主要对象。1921年

---

① 中央档案馆：《中共中央文件选集（第1册）》，北京：中共中央党校出版社，1989年，6-7页。

8 月，中国共产党刚刚成立便在上海成立中国劳动组合书记部，之后又在几个大城市设置分部，作为党领导工人阶级运动的机关。在成立之初，党把发动、组织工人运动视作基本的任务，在工人中间积极传播马克思主义，进行思想政治教育。党通过中国劳动组合书记部，积极领导工人阶级进行罢工，掀起了第一次工人运动高潮。由于帝国主义和军阀实力的强大，加上幼年的中国共产党斗争经验不足，在京汉铁路大罢工失败后，第一次工人运动高潮结束，转入低潮。但在工人运动中，显示了中国工人阶级的力量，扩大了中国共产党在全国的影响。

第一次工人运动也教育了中国共产党，那就是没有强大的同盟军，没有自己的武装，单纯依靠工人阶级是很难战胜帝国主义、封建势力的，之后，中国共产党开始探寻一条新的斗争道路，一面宣传和发动广大农民，一面加快与国民党的合作，共同开展革命斗争。

国共合作后，为加强对工人阶级的领导，1925 年 5 月 1 日，中华全国总工会成立，林伟民、刘少奇为正副委员长，成为全国统一的工会领导机关。在中华全国总工会的领导下，中国共产党在各地工人群众中积极开展思想政治教育，加强对工人的具体指导，使工人运动蓬勃发展，甚至在 1926 年 10 月、1927 年 2 到 3 月间，上海工人举行三次武装起义，占领了上海。1927 年初，全国工会会员达到二百八十多万人。这些都凸显了中国共产党在工人阶级中开展思想政治教育的成效。

（2）中国共产党对农民的思想政治教育

中国共产党历来重视中国的农民问题。农民问题是 20 世纪中国革命和现代化进程中的根本问题。中国革命的胜利离不开农民的拥护和支持，毛泽东高度评价农民在中国革命中的地位："谁赢得了农民，谁就会赢得中国。"但毛泽东也指出"严重的问题是教育农民"。如何去教育农民，这就涉及革命的成功与否。

中国共产党成立之前，便已关注农民问题。1919 年 2 月 20 日到 23 日，李大钊在《晨报》上发表了名为《青年与农村》的文章，号召青年对农民进行关注和思考，李大钊认为"我们中国是一个农国，大多数的劳工阶级就是那些农民。他们若是不解放，就是我们国民全体不解放；他们的苦痛，就是我们国民全体的苦痛；他们的愚暗，就是我们国民全体的愚暗"，青年要"跑到乡下的农村里去，宣传人道主义、社会主义的道理。有时乘着他们休息的时间和他们谈话……和他们灯前话语，说出他们的苦痛，增进他们的知识"。① 在这篇文章中，体现出了中国共产党人对农民思想政治教育的重视，为后来共产党人开展农民思想政治教育，启发他们的觉悟，宣传动员农民起到了一定的作用。

1921 年 4 月，上海共产主义小组在《共产党》月刊发表《告中国的农民》，这也是中国共产党人最早论述农民问题的文献。这篇文章用马克思主义的观点科学地分析了中国农村的阶级状况，即土财主、中等农民、下级农民、穷光蛋等，也正确地评估了中国农民在革命中的地位，要取得革命的胜利，必须联合他们，但他们的思想觉悟不能再等待下去："我们与其听他自然地慢慢进化，不如用点人为的方法来促进他，使他们早有一天阶级自觉，早免一天痛苦。而要促进他们这种趋势，就是设法向他们宣传了。"这预示着中国共产党对农民问题的重视，也认识到了思想政治教育对宣传、发动群众的重要性。

中国共产党成立之后，将主要注意力放在了领导工人运动方面，但在某些地区，党组织仍然在开展农民运动，对农民的重视程度越来越高。1922 年 7 月中共二大，《中国共产党第二次全国代表大会宣言》肯定了农民潜在的革命力量，指出："中国三万万的农民，乃是革命运动中的最大要素……而且那大量的贫困农民能和工人握手革命，那是可以保证中国革命的成功。"② 1923 年 6 月，中共三大通过了《农民问题决议案》，这也是中国共产党成立后做出的第一个关于农民问题的决议。1925 年 1 月中共四大通过了《对于农民运动之议决案》，提出了工农联盟，也指出了中国共产党要领导农民反抗："由原始的、自然的农民反抗之可能而引之入自觉组织的经济和政治争斗，是中国共产党的责任。"中国共产党"宣传农民、组织农民的方法，自当从目前的实际问题入手"，要注意"在宣传上有时太使农民依赖国民党政府的势力，使农

---

① 中国李大钊研究会：《李大钊全集》第 2 卷，北京：人民出版社，2006 年，304 - 308 页。

② 中共中央文献研究室，中央档案馆：《建党以来重要文献选编（1921—1949）（第 1 册）》，北京：中央文献出版社，2011 年，131 页。

民不相信自己有力量"，"在农民运动中，我们须随时随地注意启发农民的阶级觉悟"，在具体活动中，"提出的口号须切合于当时当地农民所可行的需要，并需于行动之前，应有充分的宣传与预备"。①

在中央越来越重视农民运动，强调加强农民思想政治教育的同时，各地党组织纷纷举办农民运动讲习所，如广州农民运动讲习所、中央农民运动讲习所等等，培训农运骨干。同时组建农民协会，开展思想政治教育。这个时期，有沈玄庐建立的第一个农民运动组织——萧山县衙前村农民协会，也有规模最大、影响最广的彭湃领导的广东海陆丰农民运动。当然，最有代表性的是毛泽东领导的湖南农民运动。这一时期，毛泽东积极调查、研究，发表了一系列关于农民运动的考察报告，如《中国社会各阶级的分析》《国民革命与农民运动》《湖南农民运动考察报告》等，在《湖南农民运动考察报告》中，毛泽东直接指出对农民普及思想政治教育是农民运动的重大成绩，"政治宣传的普及乡村，全是共产党和农民协会的功绩。很简单的一些标语、图画和讲演，使得农民如同每个都进过一下子政治学校一样，收效非常之广而速"。② 这些都是早期，中国共产党对农民进行思想政治教育的探索和成绩。

（3）中国共产党对军队的思想政治教育

中国共产党对军队开展思想政治教育，发端于 1924 年国共合作建立的黄埔军校。中国共产党帮助孙中山在黄埔建立国民党陆军军官学校（即黄埔军校）后不久，便派周恩来担任军校政治部主任，开展思想政治教育。

黄埔军校重视政治教育，军事与政治并重，思想政治教育在军校内所占比重比较大。军校内开展的思想政治教育，既有马克思主义、社会主义方面的，也有三民主义方面的，包括中国革命史教育、中国社会概况、工农方面的教育。由于以周恩来为代表的中国共产党人在政治教育中的努力，军校的思想政治教育非常受学生欢迎，而且内容丰富，形式多样，效果非常明显。这就为以后中国共产党开办军事思想政治教育积累了经验。中国共产党人在军校内部秘密建立特别支部，成立中共黄埔党团，开展马克思主义教育，积

---

① 中共中央文献研究室，中央档案馆：《建党以来重要文献选编（1921—1949）（第 2 册）》，北京：中央文献出版社，2011 年，240 – 242 页。

② 《毛泽东选集（第 1 卷）》，北京：人民出版社，1991 年，35 页。

极吸纳优秀学员加入党组织，壮大党的队伍。

大革命期间的东征、北伐，中国共产党人成立了宣传队，所到之处，积极宣传，散发传单，教唱革命歌曲，向部队官兵和当地群众开展宣传教育。这对鼓舞士气、瓦解敌军起到了重要的作用。此外，在战斗中，共产党人以身作则，尤其是以共产党人为主的叶挺独立团，更是为所在的第四军赢得了"铁军"的赞誉，使军民对中国共产党的认可度越来越高。

这一时期中国共产党在黄埔军校和东征、北伐中的思想政治教育，为以后中国共产党在军校和军队中进行思想政治教育提供了宝贵的经验、教训。毛泽东后来与外国记者会谈时说："军队有一种新气象，官兵之间和军民之间大体上是团结的，奋勇向前的革命精神充满了军队。那时军队设立了党代表和政治部，这种制度是中国历史上没有的，靠了这种制度使军队一新其面目。一九二七年以后的红军以至今日的八路军，是继承了这种制度而加以发展的。"① 充分肯定了党对军队开展的思想政治教育。

2. 思想政治教育的建立阶段

这一个阶段，即土地革命阶段，这是中国共产党思想政治教育的建立阶段。大革命失败后，中国共产党创建了农村根据地和红军。这时期中国共产党的思想政治教育，继承了第一次国内革命战争时期的优良传统，总结了经验，吸取了教训，为中国共产党思想政治教育的成熟奠定了基础。

（1）中国共产党对红军队伍的思想政治教育

对军队开展思想政治教育，是这时期中国共产党思想政治教育的中心任务。1927 年 8 月 1 日，党领导了南昌起义，打响了武装反抗国民党的第一枪。之后，南昌起义队伍在朱德的率领下，进军赣南，鉴于队伍人心不稳，且有些官兵无视军纪，扰乱地方，所以朱德加强了军纪方面的教育，开展了"赣南四整"。经过加强思想政治教育，"队伍走向统一团结了，纪律加强了，战斗力也提高了"。② 这就为以后人民军队的思想政治建设提供了宝贵的经验。

同一时期，毛泽东在湘赣边界发动了秋收起义。之后，毛泽东率领队伍向罗霄山脉中段的井冈山进军。9 月 29 日，到达江西永新县三湾村时，毛泽

---

① 《毛泽东选集（第 2 卷）》，北京：人民出版社，1991 年，380 页。
② 《朱德选集》，北京：人民出版社，1983 年，395 页。

东对队伍进行了整顿，即三湾改编。这次改编在整个中国人民解放军历史上都有着显赫的地位。三湾改编整顿了组织，也进行了思想整顿。毛泽东采取了大会宣讲、小会讨论、个别谈话等方式，提高了军队的思想认识。这次改编，层层设立党的组织，将"支部建在连上"，确立了党对军队的绝对领导。也是在这次改编中，确立了新型的官兵关系，破除了旧军队的军阀作风，开创了军队内部的民主制度，在政治和组织上奠定了人民军队的基础。后来罗荣桓指出，如果没有毛泽东在三湾改编，那么"这支部队便不会有政治灵魂，不会有明确的行动纲领。旧式军队的习气，农民的自由散漫作风，都不可能得到改造。其结果即使不被强大的敌人消灭，也只能变成流寇"。①

三湾改编后，毛泽东率领工农革命军走上井冈山，创建了中国第一个农村革命根据地。在这个过程中，中国共产党一直坚持对军队进行思想政治教育，例如著名的"三大纪律，八项注意"就是在这个时期开始确立的。1929年，在福建上杭县古田村，召开了中国共产党红四军第九次代表大会，通过了毛泽东起草的《中国共产党红军第四军第九次代表大会决议案》（即《古田会议决议》）。《古田会议决议》包含党的组织问题、党内教育问题、军事系统与政治系统关系问题等部分，系统总结了红军创建以来军队建设的经验，确立了中国共产党领导下的人民军队建设的根本原则，是党和红军建设的纲领性文献，为中国共产党领导人民军队的政治工作奠定了基础。这份决议是人民军队建设史上的一个里程碑，是党在军队中进行思想政治教育的纲领性文件，从理论和实践上奠定了今后人民军队思想政治工作的基础，真正做到了"思想上建党"，清除了军队中的非无产阶级思想。

随着红军队伍的逐步扩大，1931年2月15日中共中央军事委员会总政治部正式成立，毛泽东为主任，负责全军思想政治工作，逐步形成了自上而下的全军组织严密的政治工作系统。

为总结红军思想政治工作的经验、教训，1934年2月在江西瑞金召开了红军全国政治工作会议。总政治部主任王稼祥在开幕词中说，政治工作是我们红军的生命线，是提高红军战斗力的原动力。朱德也提道，没有政治工作，没有党和无产阶级的领导，是不会产生红军的，政治工作是红军的生命线。

---

① 《罗荣桓军事文选》，北京：解放军出版社，1997年，562页。

这一原则的确立，对进一步加强和改进红军思想政治教育发挥政治工作的优势，为粉碎国民党的"围剿"、赢得长征的胜利奠定了基础。

这一时期，由于与国民党军队作战，俘获了一些国民党俘虏，中国共产党开始了瓦解敌军的工作。中国共产党积极开展敌军工作，对敌宣传教育，争取俘虏之敌军参加红军。红军到达陕北后对国民党西北军、东北军发动思想宣传教育，推进统战工作。最终在陕北地区形成了红军、西北军、东北军三位一体团结抗日的局面。之后，更是迎来了第二次国共合作抗日，中国共产党的思想政治教育进入了一个新的阶段。

（2）中国共产党对农民群众的思想政治教育

这一阶段，中国共产党及时总结经验和教训，在农民问题、农民运动和农民思想政治教育上有了更深刻的认识。

中国共产党围绕农村革命根据地建设、土地革命和反"围剿"斗争，积极开展思想政治教育。土地革命战争时期，中国共产党加强了对农民工作的领导权，自觉地向农民宣传党的政治理想、纲领、政策和任务，对他们进行马克思列宁主义和共产主义思想教育，提高他们的阶级意识和政治觉悟，扩大了党在农民群众中的政治影响。

土地革命战争时期，农民是主力军，是人民军队的主要来源，要发动农民支持革命，必须首先解决他们的土地问题。中国共产党在这个阶段，积极领导农民打土豪、分田地，宣传土地革命的思想，动员农民群众没收地主土地，建立农民武装，开展农村革命根据地的建设。在反"围剿"作战中，中国共产党要赢得胜利，必须获得农民的支持。中国共产党广泛深入群众，开展思想宣传教育，积极动员和组织群众支前参战。

在长征过程中，中国共产党组建宣传队，积极开展思想宣传教育，赢得群众的支持。宣传队积极宣传人民军队的建军思想，使农民群众知晓红军的宗旨、性质和任务。此外，中国共产党及其领导的红军队伍以身作则，对自身有着严格的要求，制定了严明的纪律，从而在农民中树立了良好的形象，得到了群众的信任和爱戴，如著名的"三大纪律，八项注意"中的"不拿群众一针一线""谈话和气""雇农要给钱""洗澡避女人"等规定，极易得到农民群众的认可，拉近红军与农民之间的距离。

（3）党内思想政治教育

在这个阶段，中华民族面临着越来越深重的民族危机。中日两国的民族矛盾逐渐成为当时的最主要矛盾。在这种情况下，中国共产党加强了党内教育，用抗日民族统一战线来克服关门主义的倾向。

1935年底，中共中央瓦窑堡会议上，通过了《关于目前政治形势与党的任务决议》，分析了政治形势和阶级关系的新变化，指出当时党内存在着的关门主义思想，对此党内要加强思想政治教育，制定抗日民族统一战线政策，从而克服这种错误思想。紧接着毛泽东作了《论反对日本帝国主义的策略》的报告，指出了统一战线的必要性和紧迫性，并强调中国共产党要在统一战线中起到领导作用和决定意义，批评了党内的关门主义。

为统一全党思想，加紧建立抗日民族统一战线，中国共产党加强了在党内的思想政治教育，既反对"左"的关门主义，也批判右的倾向。经过细致的思想政治教育，全党统一了思想，接受了抗日民族统一战线，很好地解决了西安事变，迎来了第二次国共合作。

3. 思想政治教育的成熟和发展阶段

这个阶段，即全面抗战和解放战争阶段。在抗日战争时期，救亡图存是第一位的。中国共产党围绕着这一中心任务，对党员干部、群众、人民军队以及国内其他阶层开展思想政治教育，并取得了突出成就，组成、巩固了抗日民族统一战线，也积累了丰富的经验。

在解放战争时期，中国共产党领导中国人民取得了新民主主义革命和人民革命战争的胜利。在取得抗战胜利后，中国社会的主要矛盾已经转变成以中国共产党为代表的中国人民和以国民党蒋介石集团为代表的大地主、大资产阶级之间的矛盾。这时期的中国共产党，无论是在军队中开展思想政治教育，教育农民，加强党建，还是在瓦解敌军，争取其他民主势力等方面，都取得了很大的成绩，也标志着中国共产党思想政治教育的成熟。

（1）组建抗日民族统一战线，发动全民抗战

要打败日本帝国主义，必须发动最广大的人民群众参与到抗战中来。在"七七事变"后第二天，中国共产党向全国发出通电，号召全国人民、军队和政府团结起来，筑成民族统一战线的坚固长城。之后，中国共产党在军队、

工人、农民以及社会各界、各阶层中，积极开展统一战线宣传教育。

中国共产党在基层组建了各种群众团体，农村到处建立和组织起各类抗日救国群众团体，青壮年男子参加抗日自卫队，青壮年妇女参加妇女抗日救国会（简称"妇救会"），少年儿童则组织了儿童团，还有农民抗日救国会（简称"农救会"）、青年抗日救国会（有的地方命名为"青年抗日先锋队"，简称"青抗先"）。这些群众团体积极地参与到抗日救国运动中，捉拿敌奸、为八路军送情报、抬担架、掩护伤员等，少年儿童则站岗放哨，盘查可疑人员，妇女群众积极做军衣、军鞋，碾米，磨面，真是人尽其才，物尽其用。如妇救会按照党的要求，进行宣传教育和布置工作。她们利用亲戚朋友等各种社会关系进行宣传和教育工作，当然更是深入自己家庭给自己的家人做思想工作，鼓励自己的亲人，尤其是丈夫积极参军。对这些群众团体开展思想政治教育，使他们积极配合中国共产党开展的减租减息、增加工资、合理负担、优待军属等等活动，呈现抗日救国的新高潮。也正是通过组建这些群众团体，中国共产党成功地发动了群众，让群众认识、了解了党组织，从而坚定地支持、拥护中国共产党。

旧中国的农民，受教育程度普遍不高，甚至绝大多数都是文盲或半文盲。党员干部采取了多种方式给他们开展思想教育，如利用文艺活动、报刊宣讲，等等。各级党组织通过组织宣传工作队，利用文艺形式来进行思想教育，宣传抗日道理和党的主张。宣传队走到哪唱到哪，激发了群众的爱国热忱，也使群众接受了许多革命道理。

中国共产党积极开展学校教育，既有学龄儿童的教育，也有针对社会群体扫盲的成人教育，如冬学等形式。通过这些学校教育，向民众开展思想教育，灌输抗日内容，也有助于抵消日寇的伪化教育。

（2）开展对敌工作，瓦解敌军及敌组织

中国共产党在抗战时期还有一个创举，那就是对敌伪基层政权保甲长开展思想教育，使其为我服务。当敌伪力量强大时，共产党采取了灵活的对敌斗争方式，其中对敌伪保甲长采取打拉的方式，既有严厉的惩罚，也有思想方面的教育，使他们不敢死心塌地为敌伪服务，而变成表明为敌伪服务，但暗地里为共产党服务的白皮红心两面派，敌伪的保甲基层政权，也就变成了

"两面政权"。

除了敌伪保甲政权，伪军及其家属也是党组织开展思想政治教育的对象。各地党组织召开伪军家属座谈会，要求伪军家属利用各种形式动员参加伪军的亲人改邪归正，弃暗投明，当时管这种形式为"叫子索夫"活动。除了家属，也开展对伪军的思想教育。尤其是一些节假日，开展政治攻心，瓦解伪军。

除伪军、伪组织外，日军战俘也是中国共产党开展思想政治教育的重点目标。日军士兵一般训练精良，受过武士道和为日本天皇尽忠等方面内容的洗脑教育，所以在战场上比较顽固，成为战俘的日军数目也比较少。中国共产党高度重视对日军俘虏的处置工作，制定了一系列规章制度，如《对日军俘虏政策问题》《关于对日俘的政策的命令》《关于日本俘虏优待办法的规定》，等等。发展了新的方式方法，如在部队和各级政府部门中设置各级敌军工作部门，形成了较为系统的、以"瓦解敌军，宽待俘虏"为基本原则的俘虏工作机制。

中国共产党还建立了专门学校，如创办延安日本工农学校开展思想政治教育，进而改造俘虏，并取得了良好成效。

日军俘虏中的进步分子，在中国共产党的思想教育和帮助支持下，思想有了很大的改变，认识到了侵华战争的非正义性，开始纷纷建立起各种反战组织，如在华日人反战同盟等，他们积极开展对日宣传教育，揭露日本帝国主义的欺骗性宣传，成为中国共产党反对日本帝国主义侵略、开展瓦解敌军工作的有力助手。这也是中国共产党的一大创举。

之后在解放战争中，中国共产党的战俘政策更是炉火纯青。解放战争中，人民解放军开展了大规模的改造解放战士的活动。这些解放战士，就是战场上俘虏的国民党士兵。1946年底，全军开展"王克勤运动"，此举是将俘虏过来的解放战士按一定比例与老战士、新入伍战士编为一个小组，开展思想、技术、生活方面的三大互帮互助，及时转变解放战士的思想观念，从而使其坚定地站在人民解放军一边。之后，中国共产党又在部队里开展"诉苦三查"、诉苦追根等运动，成功地教育和改造了解放战士，壮大了解放军的军事力量。

（3）对党内开展的思想政治教育

中国共产党一直重视对党内党员的思想政治教育，尤其是在抗战初期国际国内情况极其复杂的背景下。

全面抗战初期，王明从苏联回国，宣扬"一切经过统一战线""一切服从统一战线"等右倾错误观点，王明以共产国际代表自居，严重影响了党的全面抗战路线，造成了很多党员干部的思想混乱。对此，毛泽东发表了《论新阶段》《统一战线中的独立自主问题》等多篇文章，批判王明的错误思想。为统一全党思想，中国共产党召开了六届六中全会，确立了毛泽东在全党的领导地位，首次提出了"马克思主义中国化"的概念。在全会上，号召全体党员干部学会灵活地把马克思列宁主义及国际经验，应用到中国每一个实际斗争中来。这充分表明，中国共产党对于马克思主义的理解和把握，已经克服并超越了狭隘的经验性认识，成熟并升华为指导中国革命的最基本的原则，也标志着中国共产党思想政治教育的巨大进步，由此中国共产党思想政治教育慢慢走向成熟。

伴随着抗战的进行，党员干部的需求也相应增加，中国共产党对党员干部的教育也进一步加强。中国共产党建立了抗日军政大学、陕北公学以及各地的军政干校，目的在于培养干部。在培养过程中，思想政治教育是很重要的一个领域。《论共产党员的修养》就是刘少奇在延安马列学院所作的公开演讲。这是一篇闪耀着马克思主义理论光芒的著名文献，是中国共产党思想理论建设史上的重要文献，也是对党员干部开展思想政治教育的重要理论文献。经过思想政治教育的这些党员干部，理论水平和思想政治觉悟都比较高，成为懂军事、懂政治，会做群众工作的优秀指挥员。

在抗战中，为彻底清除各种错误对党员干部的侵袭，1942年2月毛泽东作了《整顿学风党风文风》和《反对党八股》的报告，以"惩前毖后、治病救人"的方针，在全党内部开展了一场整风运动。这次整风运动是全党范围内的一次马克思主义的思想教育运动，提高了全党的思想理论水平，也为今后党的思想政治教育提供了丰富的经验。

（4）思想政治教育理论的成熟

在抗战和解放战争阶段，中国共产党的思想政治教育理论逐步发展成熟，形成自己的体系。全面抗战爆发前后，毛泽东发表了《实践论》和《矛盾论》，从哲学上总结了思想政治教育的经验，奠定了中国共产党的思想政治教育工作理论的哲学基础。

这一时期，中国共产党领导的人民军队的政治工作三大基本原则也确立下来。1937年10月25日，毛泽东在会见英国记者贝特兰的谈话中，提出了官兵一致、军民一致以及瓦解敌军和宽待俘虏的三大原则。1938年初，周恩来在《抗战军队的政治工作》中提出，要建立一支高素质的思想政治教育队伍。随后中央军委批准颁发《国民革命军第18集团军政治工作暂行条例（草案）》，强调了政治工作人员的素质和地位以及政治委员在军事、行政活动中的最后决定权。1944年4月11日谭政作了《关于军队政治工作问题》的报告，系统总结了人民军队自创立以来的思想政治工作经验，这也是中国共产党军队思想政治教育理论成熟的标志。

1945年4月23日至6月11日的中共七大，选举产生了以毛泽东为核心的党的中央领导集体，确立了毛泽东思想为党的指导思想，奠定了思想政治教育的理论基础，明确了思想政治教育的指导思想和重要内容，为今后思想政治教育指明了方向和道路。

在解放战争中，中国共产党领导中国人民打败了国民党反动派。在即将迎来全面胜利的时刻，1949年3月召开了七届二中全会，教育全党上下不忘优良传统作风，在新的形势下，坚决抵御资产阶级的"糖衣炮弹"，做到"两个务必"——务必使同志们继续地保持谦虚、谨慎、不骄、不躁的作风，务必使同志们继续地保持艰苦奋斗的作风。这也为即将登上执政党舞台的中国共产党上了一堂生动的思想政治教育课。

（二）中华人民共和国成立到改革开放时期的思想政治教育

中华人民共和国成立后，思想政治教育继承了新民主主义革命时期的优良传统，进一步服务于中华人民共和国的社会建设。这一时期的思想政治教育，大致分为两个时期：中华人民共和国成立初期以及社会主义建设时期。

1. 中华人民共和国成立初期的思想政治教育

这一时期，中国共产党的思想政治教育，不仅仅围绕着传统的党员干部、军队以及农民群众等展开，而是遍及社会各个领域，服务于巩固新政权和恢复国民经济，完成社会主义改造，建立社会主义制度。

这一时期的土改、镇压反革命和抗美援朝以及"三反""五反"运动中，党中央积极开展思想政治教育，教育了广大干部群众，使他们增强了抵抗资产阶级腐朽思想进攻的能力。中华人民共和国成立后，中国共产党相继在政府和社会中建立了各级组织，以此为依托，将党的路线、方针、政策贯彻到实践中，以实现党的领导。党的各级宣传部门则作为党委领导宣传思想战线的职能部门和工作机关，负责思想政治教育。以1951年5月召开的第一次全国宣传工作会议为代表，第一次提出了"思想政治工作"这一概念，奠定了中华人民共和国宣传思想政治教育的基本格局。

1955年3月，中共中央颁发了《关于宣传唯物主义思想批判资产阶级唯心主义思想的指示》（以下简称《指示》）。《指示》确立了马克思主义思想在我国整个学术界的领导地位以及宣传思想教育。《指示》明确要求各级党委要把思想领导当作自己领导的主要职责，充分利用舆论宣传开展思想政治教育。《指示》中明确提出："党在思想工作中最根本的任务，就是宣传唯物主义思想，反对唯心主义思想，使党的干部……提高自己的理论水平和政治觉悟，便于在实际工作中学会运用马克思列宁主义这个思想武器，改进党和国家的工作，同时使广大人民群众脱离资产阶级思想的影响……形成以马克思列宁主义为基础的政治上和思想上的一致。"[1] 随后，毛泽东在《〈中国农村的社会主义高潮〉按语选》中提出："政治工作是一切经济工作的生命线。"[2] 突出强调了思想政治教育的重要性，为今后思想政治教育的推进奠定了基础。

2. 社会主义建设时期的思想政治教育

1956年中国共产党第八次全国代表大会召开，标志着社会主义制度的基本确立，开始了社会主义建设时期。

在党的八大上，强调了作为执政党，加强思想建设和思想政治教育的极端重要性，也指出党员干部要加强思想政治理论学习，坚持群众路线，开展

---

① 中共中央文献研究室：《建国以来重要文献选编（第6册）》，北京：中央文献出版社，1993年，64页。
② 《毛泽东文集（第6卷）》，北京：人民出版社，1999年，449页。

批评与自我批评，反对官僚主义和宗派主义。这是中国共产党思想政治教育的一次跨越发展。八大上明确指出我国社会主要矛盾的变化，实际上也揭示了社会主义建设时期思想政治教育的基本任务，就是保证党在社会主义建设时期各项任务和工作能够顺利完成。这就为新时期中国共产党的思想政治教育指明了发展方向。

就在中国顺利进行社会主义建设的同时，国际上风云变幻，尤其是苏共二十大赫鲁晓夫秘密报告以及波兰、匈牙利事件，都给中国带来了一定的冲击。在当时的情况下，如何正确处理各种矛盾，成为新时期中国共产党思想政治教育所面临的重大理论和实践问题。

1957年2月，毛泽东作了《关于正确处理人民内部矛盾的问题》的报告，运用唯物辩证法关于矛盾对立统一的观点，全面分析了社会的基本矛盾，指出国内存在着敌我矛盾和人民内部矛盾，对于不同的矛盾要采取不同的方法去解决，对于人民内部矛盾，要采用"团结—批评—团结"的方针和说服教育、积极引导的方法，启发人们自觉地接受正确思想，使犯错的人意识到自己的错误，改掉错误思想，从而达到思想政治教育的目的，等等。

《关于正确处理人民内部矛盾的问题》全面系统地论述了在社会主义建设时期的思想政治教育总方针和基本原则，奠定了这一时期的思想政治教育理论基础，对于指导中国共产党的思想政治教育，正确处理各种矛盾，具有重要的历史意义和现实价值。

在此后的过程中，中国共产党逐步完善了思想政治教育的管理体制和运行机制，为社会各界思想政治教育工作建章立制，在制度化和规范化方面进行了初步的探索，这些都在历史上留下了浓厚的一笔。但由于在当时国内国际环境的影响下，思想政治教育理论和实践的积极探索被一些政治事件所阻挠，走上了"以阶级斗争为纲"的错误路线，尤其是十年"文化大革命"，更是让党、国家和人民遭受到中华人民共和国成立以来最严重的挫折和损失，使得中国共产党思想政治教育在指导思想、体制机制、方针政策以及实际做法等方面都出现了严重的错误，教训惨痛、深刻。

（三）从改革开放至今的思想政治教育

十年"文化大革命"结束后，经过两年的徘徊，1978年12月党的十一届三中全会的召开，标志着我国社会主义事业进入了新的历史时期。这也预示着中国共产党的思想政治教育在理论和实践上迎来了一个新的发展时机。

"文化大革命"结束后，思想政治教育面临的最主要问题便是思想上的拨乱反正，彻底纠正党在指导思想上的"左"倾错误以及"两个凡是"等的束缚，摆脱教条主义、个人崇拜的禁锢，重新恢复和确立了实事求是的思想路线。

自 1978 年 3 月 26 日《人民日报》发表《标准只有一个》一文后，围绕着真理标准问题，国内思想界展开了热烈讨论。这有助于打破教条主义和个人崇拜的桎梏，冲破"两个凡是"的禁区。

邓小平在 1978 年 12 月 13 日的中共中央工作会议闭幕会上做了《解放思想，实事求是，团结一致向前看》的讲话，突出强调了解放思想、实事求是的重要意义，明确了党的任务和前进方向。紧接着在党的十一届三中全会上，确立了以经济建设为中心，全面纠正"左"倾错误思想，坚决批判"两个凡是"的错误方针，重新确立了实事求是、解放思想的路线。这就为中国共产党思想政治教育工作确立了新的任务。

在新的历史时期，为了理顺全党乃至全社会的思想，邓小平做了《坚持四项基本原则》的报告，中国共产党第十一届中央委员会第五次全体会议讨论通过了《关于党内政治生活的若干准则》，为思想政治教育真正走向正规化、制度化奠定了基础。

随着拨乱反正和改革开放的全面展开，党中央又提出了"社会主义精神文明建设"的要求。1979 年 9 月 29 日叶剑英最早提出后，党中央对精神文明建设越发重视：1982 年党的十二大上，对精神文明做了系统的总结，将其提升到战略高度，确定了党在这个问题上的基本观点和方针；1986 年 9 月党的十二届六中全会通过了《中共中央关于社会主义精神文明建设指导方针的决议》，进一步明确了精神文明建设的战略地位和方针、政策；1992 年邓小平南方讲话，再次强调物质文明和精神文明"两手抓""两手都要硬"；1996 年 10 月党的十四届六中全会通过了《中共中央关于加强社会主义精神文明建设的若干重要问题的决议》，这是社会主义精神文明建设的又一个纲领性文件。社会主义精神文明建设也贯穿中国共产党的思想政治教育，为其提供了理论指导。我们国家的精神文明建设，就是以经济建设为中心，坚持四项基本原则和坚持改革开放，既有物质的发展，又有精神的极大满足。这也是中国共产党思想政治教育的发展方向。

之后，社会各界，无论是职工、农民、军队，还是学校的思想政治教育，都在有条不紊地进行，这个时期思想政治教育学科建设也取得了很大的成绩。

在党的十一届三中全会之后，邓小平的各种讲话、报告与会议决议，对中国的社会主义建设起了积极的推动作用，逐步形成了以邓小平为主要创立者、以建设有中国特色社会主义为主题的理论。1997年9月党的十五大上，明确提出和使用了邓小平理论的科学概念，进一步阐明了邓小平理论是马克思主义在中国发展的新阶段，并且把邓小平理论确立为党的指导思想，明确写进了党章。这标志着邓小平理论的正式确立和命名，也使中国共产党的思想政治教育有了新的理论指导。

党的十三届四中全会确立了以江泽民同志为核心的新的中央领导集体，重申了全面坚持十一届三中全会以来党的路线、方针、政策，把加强思想政治教育工作作为重要工作之一。1992年10月召开的中共十四大明确提出，我国经济体制改革的目标是建立社会主义市场经济体制。中国共产党的思想政治教育也就围绕着这个目标展开工作。

这一时期，领导干部的思想政治教育建设是一个重点内容。1995年11月8日江泽民指出，要对领导干部进行教育，强调讲学习、讲政治、讲正气（即"三讲"教育）。1998年11月21日"三讲"教育正式开始，到2000年12月16日"三讲"教育总结会议在北京召开结束，历时两年多的时间，有力地对党员干部开展了系统的思想政治教育，使党员干部形成了良好的思想、工作、生活作风，提高了干部的思想政治觉悟，促进了国家的各项建设。

在进行"三讲"教育的同时，以江泽民同志为代表的中国共产党人，在2000年2月又提出了"三个代表"重要思想——中国共产党要始终代表中国先进生产力的发展要求，代表中国先进文化的前进方向，代表中国最广大人民的根本利益。2002年党的十六大上，将"三个代表"重要思想确立为党的指导思想，提出学习贯彻"三个代表"重要思想的根本要求和工作部署。

正如江泽民指出的那样，愈是深化改革、扩大开放，发展社会主义市场经济，就愈要加强和改进全党和全社会的思想政治教育。这一时期的思想政治教育工作，在促进改革、发展、稳定方面发挥着重要作用。

在党的十六大上，提出了全面建设小康社会的目标。党提出了构建社会主义和谐社会的历史任务，通过《中共中央关于构建社会主义和谐社会若干重大问题的决定》，全面部署建设一个"民主法治、公平正义、诚信友爱、充满活力、安定有序、人与自然和谐相处"的社会主义和谐社会。党的思想政治教育也就围绕着构建和谐社会开展。

2007年党的十七大对科学发展观的基本内涵和科学体系作了全面的概括，写入了党章。2008年9月起，全党开始深入学习实践科学发展观活动。科学发展观是同马列主义、毛泽东思想、邓小平理论和"三个代表"重要思想一脉相承的科学理论。发展是第一要义，核心是以人为本，基本要求是做到全面协调可持续发展，根本方法是统筹兼顾。科学发展观要求思想政治教育达到教育人全面发展的终极目标，在这个过程中，思想政治教育要以人为本。科学发展观的确立，对于思想政治教育具有巨大的指导意义。思想政治教育就要以科学发展观为指导思想，坚持以人为本，体现中国共产党全心全意为人民服务的根本宗旨，尊重人民的主体地位，为人的全面发展服务，从而切实提高思想政治教育的针对性和有效性。

2012年党的十八大上，科学发展观同马列主义、毛泽东思想、邓小平理论和"三个代表"重要思想一起，列入党长期坚持的指导思想。科学发展观指导地位的确立，有力地推动了思想政治教育的纵深发展。

十八大以来，中国共产党的思想政治教育在实现中华民族伟大复兴的道路上开创了新的局面。习近平总书记提出了中华民族伟大复兴的中国梦，发表了一系列重要讲话，之后在党的十八届三中、四中、五中全会以及党的群众路线教育实践活动中，逐渐形成了"四个全面"战略布局——即全面建成小康社会、全面深化改革、全面依法治国、全面从严治党。这不仅是党的新一届中央领导集体治国理政的全新战略布局，也是新起点新阶段指导全党和全国人民正确认识世情、国情、党情的战略思想，是党的思想政治教育的首要任务和重要内容。

十八大以来，中共中央高度重视培育和践行社会主义核心价值观。社会主义核心价值观是社会主义核心价值体系的内核，体现了其根本性质和基本特征，反映了其丰富内涵和实践要求，是核心价值体系的高度凝练和集中表达。党中央高度重视社会主义核心价值观建设，深化社会主义核心价值观学习教育实践，努力使其内化于心、外化于行，从而推动全民族践行社会主义核心价值观，共圆中国梦。

党中央高度重视意识形态建设，积极加强和改进新形势下高校思想宣传工作，推进高校思想政治理论课建设体系，重视、创新网络思想政治教育，开展党的群众路线教育实践活动，改进工作作风，密切联系群众，推出"八项规定"，要求党员干部践行"三严三实"，以加强党员干部的廉政建设等。

党中央十分重视对人民军队的思想政治教育，在 2014 年 10 月召开了古田全军政治工作会议上，习近平总书记强调了革命的政治工作是革命军队的生命线，剖析了军队内部的一些问题，指出必须在军队内部加强思想政治教育，等等。

2017 年 10 月党的十九大上，习近平总书记向世界郑重宣示："中国特色社会主义进入了新时代，这是我国发展新的历史方位。""新时代中国特色社会主义思想"出现在党的十九大报告中，2017 年 10 月 24 日，中国共产党第十九次全国代表大会通过了关于《中国共产党章程（修正案）》的决议，习近平新时代中国特色社会主义思想被写入党章，2018 年 3 月 11 日，第十三届全国人民代表大会第一次会议通过《中华人民共和国宪法修正案》，习近平新时代中国特色社会主义思想被写入《中华人民共和国宪法》。习近平新时代中国特色社会主义思想是对马列主义、毛泽东思想、邓小平理论、"三个代表"重要思想、科学发展观的继承和发展，是马克思主义中国化最新成果，是党和人民实践经验和集体智慧的结晶，是中国特色社会主义理论体系的重要组成部分，是全党全国人民为实现中华民族伟大复兴而奋斗的行动指南，必须长期坚持并不断发展。习近平新时代中国特色社会主义思想进一步丰富和深化了中国共产党的思想政治教育，开拓了它的研究领域和视野，也标志着中国共产党的思想政治教育进入了一个崭新的篇章。

三、中国共产党思想政治教育的研究状况

中国共产党的思想政治教育，既有中共党史学科方面的内容，又有思想

政治教育学科方面的内容。这就决定了该方面的理论研究是建构在中共党史和思想政治教育学科建设的基础之上的。

虽然思想政治教育是中国共产党取得新民主主义革命胜利、建成社会主义的优良传统和政治优势，对于党的思想政治教育进行系统的、理论的学习，却是在改革开放之后。

在改革开放之前，中国共产党在对党员、群众等群体开展思想政治教育的同时，也十分注意对这种教育进行科学研究，逐步形成了思想政治教育的理论知识体系，尽管在理论形态上，还没有完全成为一门独立的学科。党的十一届三中全会以后，党中央强调要在新的历史条件和客观环境下，加强对思想政治教育及其理论的研究，其中就包括中国共产党的思想政治教育研究。经过四十年的探索和理论研究，中国共产党的思想政治教育理论研究有了长足的发展。

关于中国共产党的思想政治教育理论上的研究，大概可以分为三个阶段：第一个阶段，从改革开放之初到20世纪80年代末；第二个阶段，从20世纪80年代末到20世纪90年代中后期；第三个阶段，从20世纪90年代中后期至今。

（一）中国共产党思想政治教育研究的起步

第一个阶段，也是初步探索阶段，自改革开放之初到20世纪80年代末。党的十一届三中全会之后，我国进入了社会主义现代化建设的新阶段，出现了很多新的问题和情况，时代主题也发生了变化。面对这种情况，为使中国共产党的思想政治教育适应新时代的要求，就必须对该方面内容进行深入研究。在改革开放之后，中共党史学科的研究重新焕发生机，出现了科学、系统、理论的研究，端正了思想路线，推翻了一些不公正的历史结论。这个时期，无论是思想政治教育，还是中共党史学，都采用实事求是和唯物主义史观的科学态度来冲破外部政治束缚，重新审视中国共产党的历史，尽可能恢复原貌。

将思想政治教育作为一门科学，首先体现在了军事领域。在1978年全军政治工作会议上，叶剑英作了"政治工作是我军生命线"专题讲话，对政治工作的地位作了进一步阐述。叶剑英充分肯定了人民解放军在中国共产党和毛泽东领导下创立和发展政治工作的光辉业绩，同时提出："毛主席关于革命军队政治工作的学说，是无产阶级军事科学的一个重要组成部分"，而且"是马克思主义军事学说的重大发展"。在叶剑英讲话的基础上，1980年，总政治部明确提出"政治工作是一门科学"的命题。从1982年开始，我军政工研究部门把军队政治工作基本理论研究作为一项重要的科研课题，在军事院校也开展了思想政治教育的教学和科研。这样，不仅明确了政治工作的地位，同时为深入研究思想政治教育在其他领域的开展提供了重要依据。

1980年5月27日到6月6日，原第一机械工业部和全国机械工会联合召开思想政治工作座谈会，第一次明确提出"思想政治工作应成为一门科学"的重要论断，在全国各地引起了很大反响。紧接着，《光明日报》以"思想政治工作要科学化"为题开展讨论，《人民日报》《解放军报》《工人日报》《文汇报》等也分别发表了这方面的文章和报道。其中，著名科学家钱学森在其《早日建立马克思主义德育学》一文中提出："我们要把思想政治工作作为一门科学，科学地做思想政治工作。"严求实则直接以《思想政治工作是一门科学》一文，表明了将思想政治教育视作科学的态度。此后，《光明日报》将此次讨论中的部分论文收入《论论思想政治工作科学化》一书，于1981年由山西人民出版社出版。此后，各地和各领域掀起了将思想政治工作当作一门科学来研究的热潮。

在此基础之上，1982年中宣部、教育部召开政治理论教育座谈会，一致认定思想政治教育是一门科学。1983年7月1日，中共中央批转的《国营企业职工思想政治工作纲要（试行）》明确要求，成立由中宣部牵头，由中组部、中央书记处研究室、国家经委、全国总工会、共青团中央、全国妇联等共同组成的全国职工思想政治工作领导小组，加强对企业职工思想政治工作的领导，而且"中央和地方要筹办以培养思想政治工作的领导干部为目标的政治院校。现有的全国综合性大学、文科院校，各部、委、总局所属的大专院校，有条件的都要增设政治工作专业或政治工作干部进修班"，逐渐培养出一大批思想政治教育工作的专家、学者。为落实这一精神，当时教育部专门召开了学科专业论证会，确定学科专业名称为"思想政治教育学"，专业名称为"思想政治教育专业",也是在这次论证会上,初步确定了专业的课程设置,并且决定在 1984 年开始招生。《文汇报》专门报道了上海高校开展的共产主义思想品德教育。

经过教育部审批,全国共有十二所高校开办思想政治教育专业,1984 年,武汉大学成为全国第一个创办思想政治教育本科专业的高校。这也标志着思想政治教育学作为一门专业正式形成。

1984 年 2 月,中国高等学校思想政治教育研究会成立,各省、市、自治区研究会相继成立,一些高校也成立了此类研究机构。次年 1 月,全国高等学校思想政治教育研究会的会刊——《思想教育研究》创刊,这也是思想政治教育的指导性刊物、思想政治教育学科的核心刊物。随后,全国其他高校也都陆续开办了思想政治教育专业。

1987 年 5 月 29 日,中共中央发布《关于改进和加强高等学校思想政治工作的决定》,指出:"有关院校要认真办好思想政治教育专业,办好第二学士学位班,并创造条件培养这方面的硕士和博士研究生,为造就从事思想政治教育的专门人才开辟一条新路。"接着,9 月国家教委印发了《关于思想政治教育专业培养硕士研究生实施意见》,决定从 1988 年开始招收思想政治教育硕士研究生。在 1988 年,全国有十所高校招收了思想政治教育硕士研究生。也是在这份实施意见中,提出了"思想政治教育专业培养研究生……把这一学科建设成为马克思主义的坚强阵地"。从专业过渡到学科,这也标志着思想政治教育进入学科发展阶段。

与此同时,中共党史学科建设也在这段时间走上了正轨。尽管中共党史专业建立得比较早,但在之前的岁月中,党史研究深受政治气候的禁锢,党史研究也更多地成为政治的附庸。拨乱反正之后,党史研究开始恢复生机,重新走上科学研究。在这个阶段,学界也逐渐摆脱了传统思维方式或消极因素的影响,坚持实事求是,遵循客观事实。这也推动了中国共产党思想政治教育的发展。

这一个阶段,中国共产党思想政治教育的研究,更多地体现在文献搜集整理方面,相关研究还处于初步阶段。这个时期,由中国人民解放军战士出版社出版了《军队政治工作历史资料》一套共十三卷,该部史料丛书由中国人民解放军政治学院政治工作教研室编著，1982 年出版。该部著作共有千万字，是研究中国人民解放军思想政治教育工作的重要史料著作；军事科学院政治工作研究室编著了《战时政治工作经验选编》，1981 年由中国人民解放军战士出版社出版；姜思毅主编的《中国人民解放军政治工作史》，于解放军政治学院出版社在 1984 年出版；中国人民解放军国防大学训练部编著的《中国人民解放军政治工作史教学研究资料（社会主义革命时期)》，在 1987 年出版；国防大学党史党建政工教研室编著的《中国人民解放军政治工作史（社会主义时期)》，1989 年由国防大学出版社出版。此外，还有原武汉军区政治部编写组编著的《思想政治工作词典》，在 1985 年由气象出版社出版。这个时期也出版了一些军队思想政治教育的研究著作，主要有南京政治学院军队政治工作学系的翟廷瑜、张泽香主编的《军队政治工作概论》，1987 年由国防大学出版社出版；1988 年由陕西人民教育出版社出版的《军队政治工作学》；石明、陈全主编的《军队政治工作学基本原理》一书，1989 年由解放军出版社出版，等等。

这个时期，中国共产党的思想政治教育研究，主要集中在军队领域。由于中共党史学科自身性质定位的原因，以及思想政治教育学科的起步较晚，所以作为二者交叉研究的中国共产党思想政治教育方面的研究，也是处于刚刚起步阶段，为中国共产党思想政治教育全面系统深入的研究奠定了基础。

（二）中国共产党思想政治教育研究的逐步展开阶段

20 世纪 80 年代末至 90 年代中后期，是中国共产党思想政治教育全面展开的阶段。

这个时期，在国际大环境和国内小环境的双重作用下，资产阶级自由化思潮在国内较为泛滥，加之东欧剧变、苏联解体，国际共产主义运动陷入低谷等等复杂的形势，思想政治教育面对这样的局面手足无措，学科建设也相对陷入低谷。

党中央非常重视这种形势。1992 年初，邓小平发表了南方谈话，明确指出思想政治教育是我们党的优势，无论过去、现在和将来都不能丢掉，要把我们的军队、共产党员、青年教育好，"学马列要精，要管用的"。紧接着，在党的十四大上，以江泽民同志为核心的党中央指示全党全国要坚持两手抓，两手都要硬，把社会主义精神文明建设提高到新水平。也是在十四大上，确立了邓小平"建设有中国特色社会主义理论"在全党的指导地位。这些极大地推动了中国共产党思想政治教育研究的发展。

这一时期的高校思想政治教育工作得到了极大加强。在高校内部开展了党的基本路线教育，加强了四项基本原则的教育。高校党组织建设也进行了改革，理顺了领导体制。1989 年 7 月，中共中央、国务院在转发国家教委《关于高等学校工作的几个问题》中首次提出了"党委领导下的校长负责制"；1990 年，中共中央颁发《中共中央关于加强高等学校党的建设的通知》，明确指出高等学校实行党委领导下的校长负责制；1996 年中共中央颁发的《中国共产党普通高等学校基层组织工作条例》以及 1998 年颁发的《中华人民共和国高等教育法》等，都对此做出明确规定。也是在这个时期，中共中央组织部、中共中央宣传部、中华人民共和国国家教育委员会（教育部）党组每年联合召开一次高校党建思想政治工作，部署相关思想政治工作，有力地推动了高校思想政治工作的开展。这一时期，思想政治教育在高校中的影响力越来越大。为了加强高校马克思主义理论课程体系建设，1995 年，国家教委印发了《关于高校马克思主义理论课和思想品德课教学改革的若干意见》，明确提出"两课"（即马克思主义理论和思想政治教育课）是每一个高校大学生的必修课程。同年，国务院学位委员会和国家教委颁发《博士、硕士学位和培养研究生的学科、专业目录》，在这份新的目录中，法学门类、政治学一级学科中设置马克思主义理论与思想政治教育专业以及相应专业硕士、博士点，次年清华大学、武汉大学设置"马克思主义理论与思想政治教育"博士学位授权点，中国人民大学也将原来的博士点调整为"马克思主义理论与思想政治教育"，自此，思想政治教育学科已形成了从本科到硕士、博士层次完备的体系。高校思想政治教育的开展，也进一步推动了思想政治教育的学科发展。

这一时期，中共党史学科的建设也进一步加强。出版的学术著作和学术研讨会也多起来，学术更加自由。这一时期的党史著作，研究范围更广。

在此基础上，中国共产党思想政治教育研究的范围进一步扩大，既有系统的综合研究，也有诸如军队、学校、群众等分类研究。例如，综合性的理论研究有徐昶朕主编的《中国共产党思想政治工作史》，由黑龙江教育出版社1990年出版；黄小蕙、郭景辉、李玉堂主编的《思想政治工作70年》，由国防大学出版社于1991年出版；丰庆兰、王福顺编著的《中国共产党思想政治工作史》，由天津人民出版社于1991年出版；国家教委思想政治工作司编、龚海泉主编的《党的思想政治教育史》，由高等教育出版社于1993年出版；毛锡学、李其然主编的《中国共产党思想政治工作史》，由新华出版社于1993年出版；国家教委思想政治工作司组编的《中国共产党思想政治工作史》，由红旗出版社于1995年出版；张耀灿主编的《中国共产党思想政治工作史论》，由高等教育出版社于1999年出版等，这些都是研究中国共产党思想政治教育的综合性论著。

此外，关于中国共产党对诸如农、工、青、妇、幼等各类群众团体以及大学生等方面思想政治教育的研究，这一时期也有了初步进展。如总政治部群众工作部、西安政治学院训练部编著的《中国人民解放军群众工作史》，由解放军出版社于1989年出版；谈松华主编的《大学生思想政治教育简史》，由上海交通大学出版社于1989年出版；中共中央办公厅调研室编著的《毛泽东周恩来刘少奇朱德邓小平陈云论党的群众工作》，由人民出版社于1990年出版；龚海泉主编的《高等学校思想政治教育史》，由武汉出版社于1992年出版；谢忠厚、张圣洁主编的《冀鲁豫边区群众运动宣教工作资料选编》，由河北人民出版社于1994年版，等等。

当然，军队仍然是研究的重中之重。这一时期党对军队的思想政治教育研究主要有姜思毅主编的《中国共产党军队政治工作七十年史（1~4卷）》，由解放军出版社于1991年出版；邱圣宏主编的《军队政治工作史》，由新华出版社于1994年出版；侯敬智、蒋一斌主编的《中国人民解放军政治工作发展史》，由国防大学出版社于1995年出版；中国人民解放军总政治部办公厅主编的《中国军事百科全书中国人民解放军政治工作分册》，由军事科学出版社于1997年出版；姜思毅主编的《军队政治工作学》，由军事科学出版社于1997年出版；国防大学党史党建政工教研室编著的《中国人民解放军政治工作学》，由国防大学出版社于1998年出版等，取得了很大的进展，成果非常丰富。这一时期中国共产党的思想政治教育，在专题研究领域上有了较大的发展。

（三）中国共产党思想政治教育研究的全面建设

从20世纪90年代末到今天，是中国共产党思想政治教育研究的全面建设时期，这一时期，相关研究，无论是专著还是论文，都有了全面的发展。

其间，党进一步加强了对思想政治教育及其理论研究的领导力度。1998年6月，中宣部、教育部联合下发了《〈关于普通高等学校"两课"课程设置的规定及其实施工作的意见〉的通知》，即著名的"98方案"，决定在各类院校以及硕士、博士研究生中开设各类相关思政课，从而积极贯彻落实党的十五大精神，从而解决好邓小平理论"进教材、进课堂、进头脑"（即"三进"）的问题。

紧接着，1999年，中共中央颁发《关于加强和改进思想政治工作的若干意见》，明确提出："高度重视思想政治工作，是我们党的优良传统和政治优势"，要"深入扎实地进行思想政治教育"，对于学校的思想政治教育，"要围绕培养社会主义事业建设者和接班人的根本任务来进行。各级各类学校都要认真贯彻党的教育方针，坚持社会主义办学方向。要坚持以马克思主义指导教学工作，绝不能为错误思潮提供讲台和阵地。要充实和改进思想品德课和政治理论课的教学内容，把学校教育与社会实践结合起来，全面推进素质教育。要切实加强教师队伍的思想道德建设，使他们更好地担负起培养合格人才的重任"。重视思想政治教育建设，为思想政治教育学科的发展提供了保障。

2004年8月，中共中央、国务院印发了《关于进一步加强和改进大学生思想政治教育的意见》，强调了加强和改进大学生思想政治教育的重要性和紧迫性，指出了思想政治教育存在的问题以及面临的挑战，要求加强和改进大学生思想政治教育的指导思想、基本原则、主要任务和有效途径，对高校学科建设提出了明确要求。

2005年是思想政治教育学科建设的重要一年。这一年3月，中共中央宣传部、教育部印发了《〈中共中央宣传部教育部关于进一步加强和改进高等学校思想政治理论课的意见〉实施方案》的通知，即著名的"05方案"。该方案不仅就大学思政课程的基本内容、要求以及时间安排、教材建设、师资队伍建设等基本内容做出了明确的安排和要求，还提到了学科建设，要求中宣部、国务院学位委员会、教育部抓紧开展设立马克思主义一级学科的有关工作，各高等学校要加强"马克思主义理论与思想政治教育"硕士点和博士点的建设。当年12月，国务院学位委员会、教育部联合下发了《关于调整增设马克思主义理论一级学科及所属二级学科的通知》，正式设立马克思主义理论一级学科及其下属的五个二级学科。正式将"思想政治教育"列为马克思主义理论一级学科下的二级学科，同时又对思想政治教育学科进行明确界定，标志着思想政治教育学科建设进入独立二级学科发展阶段。

自改革开放以来，思想政治教育从"工作"转变为"科学"，又到"专业"，再到马克思主义理论一级学科下的独立二级"学科"，这种跨越也体现了党和国家对于思想政治教育的重视。当然，思想政治教育是一门尚处于成长阶段的学科，还有一些不成熟的地方，学界在一些问题的认识上，也存在不同的看法，需要我们进一步加强对思想政治教育学科的研究。

这个时期的中共党史学科建设也进入了全面发展的阶段。这时期的中共党史研究，从追求宏大历史场景转向细微的实证分析，所涉及的范围更加广阔。中共党史研究中的许多重大历史问题都取得了历史性的突破，如中国共产党与苏联、共产国际的研究，中国共产党与国民党的研究，党的早期领导人物如陈独秀、王明等人的研究等。这一时期，既有诸如广东人民出版社2002年出版的《中国共产党通史》，中共党史出版社2011年出版的《中国共产党历史》第一卷（1921—1949）、第二卷（1949—1978），中国人民大学出版社2010年出版《中国共产党历史》，中共党史出版社2016年出版《中国共产党的九十年（上中下）》；有社会科学文献出版社2008年出版的《国民党的"联共"与"反共"》，山西人民出版社2010年出版的《"中间地带"的革命：国际大背景下看中共成功之道》，广东人民出版社2013年出版的《毛泽东、斯大林与朝鲜战争》，江西人民出版社2015年出版的《毛泽东与莫斯科的恩恩怨怨》；也有社会科学文献出版社2013年出版的《陈独秀全传》，人民出版社2014年出版的《王明传》《王明年谱》；也有诸多港台以及国外学者的中共党史研究，如中国社会科学出版社 2006 年出版的《中国共产党成立史》，人民出版社 2011 年出版的《红星照耀上海城（1942—1952）》，等等，都体现了中共党史这一时期研究的深入与拓展。

在思想政治教育学科和中共党史学科发展的基础上，中国共产党思想政治教育的研究也进一步加深。无论是深度还是广度，都是之前未曾有过的。这一时期，中国共产党思想政治教育的综合性著作比较多，如许启贤主编的《中国共产党思想政治教育史》，由中国人民大学出版社于 1999 年出版；张耀灿主编的《中国共产党思想政治工作史论》，由高等教育出版社于 1999 年出版；张蔚萍《思想政治工作史》，由中国方正出版社于 2001 年出版；陈登才、董京泉《中国共产党思想政治工作史》，由湖南人民出版社于 2001 年出版；王树荫《中国共产党思想政治教育史纲》，由党建读物出版社于 2002 年出版；张耀灿主编的《中国共产党思想政治教育史论》，由高等教育出版社于 2006 年出版；刘建军《中国共产党思想政治教育的理论与实践》，由中国人民大学出版社于 2008 年出版；王树荫主编的《中国共产党思想政治教育史》，由中国人民大学出版社于 2011 年出版；王树荫主编的《中国共产党思想政治教育史》，由高等教育出版社于 2016 年出版，等等。这些著作有的是个人学术著作，有的是马克思主义理论研究和建设工程重点教材、研究生教材、思想政治教育专业教材等。

这个时期，关于中国共产党思想政治教育所涉及的领域及研究的深度也有进一步扩展。如刘志青的《解放战争时期人民军队建设的基本经验》，由国防大学出版社于 2000 年出版；李德芳、杨素芳主编的《中国共产党农村思想政治教育史》，由中国社会科学出版社于 2007 年出版；高岳仑、唐明勇主编的《中国共产党农民思想政治工作的理论与实践》，由中国农业出版社于 2009 年出版；程伟主编的《中国共产党思想理论教育的历史发展及其基本经验》，由郑州大学出版社于 2012 出版；武国友、陈坚编著的《群众路线与党内教育活动》，由浙江人民出版社于 2013 年出版；陈燕楠主编的《党的群众路线研究》，由人民出版社于 2014 年出版，等等，大量的学术著作问世。除此之外，这个时期还有大量的学术论文以及学位论文，涉及中国共产党思想政治教育的方方面面，这些都促进了中国共产党思想政治教育的研究。

　　思想政治教育学科与中共党史学科都有其特殊性。在我国的学科建设发展史上久经磨砺。从某种程度上来说，这个方向的研究与思想政治教育和中共党史的研究是分不开的。尽管中国共产党的思想政治教育在中国共产党诞生之后便已存在、发展，但真正对于它的学术研究，还是在改革开放之后，尤其是在 21 世纪"05 方案"推行之后，中国共产党思想政治教育研究迎来了"百花齐放、百花争艳"的局面。当然，作为思想政治教育学科和中共党史学科的交叉部分，中国共产党的思想政治教育研究不能单纯地趋向于对某些细节问题的挖掘或考证，从而陷入"碎片化"研究的死胡同，甚至纠结于这项研究的政治化，从事所谓的"反思历史""再研究"，甚至否定、反对中共领导的革命斗争的历史合理性，无法正确处理历史宏观背景与细微之处个案的关联，从而步入历史虚无主义的泥潭。所以，对于中国共产党的思想政治教育研究，一定要从大处着眼，坚持整体性原则，从整体上把握中共历史活动的主要轨迹和脉络，正确认识思想政治教育在中国共产党历史发展中的作用和地位。

专题十　思想道德教育与思想政治教育

　　长期以来，我国在理论和实践上通常将思想道德教育与思想政治教育视为等同的概念，或者说是相互包容、相互交叉的概念。这与我国历史发展的延续和现实状况的需要有着特殊的、密切的关系。现在，仍然有不少人在谈思想政治教育，其中很大部分是思想道德教育的内容，谈思想道德教育，大部分又是思想政治教育的内容，把二者混为一谈。其实，思想道德教育与思想政治教育是教育的两个不同方面的问题。教育与思想政治教育、道德教育之间的关系，是一般与个别、共性与个性的关系。

一、基本概念辨析

（一）教育

　　"教育"一词最早来源于孟子。在《孟子·尽心上》中："君子有三乐，而王天下不与存焉。父母俱存，兄弟无故，一乐也；仰不愧于天，俯不怍于人，二乐也；得天下英才而教育之，三乐也。君子有三乐，而王天下不与存焉。"① 意思是君子有三件值得快乐的事，当然用仁德统一天下（这件事）不包括在内。父母都健在，兄弟也无灾无病，这是第一件快乐的事；抬头无愧于天，低头无愧于人，这是第二件快乐的事；得到天下优秀的人才，然后教育他们，这是第三件快乐的事。其实在这里"得天下英才而教育之"还有一

---

　　①　南怀瑾：《孟子与尽心篇》，北京：东方出版社，2014年，23页。

层意思是"得天下英才而教之，育之"，但因为"教"和"育"二字变成了我们今天所说的"教育"一词，我们就把"育"字的概念省去了。"教育"成为常用词，则是在19世纪末20世纪初的辛亥革命时期，中国现代教育奠基人何子渊、丘逢甲等有识之士排除顽固守旧势力的干扰，成功创办和推广新式学堂。随后清政府迫于形势压力，对教育进行了一系列改革，于1905年末颁布新学制，废除科举制，并在全国范围内提倡新式学堂。1909年，地方科举考试停止以后，西学逐渐成为学校教育的主要形式。西方"教育"一词的来源是拉丁语"educare"，意思是"引出"。社会根据受教育程度选拔人才。人通过受教育实现社会地位的变迁。教育伴随着人类社会的产生而产生，随着社会的发展而发展，与人类社会共始终。百度百科对教育的定义有狭义和广义之分。狭义上指专门组织的学校教育；广义上指影响人的身心发展的社会实践活动。它是根据一定社会的现实和未来的需要，遵循年轻一代身心发展的规律，有目的、有计划、有组织、系统地引导受教育者获得知识技能，陶冶思想品德，发展智力和体力的一种活动，以便把受教育者培养成适应一定社会（或一定阶级）的需要和促进社会发展的人。

　　在教育学界，关于"教育"的定义更是多种多样。一般来说，人们是从两个不同的角度给"教育"下定义的，一个是社会的角度，另一个是个体的角度。我国一般是从社会的角度给"教育"下定义的，而英美国家的教育学家一般是从个体的角度给"教育"下定义的。从社会的角度来定义"教育"，可以把"教育"定义区分为不同的层次：第一，从广义上，凡是增进人们的知识和技能，影响人们的思想品德的活动都是教育。"教育"被看成整个社会系统中的一个子系统，分配并且承担着一定的社会功能。教育最本质的理解就是社会对人们思想的知识灌输和行为指导；教育的对象是人且内容必须是良性的、有意义的，从而使人民去改造社会；第二，从狭义上，指个体精神上的升华。这种定义方式强调社会因素对个体发展的影响。从个体的角度来定义"教育"，往往把"教育"等同于个体的学习或发展过程；第三，从更狭义的角度上，主要是指学校教育，指教育者根据一定的社会或阶级的要求，有目的、有计划、有组织地对受教育者身心施加影响，把他们培养成一定社会或阶级所需要的人的活动，教育是在一定的社会背景下发生的促使个体社会化和社会个性化的实践活动。

（二）思想道德教育

思想道德教育就是指对受教育者有目的地施以道德影响的活动。内容包括提高道德觉悟和认识，陶冶道德情感，锻炼道德意志，树立道德信念，培养道德品质，养成道德习惯。在这里，我们先了解一下"德"。"德"又称"德性"。在《说文解字》中是"外得于人，内得于己"。"外得于人"是指"以善德施之他人，使众人各得其益"。"内得于己"是指"以善念存储心中，使身心互益"。从词源上分析，"德"在内涵上被理解为人内心的"善"，一个人的德性品质就是其"善性"品质。所以，"德"的真正含义是教人"向善"和"求善"。在我国古代，一般把政治教育、思想教育、道德教育等统称为"思想道德教育"，这种约定不是从概念出发，而是从实际出发，在教育实践当中，道德教育不仅没有明确的、严格的界线，而且必然又渗透着各种政治思想因素。从春秋至明清构成的社会人际关系中，在高度分散的自然经济和高度集中的政治专制统治的特定社会历史条件下，思想道德教育逐步形成了自己的特点，并对中华民族的道德心理产生了深刻的影响。可以说思想道德教育在中国传统文化中处于中心位置。

（三）思想政治教育

"思想政治教育"作为专业术语是中国共产党20世纪中期才提出的概念。"思想政治教育"可以说是从"思想政治工作"中引申出来的，随着"思想政治工作"概念的广泛应用，"思想政治教育"也逐渐流行起来，并成为一个规范的基本概念。1940年3月19日，陈云同志在延安抗日军政大学第五期学生毕业大会上的讲话中，首次提出了"思想政治工作"，主要是指端正党的路线、方针和政策。"思想政治教育"的概念最早是在1950年2月第一次全国学校工作会议上提出来的，"坚决地贯彻思想政治教育的进行，是现行学校中开展民主主义学习的主要关键"。此后在相当长的一段时期内"思想政治工作"和"思想政治教育"同时被使用。1984年在高校开设"思想政治教育专业"课，学科全称为"思想政治教育学"。随着"思想政治教育学"的建立，学术界开始对思想政治教育的概念进行界定，逐步明确了"思想政治工作"与"思想政治教育"之间的区别。至此，"思想政治教育"成为思想政治教育学科的标准术语。目前对于"思想政治教育"概念的界定，大多数采用的是张耀灿著的《现代思想政治教育学》中所做的界定："思想政治教育是指一定的阶级、政党、社会群体按照一定的思想观念、政治观念、道德规范，对其成员施加有目的、有计划、有组织的影响，使他们形成符合一定社会、一定阶级所需要的思想品德的社会实践活动。"① 在这个概念中，可以看出思想政治教育不是教育者对受教育者单方面地灌输，不是把教育者所期望的内容单方面的硬性灌输到受教育者脑中，而是考虑到受教育者本身的心理、能力、认识水平等方面，因此，思想政治教育是教育者与受教育者之间双向的互动与沟通的过程。

二、思想道德教育和思想政治教育的历史发展

一般而言，思想道德教育与思想政治教育都属于大德育。"从理论上讲，大德育中各种教育类别的目的、过程、途径与方法是不同的。"从历史上看，在中国古代，思想道德教育与思想政治教育一直混淆在一起，人们一般理解的思想道德教育亦是思想政治教育。

（一）中国历史上思想道德教育的发展

思想道德教育在中国传统文化中处于中心位置。在中国历史上，道德教育可以分为五个时期。

第一，从原始社会到奴隶社会时期的思想道德教育的创始期。这一时期，由于原始社会受自然条件的约束，生产力水平低下，生产资源公有，人们之间主要是靠习惯、传统、禁忌、宗教以及首领等的威信维护社会成员的集体利益。在思想上，道德教育表现的"尊天、敬祖、合群"的意识是一种自发的和扩散的教育。

第二，从奴隶社会向封建社会转化时期的自觉期。随着生产力的发展，

---

① 张耀灿：《现代思想政治教育学》，北京：人民出版社，2006年，15页。

私有制产生，原始的民主和平等遭到破坏，出现了奴隶和奴隶主，人类由野蛮时代向文明时代过渡。这一时期的道德教育表现为一种探索性。诸子蜂起，百家争鸣，不同学派激烈论辩，深化了对道德教育的认识，什么样的人接受什么样的教育有了一定成规，教育具有了等级性，标志着道德教育作为阶级统治工具的思想开始萌芽和发展。

第三，从秦汉、魏晋、隋唐到宋元时期的道德教育的全盛期。这一时期的道德教育思想开始从探索性走向权威性。从秦朝的一统天下建立起以法家思想为主导的王朝开始；历经汉朝的"罢黜百家，独尊儒术"思想，到宋元时期的"存天理，灭人欲"的提出，其道德教育思想表现的鲜明的哲理性、严密性、权威性和思辨力，都反映了中国道德教育理论的完善和成熟。

第四，明清时期道德教育的衰落期。在这一时期，封建主义开始向资本主义转型，这种转型带来社会关系的"剧变"，新旧矛盾产生、中西文化冲突，道德教育开始表现出封闭性、滞后性，并趋向冲突性。统治阶级为了力挽封建制度的颓势，不能不以强化道德教育思想的保守性来加强对全社会的思想专制，以抗拒新的生产关系，抑制新的思潮，从而延续封建主义的生存期，导致中国现代化进程的步履艰难。随着近代中国国门的打开，东西方文化的融合，"德育"一词在 20 世纪初传入我国。1904 年，王国维先生以"德育""知育""美育"三词，向国人介绍叔本华的教育思想；1906 年，又将"德育""智育（知育）""美育"合称为"心育"，与"体育"相提并论。在《论教育之宗旨》中他说过："教育之宗旨何在？在使人为完全之人物而已。何谓完全之人物？谓人之能力无不发达且调和是也。人之能力分为内外二者：一曰身体之能力，一曰精神之能力。发达其身体而萎缩其精神，或发达其精神而罢敝其身体，皆非所谓完全者也。完全之人物，精神与身体必不可不为调和之发达。而精神之中又分为三部：知力、感情及意志是也。"[1] 1912 年，蔡元培先生阐述新教育，主张"军国民教育""实利主义教育""公民道德教育""世界观教育""美感教育"并举；在其影响下，国民政府颁布了"注重道德教育，以实利主义教育、军国民教育辅之，更以美感教育完成其道德"的教育宗旨，标志"德育"一词已成为我国教育界通

---

[1]　王国维：《人间词话》，杭州：浙江文艺出版社，2020 年，5 页。

用的术语。

第五，社会主义道德的新时期。中国道德教育历史类型的交替变更，向人们展示了人类社会道德的丰富多彩和千姿百态的存在形式。近代以来，社会主义道德教育是建筑在无产阶级和全人类解放的利益基础上的。利益是道德的基础。在阶级社会里，道德始终是阶级的道德，代表一定阶级的利益，超阶级的道德是不存在的，无产阶级的历史使命，决定了社会主义道德必须以无产阶级和全人类解放的利益为基础。因此，社会主义社会的道德教育，主要是培养人民的共产主义道德品质，提高人民的历史主动性，推动社会秩序和社会风气的不断改善。它既从现实经济政治关系的实际需要和可能出发，又着眼于人民道德境界的不断升华。它不仅注重清除一切旧道德的消极残余和影响，积极配合和保证政治、法律、知识、审美等方面的教育，而且更注重于培养人民的社会责任感和道德选择能力。

（二）中华人民共和国成立以来的思想政治教育的发展

中华人民共和国成立以来，思想政治教育对促进社会主义现代化事业的发展起了至关重要的作用。随着经济结构和社会结构的发展变化，思想政治教育也在不断丰富发展。从历史时期看，中华人民共和国成立以来的七十年大致可以分为改革开放以前和改革开放以后两个历史时期，每个时期又可以分为若干不同的阶段，每个阶段都有其标志性事件或特征。按照这样的思路，大致可以将七十年来的思想政治教育分为以下五个阶段（时期）。

1. 思想政治教育新起点与稳步发展时期（1949—1956 年）

中华人民共和国的成立意味着中国共产党向全国范围内"执政党"角色的转变，这是思想政治教育的新起点。这一阶段的标志性事件是中华人民共和国成立、镇压反革命、抗美援朝、"三大改造"以及我国社会主义制度的基本建立等。从发展水平来看，中国共产党的思想政治教育在抗战时期就已经逐步趋于成熟。中华人民共和国成立以后，毛泽东提出思想政治教育必须为工农服务，为生产建设服务，全心全意为人民服务，开始向群众灌输社会主义思想。所以，这一阶段的思想政治教育内容丰富，形式多样，呈现良好的发展态势。

2. 思想政治教育曲折发展时期（1957—1977 年）

由于这一时期的"上山下乡""大跃进"、人民公社化运动和"文化大革命"的兴起，这一时期的思想政治教育在曲折中艰难前行：一方面，党的八大提出的正确纲领以及毛泽东《关于正确处理人民内部矛盾的问题》文章的发表，为思想政治教育提供了重要的思想和方法论指导；另一方面，由于对当时形势"左"倾的估计和判断，中国共产党提出了"以阶级斗争为纲"的路线，所以这一时期思想政治教育发展受到了挫折。特别是"文化大革命"给整个社会带来巨大影响，也给思想政治教育带来巨大冲击，影响了思想政治教育的社会声誉和教育效果。

3. 思想政治教育恢复与彷徨时期（1978—1992 年）

"文化大革命"结束后，思想政治教育面临的突出问题是彻底纠正长期以来在指导思想上的"左"倾错误和"两个凡是"的思想，把全党和全国人民的思想从教条主义、个人崇拜的禁锢中解放出来，重新恢复和确立党的实事求是的思想路线。重新确立思想政治教育的指导思想，解放思想、摆脱禁锢、冲破束缚成为这一时期思想政治教育的首要任务。在改革开放的过程中，始终提醒全党要加强和改进思想政治教育工作，提出坚持实事求是、坚持密切联系群众，批评与自我批评，物质文明和精神文明建设两手都要抓、两手都要硬的思想，等等。这些思想对党的思想政治教育工作产生了深远的影响。

4. 思想政治教育的与时俱进时期（1992—2012 年）

1992 年 1 月 18 日至 2 月 21 日，邓小平南巡武昌、深圳、珠海、上海等地发表了重要讲话，深刻总结了十多年改革开放的经验教训，在一系列重大的理论和实践问题上，提出了新观点，讲出了新思路，开创了新视野，将建设有中国特色社会主义的理论与实践大大地向前推进了一步。这个重要讲话，不仅标志着继毛泽东思想之后，马克思主义与中国实际相结合的第二次伟大历史性飞跃的思想结晶——邓小平理论的最终成熟和形成，而且也标志着中国改革开放第二次浪潮的掀起。邓小平的南方谈话，不仅对中国 20 世纪 90 年代的经济改革与社会进步起到了关键性的推动作用，而且极大地解放了人们的思想。在发展社会主义市场经济的背景下，这一时期的思想政治教育面临着经济的快速发展导致的贫富差距加大所带来的社会矛盾的加剧问题，因此，思想政治教育工作是否与时俱进，是否在继承中进行发展和创新成为关键问题。进入 21 世纪，随着全球化和信息化程度的进一步提高，党中央认为越是发展经济，越是改革开放，越要重视思想政治工作，党的思想政治工作是经济工作和其他一切工作的生命线，是团结全党和全国各族人民实现党和国家各项任务的中心环节，是我们党和社会主义国家的重要政治优势。面对发展社会主义市场经济这一中心任务，党中央做出以德治国的重要决策，就是要把思想道德建设和思想政治教育作为治理国家的主要手段，运用思想道德的内在约束力协调、规范、稳定社会，促进社会主义市场经济的健康发展，保证并推动社会的发展进步。2004 年，中央提出实施马克思主义理论研究和建设工程；2005 年，国务院学位办设立"马克思主义理论"一级学科；2008 年，中央提出全国高校都要独立设置直属学校领导的思想政治理论课教学科研二级管理机构，各地纷纷成立马克思主义学院。这一系列重大举措都推进了思想政治教育的稳定发展。

5. 思想政治教育的开拓创新（2013 年以后）

十八大以来，以习近平同志为核心的党中央积极应对我国政治、经济新常态，大刀阔斧地进行一系列改革。思想政治教育为适应国际、国内新环境，与时俱进，与党中央保持高度一致，不断地进行创新与发展，为实现中华民族伟大复兴的中国梦而努力奋斗。习近平总书记针对新形势下党和国家事业发展的问题，在不同的场合发表了系列重要讲话，深入地回答了党和国家面临的一系列重大理论和现实问题，为新时期思想政治教育提供了新的视角，极大地丰富了思想政治教育资源，为思想政治教育创新指明了方向。首先，重视理想信念与中国梦教育。理想信念教育是思想政治教育的核心内容，是解决"培养什么人，如何培养人"的关键。其次，凸显中华优秀传统文化的教育，加强社会主义核心价值观教育。2013 年 11 月 26 日，习近平总书记在考察山东曲阜孔府并与专家学者座谈时强调，中华优秀传统文化是中华民族的突出优势，中华民族伟大复兴需要以中华文化发展繁荣为条件。"社会主义核心价值观，承载着一个民族、一个国家的精神追求，体现着一个社会评判是非曲直的价值标准。"党的十八大对社会主义核心价值观进行了补充和完善，概括出了"二十四字"的社会主义核心价值观，即"富强、民主、文明、和谐、自由、平等、公正、法治、爱国、敬业、诚信、友善"，描绘了国家、社会和人的发展蓝图，对各领域、群体思想政治教育具体目标的设立具有指导意义。最后，中国梦体现了思想政治教育价值目标与理论内容的创新与发展。习近平总书记把"中国梦"定义为"实现中华民族伟大复兴，就是中华民族近代以来最伟大梦想"，并且表示这个梦"一定能实现"。"中国梦"的核心目标也可以概括为"两个一百年"的目标，也就是：到 2021 年中国共产党成立一百周年和 2049 年中华人民共和国成立一百周年时，逐步并最终顺利实现中华民族的伟大复兴，具体表现就是国家富强、民族振兴、人民幸福。中国梦把人民的期盼与国家的发展紧密联系起来，体现了我国社会主义的本质。习近平总书记在新一届中央政治局常委同中外记者见面时指出："我们的人民热爱生活，期盼有更好的教育、更稳定的工作、更满意的收入、更可靠的社会保障、更高水平的医疗卫生服务、更舒适的居住条件、更优美的环境，期盼孩子们能成长得更好、工作得更好、生活得更好。人民对美好生活的向往，就是我们的奋斗目标。"将思想政治教育的目标融入人民群众的日常生活中去，切实关注人民群众在各个生活领域的要求与期盼，是十八大以来我国思想政治教育发展的独到之处，也是十八大以来我国思想政治教育有效性不断提高的重要因素。综上所述，十八大以来，在党的思想政治工作传统精神与宝贵经验的指引下，我国思想政治教育不断克服各种现实困境，用中国梦和社会主义核心价值观的思想，不仅丰富了中国特色社会主义的理论内涵，而且把思想政治教育中的解放思想、开拓创新等理论与实际紧密结合起来，重新赢取了人们的信任，使思想政治教育有效性得到大大提高。

三、20 世纪西方教育思想对中国的影响

　　20 世纪是中国思想道德教育发展、变革的重要历史时期。尤其是 21 世纪世界教育思想的大发展，给中国带来巨大冲击，促使中国的思想道德教育在继承传统的同时，不断汲取国外先进经验，从而寻求自己的发展道路。此时，西方国家涌现出大批思想家和教育家，比如阿图尔·叔本华、怀特海、埃德蒙德·胡塞尔、赫伯特·斯宾塞、赫胥黎、苏霍姆林斯基等，下面仅以卢梭和杜威为代表进行介绍。

（一）卢梭自然教育思想对中国思想道德教育的启示

1. 卢梭生平

让－雅克·卢梭，1712 年 6 月 28 日出生于瑞士日内瓦的一个贫苦家庭，父亲是新教徒、钟表匠，母亲在他生下来时便难产而死。所以在卢梭的一生中受他父亲的影响巨大。因此，他常常和他的父亲一起读书，甚至到深夜。他阅读极其广泛，从古希腊的经典著作到启蒙论著，从文学历史到自然科学读物。1722 年，卢梭的父亲和人发生纠纷，逃往里昂避难。从此，卢梭开始了寄居生活。先是寄居在舅舅家，后与表兄前往包塞，寄宿在郎拜尔西埃牧师家，学习古典语文、绘图、数学。十岁时，他从被收养的人的家中出走，遇到了改变他一生的华伦夫人，并在她家得到了良好的教育，两人分手后，在 1742 年卢梭来到巴黎，和百科全书派还有休谟开始来往。在巴黎，他写了《社会契约论》《爱弥儿》等著作。1749 年，在狄容学院悬赏作品中，他因为《论科学和艺术》获得了一等奖，一举成名，自信心大大提高。1764 年巴黎法院查禁《爱弥儿》一书，并下令逮捕作者。卢梭流亡到英国。后来，卢梭不得不回到法国，最终在 1778 年 7 月 2 日病逝于巴黎。卢梭一辈子都是在流浪之中，是个感情极其丰富而不免多疑的人。卢梭的思想对后世影响极大。在政治上，他的反封建、反专制的精神影响了资产阶级自由民主传统。卢梭反归自然、崇尚自我、张扬情感的思想，直接引来了 19 世纪欧洲浪漫主义文学思潮。许多诗人作家都受到他的影响，就连歌德、雨果、乔治·桑、托尔斯泰都无一例外地声称是卢梭的门徒。卢梭生前遭人唾弃，死后却受人膜拜。1791 年 12 月 21 日，国民公会投票通过决议，给卢梭树立雕像，以金字题词——"自由的奠基人"。卢梭一生著作很多，主要有《论人类不平等的起源和基础》《社会契约论》《爱弥儿》《忏悔录》等。

2. 卢梭自然教育思想

卢梭自然教育思想以培养自然人为主要目标，主张适应自然规律，尊重人成长的天性。在自然、自由的环境影响下，最终实现新的道德公民的培养。其核心思想就是"回归自然"。一方面，卢梭认为善良的人性存在于纯洁的自然状态中。所以，他认为教育必须以儿童的自然发展为基础，回归自然，顺应天性。通过"自然教育"，顺应自然，采取一切措施，以满足儿童的自然发展为需求，使儿童在自然环境下自由成长，从而实现教育的真正目的。正如卢梭所说的，"大自然希望儿童在成人以前就要像儿童的样子。如果我们打乱了这个次序，我们就会造成一些早熟的果实，它们既不丰满也不甜美，而且很快就会腐烂；我们将造成一些年纪轻轻的博士和老态龙钟的儿童。"① 另一方面，卢梭还从儿童所受的多方面的影响来论证教育必须"回归自然"。他说每个人都是由自然的教育、事物的教育、人为的教育三者培养起来的。这种教育，我们或受之于自然，或是受之于人，或是受之于事物。我们的才能和器官的内在的发展，是自然的教育；别人教我们如何利用这种发展，是人的教育；我们对影响我们的事物获得良好的经验，是事物的教育。一个受教育者，如果在他身上这三种不同的教育互相冲突的话，他所受的教育就不好，而且将永远不合他本人的心愿；如果在同一个受教育者身上，这三种不同的教育是一致的，都趋向同样的目的——自然的教育，这样的受教育者才是受到良好的教育。同时，卢梭将人的成长按照年龄分为婴幼儿期、儿童期、少年期、青年期和成年期。而且每个时期的人天性不同，因而要因材施教。他指出，每一个人的心灵都有它自己的形式，必须按它的形式去指导它。他要求教育者必须在了解受教育者之后才对他说第一句话，这个理论在当今思想教育上仍具有重要的指导作用。

3. 卢梭自然教育思想对当代思想政治教育的启示

卢梭从"回归自然"的理论出发，尊重儿童天性，重视成长的顺序性和阶段性，注意儿童道德习惯养成等，这些思想对当下以素质教育为主题的改革实践有较强的现实意义和指导价值。

首先，以人为本，因材施教，遵循学生身心发展规律。

教育活动要以人为本，从学生的身心发展需要和规律出发，这是卢梭自然教育思想的核心，也是我们在思想政治教育中容易忽视的。卢梭认为，人在成长和发展的不同年龄阶段，感官和身体发育状况都不相同，与此相关，人的理解能力和智力水平也有差异，应着重培养的素质也不尽相同。同理，在思想政治教育中，应发挥每个思想政治教育者的独立性和自主性，使他们

① ［法］卢梭：《爱弥儿·论教育》，李平沤译，北京：商务印书馆，2015 年，101 页。

在遵循受教育者身心发展的阶段性规律的前提下，自主地制定思想政治教育计划。

其次，培养"道德公民"，构建和谐社会。

卢梭自然教育的核心思想是"回归自然"，因而自然教育思想中必然包含使"自然人"向"道德公民"转向的任务。在卢梭看来，"自然人完全是为他自己而生活；他是数的单位，是绝对的统一体，只同他自己和他的同胞才有关系。公民只不过是一个分数的单位，是依赖于分母的，他的价值在于他同总体，即同社会的关系。"① 也就是说，一个人首先是成为自然人，发展其善良的天性，在教育发展过程中，公民的基本品质也自然得以养成，而公民的养成绝不能完全违反天性。因此，我们要培养的道德公民绝非自然状态中处于无理性的非道德状态的自然人，而是社会要培养的具有良好道德行为习惯的全新"自然人"。只有这样，才能有效地实现"自然人"向"道德公民"的转变，培养出真正的社会道德公民。卢梭指出人是自由的，但是在社会中的人彼此出让自己的一部分自由，这样才能实现整体的和谐。马克思指出，"每个人都有必要到社会活动场所来显露他的重要的生命力"才是社会的目的。因此，将思想政治教育与社会和谐二者完美结合，不仅可以实现思想政治教育社会治理的功能，而且也是推动社会现代化发展的内在要求。

最后，回归生活是思想政治教育的题中之意。

思想政治教育来源于生活，又服务于生活。换句话说教育是一种生活方式，回归生活是思想政治教育的一个重要内容。在我们以往传统的思想政治教育中，教育的内容大部分是与现实生活隔离的，特别是与儿童的生活脱节，使教育丧失了生命的活力，成为远离人的内心追求、忽视人本质需要的工具化的存在物。当下，中国正处于社会转型关键期，思想政治教育作为引领社会主流价值、宣传党的路线方针政策的重要方式，对社会关系的变动具有高度的敏感性。思想政治教育回归生活，就是在批判这种教育异化基础上的回归，目的是使思想政治教育真正融入生活，实现对生命的关注、人格的塑造和幸福的追求。

----

① ［法］卢梭：《爱弥儿·论教育》，李平沤译，北京：商务印书馆，2015 年，11 页。

（二）杜威教育思想对中国思想道德教育的启示

1. 杜威生平

约翰·杜威（John Dewey），美国著名哲学家、教育家、心理学家，实用主义的集大成者，也是机能主义心理学和现代教育学的创始人之一。杜威1859 年 10 月 20 日出生于维蒙特州的伯林顿的一个中产社会阶级的杂货商家中。他从小害羞，也不是聪明的小孩，不过他很喜欢看书。在中学毕业之后，就进入当地的维蒙特大学就读。大学期间广泛地接触到人类智能的各领域。杜威一生推崇民主制度，强调科学和民主的互补性，民主思想是他众多著作的主题。与此同时，他也被视为 20 世纪伟大的教育改革者之一。杜威的思想对 20 世纪的中国教育界、思想界产生过重大影响。1919 年 4 月底杜威到访中国，见证了五四运动并与孙中山会面。他在北京、南京、杭州、上海、广州等地讲过学，培养了胡适、冯友兰、陶行知、郭秉文、张伯苓、蒋梦麟等一批国学大师和学者。1921 年 7 月杜威离开中国时，胡适写了一篇名为《杜威先生在中国》的短文，为之送行，登在《东方杂志》和《民国日报·觉悟》上。他说：“自从中国与西洋文化接触以来，没有一个外国学者在中国思想界的影响有杜威先生这样大的”“我们可以说，在最近的将来几十年中，也未必有别个西洋学者在中国的影响可以比杜威先生还大的”。1952 年 6 月 1 日杜威因肺炎去世。杜威一生的著作很多，涉及科学、艺术、宗教伦理、政治、教育、社会学、历史学和经济学诸方面，他让实用主义成为美国特有的文化现象。

2. 杜威的德育思想

杜威认为教育的最终目的是道德教育，就是让学生将自己的本能和社会联系起来，使个人养成内在的思想和愿望等方面的习惯，杜威在对传统道德教育思想进行尖锐批判的基础上，构建了自己独特的德育理论体系。首先，个体道德的组成要素。在杜威看来，道德是个体的社会智慧、社会情感和社会能力的合金。而德行不是对某种刻板规则的遵守，而是一个包含知识、情感和能力的综合性概念。一个具有良好品格的人首先要具备一种知识、智慧，才有判断善恶的感受能力和鉴别能力，才知道因果利害及其行为的结果对他人与社会的影响。同时还必须有一种内在的信仰、愿望、热情和社会的同情心作为一种动力，促使个体自发、主动地去追求和表达"善"。仅仅拥有社会智慧和情感只能使道德停留在思想和情感层面，主体还必须使内在的、正确的思维和判断付诸行动，使道德行为外在地表现出来，才能解决具体情境的问题，道德的实效性才得以体现。其次，道德教育的目的。在学校道德教育方面，杜威提出"一切教育的目的是形成人格"。他在《教育哲学》一书中指出："道德教育的含义很深，最重要的是个性与社会的关系，道德教育不如旁的教育，它一方面发展个性，养成知识、能力、感情，另一方面发展之后，还需要使社会的同情增加。"杜威极力批判道德教育就是教育人们遵从既定的规范，甚至变成所谓的自觉。他认为道德教育的目的应分为三个层次：第一个层次是发展的德育目的，即发展坚强的意志力、卓越的判断力和敏锐的感受力。因为人的鉴别力和判断力随着智慧的增长是不断发展的，而社会文明程度也是不断提高的，对人们的要求也是变化的。第二个层次是明智的德育目的。既然道德教育强调发展个人的智慧、情感和行为能力，尊重个体自身的判断力与鉴别力，但是人总处在与他人、与社会的交往中，因此，这些品质的培养并不是感性的、随意的，而必须是理智的，要正确处理好个体与他人、与社会的关系。第三个层次是民主的道德教育目的。杜威严厉批判传统教育目的的强制性，认为它只是无视个体的外在强迫，而在这种状态所谓的道德教育目的其实是强制个体循规蹈矩，毫无民主可言。人们拥有的更多遵守既定规范的意志和忍耐力，甚至把这种规范变成强制的"自觉"，而不是处理问题的智慧和能力。① 最后，杜威的道德教育的方法。杜威认为，如果"教师将一些抽象的道德规范，强加给不能全面理解其真正需要的儿童，把重点放在矫正错误的行为而不是养成积极的习惯"，那么"这种道德教育是病理的"；"如果学校采取的措施是为了应负责任，不参加实际社会生活，这种训练就是形式的"，"只有儿童积极而明确地意识到他所从事的活动，才能按照他不得不做的工作立场来判断他的行为价值"。为此，杜威概括了四点关于道德教育的方法：营造真实的道德情境，培养个体的鉴别力与判断力；培养个体的主动意识，形成"自动道德"；培养具有行动力量的品格，积极实践道

---

① ［美］杜威：《民主主义与教育》，北京：人民教育出版社，2018年，340页。

德；培养个体的社会性，增强社会责任意识。由此可见，学校的道德教育应从儿童参与社会生活出发，"离开了参与社会生活，学校就没有道德目标，也没有什么目的"。

3. 杜威德育思想对中国思想政治教育的影响

杜威是 20 世纪对中国影响最大的一位教育家。他在中国生活两年多。杜威到达中国之时，正值五四运动前夕，中国的知识界极其渴望新知识与新学说，他的思想极大地影响了中国的知识界。

首先，杜威德育思想影响中国思想政治教育目的的设立。

思想政治教育是社会或社会群体用一定的思想观念、政治观点、道德规范，对其成员施加有目的、有计划、有组织的影响，使他们形成符合一定社会所要求的思想品德的一门课程。它遵循人的思想行为的形成、发展规律，从人的现实表现入手，根据思想政治教育的要求去创造和改变外界环境，从而促使人们形成良好的思想动机，获得尽可能好的行动结果。杜威反对依据传统制定教育目的的行为，他认为强加的目的只会使教育者和受教育者的工作变得更加机械。他说："生长的目的是获得更多更好的生长，教育的目的是获得更多和更好的教育"；"教育的过程在它自身以外没有目的，它就是它自己的目的"。由此可见，杜威的教育目的论包含两层含义：一是主张教育无目的——无教育过程外的由社会所制约的目的。杜威通过对教育的认识，用生活、成长去解释教育。因为人们的成长、生活是没有终结的，所以教育就应该没有终极目标。二是认为教育过程内的目的是生长。在这里杜威强调教育目的是指存在于教育过程中的内部目的，而非外部强加的教育活动的目标。他认为如果让外部教育目的去指导教育活动，将会导致教育的固定、僵化，甚至会影响教育效果。真正的教育目的是内在于教育过程之中，在于人的本能、冲动、天性和兴趣等中，是经验"继续不断的重新组织，或继续不断的改造"。所以，杜威的这个理念对中国思想政治教育的发展影响深远。例如 1919 年 10 月，第五次全国教育会联合会讨论教育目的的问题时，就认为教育之真义在于造就对社会有用的人才。教育者不应该通过某种方法来束缚被教育者，应该用平等而自由的眼光看待教学。1922 年，中国发布了七条有关学制的标准，每一条都包含杜威的教育理念。综上所述，杜威教育思想强调目的的多样化、个性化是破解当下思想政治教育僵局的一个有效途径之一。同时，杜威让受教育者在学习中享受生活的快乐，将启发教育者在思想政治教育过程中注重培养受教育者的个性，激发受教育者的兴趣和提高判断某种价值是否符合自身需求的能力。现代思想政治教育应该以重视培养受教育者能力为思想政治教育改革的趋势。

其次，尊重受教育者，引导从做中学，注重理论与实践的结合。

在传统的教育中，往往采用单一的填鸭式灌输教育，使受教育者被动学习书本上的知识。杜威认为如果不调动受教育者内在动力，无异于将不思饮水的马匹牵到河边强迫它喝水，从而让个人能力不能施展，最终导致思想政治教育的低效。针对这种情况，杜威提出"教育即生活、学校即社会"以及"从做中学"的观点，充分尊重受教育者的主体地位，主张生活与学校结合起来的思想；特别是在道德教育中，由于道德来源于生活，学会生活的过程就是形成道德的过程。因此，要想实现预期的道德行为目标，就应把道德教育与社会生活统一起来。目前，我国虽注重以实践锻炼的方式要求受教育者参与社会生活，但这种方法是以理论为基础的行为训练，学校、社会的政治要求与受教育者的政治准备有时不能统一，观念上的政治与政治上的观念存在差距，在具体的实践中偶尔会陷入消极的局面。打破这种局面的关键就是要组织受教育者参加"社会生活"，使"社会生活"成为他们学习的一部分。可见，教育最好的方式就是把学校教育当作一种社会生活；而最佳的道德训练恰恰来自人们在思想与生活的统一中与他人发生一定的社会关系。同时，杜威还认为应当充分尊重受教育者，建立起教育者与受教育者之间的互动双向性，营造一种民主的氛围，在保持平等的基础上相互交流，从而达到共同提高的目的。杜威反对"书本中心论"和"教师中心论"，主张从儿童的生活经验入手，"在做事里面求学问"，用儿童的亲身经验获得知识。他说过："一个儿童要学习的最难的课程就是实践课，假如他学不好这门课程，再多的书本知识也补偿不了。"因此，杜威认为只有经验才具备能使理论充满活力和可以证实的实践意义。

当下，我国的思想政治教育，无论在内容还是方法上，都不同程度地缺乏训练和实践活动，单纯的知识传授现象比较严重。实际上，思想政治教育是一门实践性非常强的学科，它的主要目的就在于培养受教育者知行合一的行为习惯和勇于实践的态度和能力。单纯采用灌输式的教学手段，是无法达到理想效果的。作为思想政治教育实践的主体，受教育者应该参与各种校内外活动。但实际上学生的实践活动总是流于形式，这就必然导致社会规范要求内化为受教育者的思想政治品德的愿望落空，更难将受教育者的思想政治品德观念外化为品德行为。杜威认为人不能脱离社会而生活，无论是教育者还是受教育者都是社会生活中的重要群体，道德发展离不开实践活动。在杜威看来，实践活动决定了道德的发展。道德的发展只有通过与他人交往、与他人合作才能获得。那么，思想政治教育作为一种内化信念、外化行为的人生准则，理应把"经验"融合到实践中，去激发受教育者的学习热情，使"经验"成为提高受教育者思维能力的推动力。因此，对于当下的思想政治教育来说，如果能合理吸收杜威教育思想，关注受教育者的知识经验，注意把经验材料呈现在儿童的社会生活当中，做到教学内容与受教育者的生活经验相联系，让受教育者在实践中产生问题，才会真正提高思想政治教育的实效性。

总之，充分尊重受教育者，发挥受教育者的主体地位，充分发挥受教育者参与实践活动的主动性，潜移默化地影响受教育者的思想觉悟，并将好的思想转化为实践，从而真正实现思想政治教育所要达到的效果。杜威的思想对我国思想政治教育事业具有重大的意义，我们要吸收杜威思想中合理的部分与我们的具体实际相结合，以此来指导实践，提高我国思想政治教育的科学性、实效性，促进思想政治教育事业的发展。

四、思想道德教育与思想政治教育的关系

长期以来，我国在理论上和实践上通常将思想道德教育与思想政治教育视为等同的概念，或者说是相互包容、相互交叉的概念。这与我国历史发展的延续性和现实状况的需要性有着特殊的、密切的联系。然而，思想道德教育与思想政治教育是既有联系又有区别的两种教育形式。

（一）思想道德教育与思想政治教育密切的联系

1. 思想道德教育与思想政治教育概念相似

广义的思想政治教育内涵拓展，涵盖思想教育、政治教育、道德教育、法制教育以及心理教育五个方面。而广义的思想道德教育就是培养受教育者道德品质的活动，从而使思想道德教育的外延由先前的道德教育拓展为思想教育、政治教育、道德教育、法制教育及心理健康教育等。思想道德教育是人的素质教育，对一个国家而言，属于国民的素质教育，思想政治教育是人的政治信念教育，属于国家意识形态的教育，二者都是必不可少的教育，同属于教育的重要组成部分，为贯彻党的教育方针，为受教育者的全面发展、健康成长提供助力。

2. 思想道德教育与思想政治教育理论基础相同

思想道德教育和思想政治教育的根本理论基础是马克思主义理论，马克思主义理论亦称马克思主义理论体系，是关于全世界无产阶级和全人类彻底解放的学说。它由马克思主义哲学、马克思主义政治经济学和科学社会主义三大部分组成，是马克思、恩格斯在批判地继承和吸收人类关于自然科学、思维科学、社会科学优秀成果的基础上于 19 世纪 40 年代创立的，并在实践中不断地丰富、发展和完善的无产阶级思想的科学体系。十月革命一声炮响，给中国送来了马克思主义，但中国并不是完全照搬马克思主义，而是将马克思主义基本理论同中国具体实际相结合，不断形成具有中国特色的马克思主义理论成果。当下，习近平新时代中国特色社会主义思想就是中国社会主义思想政治教育和思想道德教育最现实、最具体的理论基础，为思想政治教育和思想道德教育目标、任务、内容、方式方法和基本途径指明了方向，提供了依据。另外，随着思想政治教育和思想道德教育研究范围的扩大，心理学、教育学、社会学、伦理学、人才学等相关理论也为思想政治教育和德育提供有益养分。

3. 思想道德教育与思想政治教育目的相似

思想道德教育是通过对受教育者思想、政治、道德、法律心理等方面的引导和影响，以提高受教育者自我修养的一种教育活动。思想政治教育是为维护社会稳定，促进社会发展，培养合格接班人而对人类施加意识形态影响的教育活动。可见，不论是思想道德教育还是思想政治教育，都以解决人的思想认识问题为根本目的。换句话说，思想道德教育与思想政治教育目的一致，两者都是特定社会的思想、政治意识对社会成员的渗透，都具有明显的时代性、阶级性和综合性特征。其依据都是人的发展需要和社会发展需要，使他们树立科学的世界观、人生观和价值观，以正确地观察、分析客观事物，自觉地按客观规律办事，使受教育者成为合格的社会主义现代化建设的"四有"新人。

4. 思想道德教育与思想政治教育方式类似

思想道德教育和思想政治教育在教育方式上有很多相似性。首先，理论教育。随着市场经济的发展，理论教育越发显现出其独有的社会需求性。理论教育在满足人们对社会生活需求适应性的基础上，还能促进人们心理的健康稳定发展。实践证明，理论教育对人们的心理调节确实可以产生积极的影响。它既可以满足人们对社会生活需求的适应性心理调节，又能促进人们心理因素的健康稳定发展。因此，正确的理论教育引导，有助于人们寻找自我定位，对人们的自身发展，社会发展都有着重要的意义。其次，日常教育。通过日常工作开展教育是思想道德教育和思想政治教育的重要途径。日常教育是指平时的经常性的思想政治教育，内容包括国际、国内形势教育，党的路线方针政策教育以及现实思想教育等，一般是围绕中心工作进行，主要回答和解决人们现实中遇到的各种现实思想问题，使他们懂得怎样生活、怎样工作、怎样学习、怎样做人，提高识别和抵制各种腐朽思想侵蚀的能力，防止和克服各种不良倾向。最后，舆论教育。各种媒体的舆论引导教育是思想道德德育与思想政治教育最为宽广的途径。现代社会媒体的舆论引导教育将发挥越来越重要的作用。如广播、电视、电影、报刊、网络、通信等都是开展思想道德教育与思想政治教育的现代途径。

（二）思想道德教育与思想政治教育的区别

对思想道德教育和思想政治教育的理解关键是在道德和政治两个词的含义上，两者不能互通和替代是显而易见的。具有良好的思想道德不等于具有坚定的政治信念，如果把这两种教育等同在一起，就等于忽视了思想政治教育，淡化了马克思主义理论教育。具体区别如下几点。

1. 思想道德教育与思想政治教育学科属性不同

学科属性指的是一门学科自身固有的特质，是关涉其存在发展的始基性问题，这一问题的基础性决定了理解以及反思学科的根本出发点，成为自身合法性获得与学科意识确立的前提和依据。

从教育属性上看，在马克思主义理论升格为一级学科，思想政治教育成为独立的二级学科之后，思想政治教育的马克思主义学科属性和定位就更加明确，它是归属于马克思主义的思想政治教育学科。所以，思想政治教育是以马克思主义为理论基础的，研究人们社会主义、共产主义思想意识形成、发展规律和实施思想政治教育的规律的科学。从这个定性中不难发现，思想政治教育既是受政治制约的思想教育，又是侧重于思想理论方面的政治教育，是综合思想教育和政治教育的一种社会实践活动，其实质是为政治服务的意识形态教育，其特点是政治性和阶级性。

这和思想道德教育有明显的区别。思想道德教育即思想品德教育，包括政治教育、思想教育、道德教育，是教育者依据一定社会的要求、受教育者思想道德发展的需要和形成规律，有目的地对受教育者施加影响，并通过受教育者积极能动的认识、体验、践行，从而使他们形成一定的思想品质、政治品质、道德品质；是教育者采用言教、身教等有效手段，通过内化与外化，发展受教育者的思想、政治、法制和道德几方面素质的系统实践活动过程。可见，思想道德教育要依据既定的德育规格和具体的培养目标，依照受教育者思想意识发生、发展的一般规律出发，对受教育者实施基础的、规范的、稳定的、系统的教育。一般情况下，有广义和狭义之分。广义的思想道德教育指所有有目的、有计划地对社会成员在政治、思想与道德等方面施加影响的活动，包括社会思想道德教育、社区思想道德教育、学校思想道德教育和家庭思想道德教育等方面。狭义的思想道德教育专指学校思想道德教育，指教育者按照一定的社会或阶级要求，有目的、有计划、有系统地对受教育者施加思想、政治和道德等方面的影响，并通过受教育者积极的认识、体验与践行，以使其形成一定社会与阶级所需要的品德的教育活动，即教育者有目的地培养受教育者品德的活动。目前我们一般说到的思想道德教育是指狭义的学校的思想道德教育问题。

因此，作为学科性质，思想政治是集理论教育、社会认识和公民教育于一体的综合性课程，它对受教育者进行了政治素质、思想素质、道德素质、法律素质、心理素质等内容的教育，其中突出了思想政治素质的教育，这是灵魂。而作为狭义思想道德教育，它是学校德育工作系统中的一个重要环节，具有不同于一般学科工作的特点。

2. 思想道德教育与思想政治教育的内容略有不同

思想道德教育依据既定的教育模式，遵循教育学的原则，主要是进行的行为规范教育、内化道德规范、形成道德观念、发展道德判断、培养道德情感、养成道德行为、提高道德素质的教育。思想道德教育的实质是养成教育，康德就认为思想道德教育的第一个目的就是道德品格的养成。所以，进行道德教育的重点不是认知道德规范，而是内化道德规范，提高道德自律能力。具体内容必须紧密联系社会生活实际，但它总体上要保持内容的连贯性和稳定性，不会因社会发生重大形势变化而做出重大调整。具体内容主要包括个人品德教育、职业道德教育、社会公德教育、爱情婚姻家庭道德教育、社会主义公民道德规范教育和共产主义道德理想教育，等等。

思想政治教育内容则是依据党和国家一定时期的路线、方针、政策，依据国家的政治经济形势和任务，依据各个地区各个单位在特定条件下人们存在的思想问题而开展的教育。思想政治教育尽管也有其稳定的内容，但更多的内容是不固定的。党和国家在不同时期工作的侧重点不同，政治、经济、社会、文化发展在不同时期有不同特点，各个地区、各个单位在不同的发展阶段会有不同的矛盾表现，因而思想政治教育的内容就要做出及时的调整。所以说思想政治教育的内容是一个不断从抽象到具体的发展变化过程，是一个丰富而开放的体系。主要包括思想教育、政治教育、道德教育、心理教育、法制教育、纪律教育六个方面的内容。

3. 思想道德教育与思想政治教育过程的不同

我们先看道德教育的过程，思想道德教育教育过程由五部分组成。第一，提高道德认识。道德认识，是指人们对客观存在的道德关系及如何处理这种关系的原则和规范的认识，是品德心理结构的重要组成部分，包括道德印象的获得、道德概念的掌握、道德评价和道德判断能力的发展、道德信念的产生及道德观念的形成等。其中，道德概念的掌握、道德评价和道德判断能力的发展是道德认识形成和发展的重要阶段和主要标志，在不断掌握道德概念、逐渐提高道德评价和道德判断能力的过程中形成、发展和加深。这是对道德的认知阶段，也是受教育者的自律阶段，又是道德行为和习惯养成的先导。第二，陶冶道德情感。道德情感是一种情感体验，指个体对一定的社会存在和道德认识的主观态度。在一定的社会条件下，人们根据道德准则要求进行道德活动时会产生爱慕、憎恶、信任、同情等比较持久而稳定的内心体验，它对道德认识的提高有直接推动作用，对道德行为起着巨大的调节作用，是联结"知"与"行"的中介和桥梁。第三，确立道德信念。道德信念就是人们通过对社会道德规范的认识和了解，在自身强烈的道德情感驱动下，对履行某种社会道德义务产生的强烈的责任感。人们对某种道德理想、道德原则和规范在内心的确信，是构成道德品质的主要因素之一，一旦形成，便具有相对的稳定性和持久性。一个人具有道德信念，不仅能在日常生活中迅速定向，毫不犹豫地按道德常规行事，而且也能在复杂变化的、道德冲突的情境中运用它去辨明是非、善恶，克服内心矛盾，做出合理的行为抉择并加以执行。这样做就会感到心安理得或满足，否则就会感到不安或内疚。道德信念是道德行为的内部强大动力，也是人们自我监督、自我反省和自我强化的重要因素。第五，养成道德习惯。道德习惯，亦称"道德行为习惯"，是指与一定的道德需要、道德倾向相联系的自动化的行为方式。经长期自觉的练习与实践而形成，是一个人由不经常的道德行为转化为内在的道德品质的关键因素。它的养成不仅使人获得了易于实现道德动机的行为手段，而且还由于它的受阻产生消极的情绪体验。从而成为进一步激励人们行动的内驱力。此外，我们必须重视道德教育和行为的锻炼，使人们的行为形成稳定性和一贯性，从而培养良好的道德习惯。以上五个部分充分体现了道德教育中对受教育者道德品质培养进行"晓之以理、动之以情、导之以行"的全过程，而且是几个彼此联系、相互影响的要素。

思想政治教育的过程是以教育影响为中介的，是教育者与受教育者相互影响、相互作用的双向活动过程。其过程基本由问题、准备、沟通、启发、转化、提高、解决、评价等阶段构成。这一过程可以细分为三个方面：第一，它是教育者积极施加教育影响的过程。也就是教育者依据社会要求能动地认识和改变受教育者思想品德的过程。第二，它是受教育者能动地接受教育影响的过程。这一过程实际上也就是受教育者通过自己的积极活动能动地认识和影响教育的过程。第三，它是受教育者自身思想矛盾运动的过程。也就是受教育者在教育者的启发和引导下进行自我教育、能动地认识和改造自己思想的过程。思想政治教育是一项系统工程，在每一具体工作过程中都具有以上基本阶段，各阶段之间的关系绝对不是僵死的、固定的、不变的，而是相互交错、相互渗透的。只有对思想政治教育的过程有一个辩证的、整体的、动态的认识，注重对每一阶段特征及其关系的掌握，才能从实际出发，充分发挥各阶段应有的功能，使思想教育向科学化、规范化方向发展，切实增强思想教育的实效性。

4. 思想道德教育与思想政治教育的作用不同

思想道德教育是指以一定的社会规范和道德准则对人们施以影响，并促使其转化为个体的道德品质的教育。如社会公德、职业道德等等。因而，思想道德教育的主要作用是促使人们按照一定的是非善恶观念和道德准则建立良好的社会关系，通过道德的协调作用，使社会保持和谐，维护社会的相对稳定。从个人成长来说，具有良好的道德品质，正确处理个人与他人、个人与社会的关系，才能为社会做出贡献。

思想政治教育作为阶级社会的产物，是政治建设的必要条件，是经济建设的坚强保证和文化建设的主导因素，其主要作用在于化解矛盾、统一思想、提高认识、凝聚人心，充分调动人们的积极性，激发人们的创造力，以便更好地完成各项任务，所以从作用上看，具有保障人们思想的正确方向和激发精神动力的作用；从个人成长来说，则能促使受教育者健康成长，满足社会政治发展的需要。

综合以上分析，思想道德教育与思想政治教育是既有联系又有区别的两种教育形式。党中央和历代教育家历来重视思想政治教育与思想道德教育。毛泽东同志曾说过："我们的教育方针，应该使受教育者在德育、智育、体育几个方面都得到发展，成为有社会主义觉悟、有文化的劳动者。"我国目前正处在改革开放、加快社会主义现代化建设和建立社会主义市场经济体制的新时期，创新创活道德教育和政治教育，树立新的教育理念，使它们与时代相适应，才能真正实现促进人类的进步。

（三）　网络之下的思想道德教育与思想政治教育①

当今时代网络影响着人们生活的方方面面，从工作到生活，从理论到实践，从行为规范到价值取向，无不随之而变。根据中国互联网络信息中心（CNNIC）发布的第十六次中国互联网络发展状况统计报告，截至 2021 年我国互联网网民总数已经达到 1.03 亿，与去年同期相比增长 18.4%，我国网民总数和宽带上网人数均仅次于美国，位居世界第二，这标志着我国互联网络发展进入了一个新阶段，因此，研究网络之下的道德教育与思想政治教育具有十分重要的意义。对于网络的研究可以从宏观和微观两个角度分析，专题四中已从宏观角度做了详细论述，本专题从微观角度进行分析。

1. 微网络环境下思想道德教育与思想政治教育面对的挑战

随着网络技术的渗透，尤其是智能手机所带来的网络时代对思想道德教育和思想政治教育造成较深的影响。手机、手提电脑等信息媒介具有及时性、广泛性以及多样性等特点，在迅速传播信息的同时也带来了一系列的挑战。

（1）微网络教育主阵地受冲击

在传统的思想道德教育与思想政治教育工作中，教育者处于核心主导地位，可以通过面对面的传授、引导或者与受教育者深度访谈实现对受教育者的教育。但"微网络"逐渐模糊了传播主客体之间的界限，传统教育的主体地位被去"中心化"，出现了"无限中心化"的倾向。受教育者可以平等地接收来自各种层次与内容的信息，微网络中的"意见领袖"常常代替了传统教育者的引导作用。同时"一键转发"功能可以把小事件放大化，使其迅速得到传播，从而造成微网络平台运行过程中缺乏有效的把控手段，进而可能影响思想道德教育与思想政治教育的实效。

_____

① 任凤琴：山东省社科规划课题："微网"之下高校德育创新研究（17CSZJ07）的阶段性成果之一。

（2）教育内容的权威性受挑战

思想道德教育与思想政治教育的内容主要是按照社会的要求与受教育者的具体情况，通过教育者的筛选和设计确定的。教育的主要目的是经过相关的教育方式让教的内容被受教育者有效吸收，最后逐渐外化变成适应社会期待的具体的行动。所以思想道德教育与思想政治教育的内容的正确性是不容怀疑的，具有的权威性也不能被削弱，这样才能保证达到教育的目的。但是，随着互联网的发展，受教育者在"三观"还未成熟时，浏览信息极易受到影响。特别是当下受教育者大多数是"00 后"，因为年龄、阅历、知识的限制，他们在认知方面还不成熟，不具备辨别力。在网络环境较为隐匿的保护下，国家政治的复杂环境不易被发觉，一些西方国家通过网络，把其价值取向和政治思想传输到微博、微信等平台，使受教育者在获取信息的同时受到感染，比如拜金主义、享乐主义、极端个人主义等思想严重阻碍受教育者的身心健康发展，也加大了思想道德教育和思想政治教育工作的难度。

（3）教育环境日益复杂多变

在微网络开放性、便捷性和隐匿性显著特征的影响下，互联网空间环境愈加复杂，其消极影响因素使当下的思想道德教育和思想政治教育环境较传统教育环境更加难以控制和监管。当前微网络泛娱乐化倾向严重，微网络平台受娱乐化影响表现出凡事以追求娱乐为主的思想倾向，正如尼尔·波兹曼在《娱乐至死》中提道："一切公众话语日渐以娱乐的方式出现，并成为一种文化精神。我们的政治、宗教、新闻、体育、教育和商业都心甘情愿地成为娱乐的附庸，毫无怨言，甚至无声无息，其结果是我们成了一个娱乐至死的物种。"① 在泛娱乐化影响下教育的严肃性和教育的深度受到一定的冲击。同时，微网络环境下，舆论纷争更为激烈复杂。别有用心之人借助微网络虚拟环境畅所欲言，肆无忌惮地传播错误的思想以混淆受众视听，甚至盲目鼓吹西方政权体制，大肆宣扬追捧普世价值，刻意贬低马克思主义思想和我国的政治经济制度，等等。这些内容一旦通过微网络大量转发，容易形成覆盖范围广的错误舆论。如果受教育者对其迷惑性、煽动性、欺骗性的外衣缺乏一定的辨别能力，容易盲目听信和跟从这些不良舆论蛊惑，其思想价值判断与

---

① ［美］尼尔·波兹曼：《娱乐至死》，章艳译，北京：中信出版社，2015 年，2 页。

行为态度可能发生巨大改变。因此，教育环境的日益复杂多变给微网络舆情处理引导机制带来重大挑战。

2. 微网络之下的思想道德教育和思想政治教育对策①

（1）创新"微"网络育人模式

网络技术的发展为思想道德教育和思想政治教育开辟了新渠道，尤其是微信、微博等新媒体平台的广泛应用，象征着"微网络"时代的到来，因此，教育者不断创新适应微网络环境的育人模式，才能不断适应微网络环境的快速变化。

首先，引入微思政，注重生活化教育。"微思政"是运用数字媒体技术与互联网资源，通过 QQ、微信等自媒体承载形式，以日常化、生活化的对话形式对受教育者的价值观念、道德思想、人生态度等进行思想道德与思想政治教育的模式。特别是不断渗透生活化的教育理念。马克思说过不是意识决定生活，而是生活决定意识。陶行知先生也提出："教育只有通过生活才能产生作用并真正成为教育。"意思是对受教育者进行思想道德教育、思想政治教育的过程中，要注意以现实生活为中心，关注受教育者的生活体验，解决受教育者的生活问题，这种注重生活化的育人模式，在一定程度上能紧密联系实际，改变传统育人内容与生活相脱节的现象。

其次，精选微资源，更新理论教育体系。微资源，即各种移动互联平台资源。随着 App 等应用程序的普及，微资源涵盖更多更广泛的领域。微网络资源凭借其强大的功能和所承载的丰富内容备受人们关注，为受教育者的教育内容扩充与理论体系的完善提供丰富的教育资源。但微网络环境下，微资源的质量良莠不齐，知识内容碎片化，且呈现多元化、个性化趋势，对于受教育者来讲，面对海量复杂的微资源往往难辨其真实性。这就要求教育者精心筛选优质微资源，深入挖掘微资源内部的精神价值，以促进理论教育体系的更新和充实。

再次，立足微平台，强化媒介素养教育。形形色色的用户、来源不明的信息、暗流涌动的思潮等诸多因素交织在一起导致微网络平台的运用极为复杂，对自制力差、心智尚不成熟的受教育者的道德素质产生不良影响。通过

---

① 参考王晓娟：《微网络环境下大学生思想政治教育创新研究》，山东农业大学，2019 年。

微网络平台强化媒介素养，开展反映时代精神的价值观宣传教育，传播符合主流意识形态的文化理念，推广微网络使用规范，帮助受教育者养成正确鉴别信息的能力，从而提高独立分析与判断问题的能力。

最后，创新微语言，提升感染力。随着互联网的普及，网络热词层出不穷，传统的教育话语体系显然已经无法满足当下现实的需求，话语方式和传播方式的改革至关重要。一方面，教育者要重视教育内容中包含诸多政治话语转化为通俗化的话语，满足受教育者的话语需求。教育者在转变话语方式的过程中，可以选择用受教育者喜闻乐见的日常话语或运用相应的修辞手法，将晦涩难懂的理论转变为易于理解的"生活化"语言，增强话语感染力；另一方面，在话语传播方式上，随着互联网技术的快速发展自媒体时代到来，人人都有麦克风，人人都是记录者，拓宽了信息获取的渠道。因此，教育工作者要充分利用微信公众号、微博、QQ群、QQ空间这"四微"平台，以理论学习、信息发布、舆情引导为主，传播教育内容和时政热点，并适当加强微网络话语的引荐和运用，坚持平等对话，有选择地融汇微语言，将"高、大、上"的教育话语以网络化、趣味化的方式表达出来，以便沟通交流，推动思想引导和教育辅导工作的顺利进行，落实意识形态安全责任，强化话语体系的吸引力，最终实现借助主流意识形态教育凝结受教育者思想共识的教育目标。

(2) 创活"微"网络教育载体

教育内容的有效灌输、育人方法的灵活运用、教育者与受教育者之间的和谐互动等都离不开思想政治教育载体。随着现代社会生活的发展和科学技术的进步以及思想政治教育实践活动的发展，可供运用的载体越来越多。当下，微网络快速发展的"微"形式成为新兴的载体。

首先，利用微网络，创活微文化。微文化伴随着微网络的诞生发展而兴起，并随着微网络广泛应用而普及的一种文化形态，借助于微博、微信等微网络平台传播，"短小精悍"是其主要特征。微文化虽形式简短但其放大了个体微世界，内容涵括宏大，以精简的形式突出深厚的人文价值内涵并得以广泛传播，突出意识的主体性。微文化是移动互联时代的产物，不仅以其碎片化和趣味性并存的鲜明特点吸引受教育者，而且也承担着起引领思想道德教育和思想政治教育建设的重任。理念是行动的先导，思想政治教育者必须从思想层面对其重视起来，加强对微文化的正确认识。

其次，利用微媒体，丰富传播载体。思想政治教育大众传播载体是指教育者以各种大众传播媒介为渠道，向受教育者传导思想理论内容，使大学生既能够接触庞大的社会信息，又能够感受教育影响。随着微网络的广泛发展和普及，充分利用微传媒载体拓展理论创新成果的传播方式，搭建微媒介平台，以活灵活现的"微表达"发挥微媒体广泛的辐射作用，使丰富的理论知识宣传阵地从书本、课堂向更广阔的虚拟空间传递，向方寸屏幕转移。同时，优化微媒体、微视频、微直播以及开发学习 App 小程序等微传媒载体，通过故事化、通俗化、视频化方式传播教育内容，反馈教育效果，更新教育理念，聚合传播力量，以期形成全方位的教育态势。

（3）完善"微"网络监管机制

党的十八大以来，以习近平同志为核心的党中央高瞻远瞩、审时度势，提出一系列网络空间治理的新理念、新思想、新战略。党的十九大报告提出："建立网络综合治理体系，营造清朗的网络空间"，为新时代网络空间治理提供了工作遵循和目标指引。首先，发挥教育者的监督功能。教育者应积极开通微博和微信，与受教育者交流沟通，经常浏览和关注受教育者发布、转发、评论的热点信息。同时，建立信息采集处理机制，对受教育者在微网络平台发布的信息进行搜集采集和有效判断，及时加强沟通和交流，提升危机舆情的警醒力。其次，制定完善的网络监督制度。随着互联网技术的更新迭代以及移动网络终端的普及，为适应不同人群的自由化需求，微网络平台要不断优化创新，根据个性功能、兴趣爱好和价值追求逐渐发展。例如微博、微信、微视频、微直播等多种多样、功能齐全的平台，受教育者可以通过各种微网络平台的相互扩散和连接，形成自组织化的多元开放交际圈子。面对复杂多样的微网络平台，教育者可以开发和运用网络监管技术、信息筛选软件等净化网络环境，减少网络垃圾信息对受教育者的侵害，强化分类管理，实施有效监管，建立新时代网络空间综合治理体系，全面推进新时代网络空间治理现代化。

2017 年教育部发布《高校思想政治工作质量提升工程实施纲要》，指出要大力推进网络教育，拓展网络平台，丰富网络内容，加强网络队伍建设，净化网络空间，推动思想政治工作传统优势同信息技术高度融合，引领师生网络意识，提升网络文明素养，为微网络环境下的思想道德教育和思想政治教育指明了方向。正如习近平总书记提道："青年一代有理想、有本领、有担当，国家就有前途，民族就有希望。"因此，推动思想道德教育和思想政治教育改革已成为必然趋势。在改革的过程中，要与时代接轨，真正贴近实际生活和思想需求，教育者要在品德修养上高标准，严要求，用高尚的人格感染受教育者，培育其明辨是非的能力，使其自觉践行社会主义核心价值观，最终成长为合格的、能够担当民族复兴大任的时代新人。

专题十一 思想政治教育中的人文关怀和心理疏导研究

党的十八大报告明确提出："要加强和改进思想政治工作，注重人文关怀和心理疏导，培养自尊自信、理性平和、积极向上的社会心态。"所以，思想政治教育工作应该注重人文关怀和心理疏导，做到既要教育人、引导人，又要尊重人、关心人，促进人的全面发展。

一、思想政治教育的人文关怀

（一）人文关怀

"人文"一词，源自拉丁语的"人文学"（humanitas），意指关于人的学问。人文关怀就是关怀人和人类社会本身。一般认为发端于西方的人文主义，其核心在于肯定人性和人的价值。具体来说，人文关怀是指对人进行人文精神的关注、关照和关怀，即对人的生存状况的关注、对人的生命意义的关照、对人的发展前景的关怀。人文关怀就是要以促进人的全面发展为目的，以尊重人、理解人、肯定人、丰富人、发展人、完善人为宗旨，是人类自觉意识提高的反映。从这个概念可以看出，人文关怀不仅关怀人的个性解放和自由平等，而且还尊重人的理性思考，关怀人的精神生活等等，这是社会文明进步的体现。

中国传统文化和哲学很早就开始体现出了人文关怀的思想。《周易》的贲辞中如是说，"刚柔交错，天文也；文明以止，人文也。观乎天文以察时变，观乎人文以化成天下"。①"人文"作为一个关注人类社会的概念，不能脱离人而单独存在，它需要通过人来体现自身的价值。四书五经中也提出了"以礼待人"的文化思想。所以，人作为"人文"现象的中心，既是自然存在的生物，又是文化的传承者。在西方国家的人本主义思想中，也是因为有了人，世界上的一切事物才有了灵魂，不仅提出了"众生皆是自由而平等的，人生来就有其尊严和价值"，而且还有"理性至上，批判愚昧"的正面思想。由此可见，历经数千年的发展，人文关怀逐渐形成了一套成熟的理论，从字面理解来看，"人文关怀"由"人文"和"关怀"共同构成，"人文"指的是以人为本，"关怀"则指的是投入情感，既体现了对人文价值的追求，也体现了开展实践活动要围绕人文精神，体现人权和尊严。

（二）人文关怀的基本原则

原则，从词义上理解就是指说话或行事所依据的法则或标准。基本原则就是指人们在想问题和办事情时必须遵循的基本规律和准则。在思想政治教育中有效渗透人文关怀不能靠随意的主观判断，而必须按规律办事，遵循以下基本原则。

1. 主体性原则

主体性是指人在实践过程中表现出来的能力、作用、地位，即人的自主、主动、能动、自由、有目的的活动的地位和特性。马克思主义认为，在人与万物的关系中，人是作为主体而存在的，自然要从人的性质出发去认识人与世界的关系。但人又是一个历史发展的过程，人的主体性的澄明也是一个历史的过程，因而对人作为主体以及人的主体性的认识，就因具体的历史条件的不同而不同。在古代社会，人处在依赖性的社会关系之中，主体的活动呈现主体活动的无主体状态，人作为主体的地位以及人的主体性都没有得到充分的展现。所以，在人类文明的早期阶段，外在力量统治着人，人在寻求自己存在的根据时，总是把目光投向外面的世界，而不能把主体自身看作与世界不同的存在并以此为根据来说明人与世界的关系。其实，人作为主体并不在于他是一个实体性的人，而在于他在与世界的关系中处于一种能动性的地

---

① 《易经》，周鹏鹏译，北京：北京联合出版公司，2015 年，54 页。

位，发挥能动的作用。由此可见，在思想政治教育过程中，要切实做好思想政治教育工作，就必须尊重受教育者的能动地位，发挥能动作用。反观我国传统思想政治教育，在内容上单纯强调理论灌输，忽略受教育者实际发展的需求；在教育方法上，采取简单说教，使受教育者处于被动接受的地位，忽略其主体性；在思想上，思维固化，墨守成规，缺乏创新。因此，充分承认、尊重、发挥受教育者的能动性和创造性，引导和鼓励受教育者积极参与思想政治教育活动，才能增强受教育者的主体观念和主动能力，激发其无限潜能与智慧，使思想政治教育更具有吸引力和感染力，以期提高思想政治教育的实效性。

2. 民主性原则

民主性原则，是指对受教育者进行思想政治教育的过程中，坚持民主的精神、民主的作风和民主的方法。民主性原则是实现人文关怀教育的首要原则，没有民主，人文关怀就无从谈起。"民主"一词源于希腊文"demos"，意为人民，其含义为在一定的阶级范围内，按照平等和少数服从多数原则来共同管理国家事务的国家制度。民主不仅是由全体公民直接或通过他们自由选出的代表行使权力和公民责任的政府，而且还是保护人类自由的一系列原则和行为方式。因此，民主是以多数决定、同时尊重个人与少数人的权利为原则。在思想政治教育过程中，如果实施民主性原则就要充分尊重受教育者，学会理解人和关心人。因为人与人之间建立感情的前提是教育者与受教育者之间的这种尊重和平等关系。克服过去那些凭借地位、身份，装腔作势、居高临下和以权压人的不良作风，充分尊重受教育者的尊严、荣誉、地位、人格和合法权益，否则，人与人之间无法做到坦诚相待，真心交流。

同时，如果实施民主性原则，还应该积极进行"疏"和"导"的工作。"疏"和"导"是坚持思想政治教育的另外一种重要的方法，主要表现为发扬民主，尊重受教育者的主动性、积极性；对他们进行摆事实，讲道理，以科学的真理和丰富的知识帮助他们明辨是非，以表扬、鼓励为主，激发他们的自尊心、自信心和上进心，鼓励他们不断前进；发扬和运用受教育者自身的优点去克服缺点；制定必要的规章制度和行为准则，把教育引导与执行必要的规章制度结合起来，使受教育者的言行有章可循。通过这一系列的思想政治教育方式和方法方面的改进，教育者和受教育者之间会形成一种新型的尊重、平等和民主的关系，才能得到受教育者的认同，从而使思想政治教育深入人心。

3. 生活化原则

生活是生命存在的方式，是生命之源和人生之本，是实现人生意义和价值的活动空间。个体生命的发展只能在富有人性完整的生活世界里才能实现。思想政治教育是对受教育者的思想品德形成和发展变化的教育，这种教育是不能脱离现实生活的。正如著名教育学家陶行知所说，"生活即教育"。生活决定教育，有什么样的生活便有与之相应的教育，教育是为了满足人生需要的，使人不断向前、向上发展。教育与生活是同一过程，教育含于生活之中，教育必须和生活结合才能发生作用，不与实际生活相结合的教育不是真正的教育。由此可见，加强人文关怀要坚持贴近生活的原则，需要做好以下两点：一是从实际生活出发，注重受教育者自主性与能动性的发挥，使思想政治教育回归生活。过去传统的思想政治教育教学过程中，教育内容远离生活实际，忽略受教育者的自主性和能动性，教育内容交叉重复，脱离实际，假、大、空被当成思想政治教育的代名词，直接导致了受教育者在教育中的缺位，主体性得不到尊重，缺乏理性思考和创新理念，必然会出现跟风和盲目现象。二是采取有效措施，切实关心受教育者生活问题。思想政治教育要契合受教育者实际生活，对生活中出现的学习、就业、心理等方面的正当合理需求，采取积极措施，进行有效解决。比如，运用好与受教育者生活紧密联系的大众传媒载体，如先进的教学设备、QQ群、校园论坛、校园公益广告等，为受教育者排忧解难，尽量帮助他们解决来自生活中的各项压力，以使受教育者身心得到和谐发展，自觉践行道德修养，这样才能更好地发挥思想政治教育的人文关怀作用。

4. 情感性原则

情感性原则就是在教学过程中使受教育者处于积极的情感状态，并培养受教育者各种良好的情感品质。也就是说，情感性原则既把调动、激发受教育者的情感作为手段，又把培养情感特别是高级社会情感作为教育的目标。

我们知道，传统的教学模式大多是唯理性的，即以传授理性知识、培养理性精神为其主要目的，以语言、概念、逻辑等理性化手段为教育方法，要求受教育者刻板记忆。但在中外教育史上也有一些教育家，在教育实践中体验到带着积极愉快情绪学习的好处。例如，我国古代的教育家孔子、王阳明，外国教育史上的伊壁鸠鲁、卢梭、裴斯泰洛齐等均提出过有益的见解。

现代的用脑科学理论认为，人的大脑两半球有着不同的功能：人的左脑主管语言和抽象思维的神经中枢，人称"逻辑半脑"；人的右脑主管形象思维、意志、情感等神经中枢，人称"情感中枢"。研究发现，人的显意识功能主要集中在大脑的左半球，人的潜意识功能主要集中在大脑的右半球。脑的这两个半球虽有明显的分工，且各司其职，但这种分工又不是"绝然隔离"的，它们之间没有不可逾越的鸿沟；而是通过"胼胝体"相互联系，互相沟通，交流信息。因此，传统教学模式的重理性、轻情感，重认同、轻思变，也就是只重视开发和训练大脑左半球，忽视右脑潜能的发挥，这既不利于培养和造就学生的创造潜能，又不利于学生将来形成完满的人格。所以，遵循情感性原则，有利于克服上述倾向，充分发挥学生的大脑潜能，有利于拉近教育者与受教育者的距离，推动教育工作的顺利进行。

5. 差异性原则

差异性原则是指在受教育者思想政治教育过程中，从受教育者的特点出发，承认差别，因材施教，根据不同的受教育者提出不同的要求，对不同的受教育者运用不同的方法。在教育中受教育者身心发展的特征决定教什么、怎样教等基本的问题，贯彻因材施教的差异性原则必须研究学生的身心发展特征。马克思指出：个性的充分发展就是"一切天赋得到充分的发挥"。每一个受教育者由于先天遗传、后天环境以及自身因素等，个体之间客观上必然存在多方面的差异，比如，个人素质、兴趣能力、性格气质等方面千差万别。因此，承认和尊重受教育者个体的差异性，在具体工作中根据受教育者的差异采取个性化的教育方法，是实现思想政治教育的基础。同时，思想政治教育者还要注意尊重个性，因材施教，避免千篇一律的僵化模式。美国哈佛大学教授霍华德·加德纳在"多元智能理论"中指出，传统的智力观过于狭隘，把智力主要局限在语言和数理逻辑能力方面，忽视了对人类和个体的生存及发展具有同等重要性的其他智力。他认为人类至少包含言语、音乐、逻辑、视觉、身体、自知、交往、自然观察八项智能。这启示我们，智力的内涵是很丰富的，智力的种类是多样的，学生之间的智力倾向性是不同的，绝对不是教师教什么就学什么的简单问题。即便是同样的内容也应该有不同的呈现方式，以适应不同的学生。因此，根据受教育者的倾向有的放矢地提出不同的教育要求，灵活多样地采取各种教育方法，才能真正贯彻和落实好思想政治教育工作。

（三）思想政治教育与人文关怀

思想政治教育研究的对象是人，即社会或社会群体运用一定的思想观念、政治观念、道德规范，对其成员施加有目的、有计划、有组织的影响，使他们形成符合一定社会要求的实践活动的人。因此，思想政治教育的根本任务就在于培养符合社会主义建设的合格人才，提高人的思想道德素质，促进人的全面发展。而人文关怀，关注的是人的生存和发展，以充分理解和尊重为前提，深切地关怀每一个个体的生命质量，以期实现人的自由、全面的发展。它所体现的人文主义精神，是马克思主义的一个基本维度。马克思、恩格斯在《德意志意识形态》中指出："我们的出发点是从事实际活动的人。"充分肯定人在实践活动中的主体性，使得思想政治教育与人的生命、人的成长密切相关，也决定了思想政治教育的研究应有强烈的人性观照与人文关怀。

1. 思想政治教育的本质要求人文关怀

现代社会，随着经济不断发展，一方面，社会物质财富不断积累和丰富，人们对物质的需求普遍得到满足，医疗设施及卫生条件逐步提高，人们的身体健康得到了保障。但是，另一方面，商品经济的飞速发展也给许多人的价值观念带来了冲击，使人们的思想观念发生一定程度的改变。比如一些人奉行拜金主义、享乐主义和消费主义等。在思想政治教育过程中，教育者从人的全面发展出发，以人为本，在尊重、引导和满足人的健康成长、成才需要的基础上，肯定人的价值，切实关怀他们的思想成长、政治进步、道德提升、心理和谐、价值实现和权益维护，以此促进受教育者的身体和心理和谐发展，使他们不被物质欲望所迷惑。马克思认为："人不是孤立的个体，在其本质上是一切社会关系的总和。"人是社会的人，人总是生活在群体之中，人的全面发展取决于社会关系的丰富性和全面性。思想政治教育的过程就是促进人的全面发展的过程。换句话说，人文关怀贯穿思想政治教育从理念到实践的全过程，只有重视人文关怀，才能为人的自由全面发展的实现创造条件。所以，从根本上来说，思想政治教育的本质就是以肯定人的价值，切实关怀人的需求为目的，把人的自由全面发展作为衡量活动的标准，充分发挥人的主体性。

2. 人文关怀是思想政治教育中问题解决的必然选择

每个时代的青年人都不可避免地会受到时代的影响，从而表现出一定的时代特征。相较于过去，现代年轻人的生活理念、成长环境、思维方式等均有所改变。传统的价值取向、教育方式等，明显无法满足思想政治教育的发展，这也给思想政治教育带来了新的挑战。

（1）思想政治教育中存在的问题

首先，重视共性，忽视个性。许多教育者对受教育者的背景、个性、能力、心理等个人基本情况了解不够，把所有受教育者视为同质同类，在工作中往往采取"一刀切"的做法，忽视了不同年级、不同性别、不同性格爱好的受教育者群体和个人的差异性与独特性，使受教育者的个性需求没有得到有效关怀。其次，重视教育者的主导地位，忽视受教育者的主体作用。目前，在思想政治教育实践中普遍存在这样的现象。教育者在教育过程中有至高无上的权威，片面强调受教育者的绝对服从，将自己的主导地位与受教育者的主体作用对立起来，采取灌输式教育，偏重于知识的传授，忽视实践的训练。长久下来，受教育者变成了接受教育的客体和知识灌输的"容器"，活动空间和思维方式受到极大的钳制，不利于提升受教育者的发展空间和培养他们的自主能力。最后，重理论，轻实践。思想政治教育过程本身就是一种社会实践活动，并随着社会实践的发展而发展。同时，实践是思想政治教育实现的基本途径，也是人的思想品德形成和发展的基础。然而，在现实的思想政治教育中，实践环节受场所和组织的限制，使受教育者投身各类校园文化活动、积极参与寒暑假的社会实践等，只能使小部分受教育者受用，大部分受教育者仍处在被人们所忽视的状态。所以，思想政治教育的这种重理论、轻实践的做法，不能成功地过渡到受教育者的日常行为当中，思想政治教育的实效性也大打折扣。

（2）必然选择的缘由

思想政治教育应该从受教育者的现状出发，选择多样化的教育方式，把学习、生活和职业等需求结合起来，实现对人的现实生活的回归，关照人的生存状况，考虑人的生存境遇，不断满足人的合理需求，这是解决思想政治教育问题的关键点，也是人文关怀的价值意蕴。

首先，关怀受教育者的生活状况，满足合理需求。

我们知道人总是有各种各样的需求，人的需求不仅局限于物质方面的满足和生存条件的改善，更重要的是精神世界的高度文明，其根本是人的道德境界的发展，是人的精神家园的构建。西方人本主义学家亚伯拉罕·马斯洛提出，人类需求像阶梯一样从低到高按层次分为五种，分别是：生理需求、安全需求、社交需求、尊重需求和自我实现需求。第一，生理上的需要。这是人类维持自身生存的最基本的需要，包括对食物、水、呼吸、睡眠、衣物、住所的需求。这些需求中任何一项如果得不到满足，人类个人的生理机能就无法正常运转，人类的生命将会受到威胁。因此，缺少生理需要的人类将无法实现更高层次的需求，在这个意义上，生理需要是推动人们行动的最强大的动力。马斯洛认为，只有这些最基本的需要满足到维持生存所必需的程度后，其他的需要才能成为新的激励因素，而到了此时，这些已相对满足的需要也就不再成为激励因素了。第二，安全上的需要。这是人类要求保障自身安全、摆脱事业和丧失财产威胁、避免职业病的侵袭、接触严酷的监督等方面的需要。包括人身安全、健康保障、资源所有性、财产所有性、道德保障、工作职位保障、家庭安全，等等。马斯洛认为，整个有机体是一个追求安全的机制，人的感受器官、效应器官、智能和其他能量主要是寻求安全的工具，甚至可以把科学和人生观都看成满足安全需要的一部分。当然，当这种需要一旦相对满足后，也就不再成为激励因素了。第三，社交需要。这一层次包括对以下事物的需要：友情、爱情、性亲密等（此处把性的需求归类于社交需求，区别于生理需求和安全需求）。换句话说，人人都需要伙伴之间、同事之间的关系融洽或保持友谊和忠诚；人人都希望得到爱情，希望爱别人，也渴望接受别人的爱。这一层次的需要其实是一种归属感的需要，归属于一个群体的感情，希望成为群体中的一员，并相互关心和照顾。感情上的需要比生理上的需要更加细腻，它和一个人的生理特性、经历、教育、宗教信仰都有关系。第四，尊重的需要。这一层次包括对自我尊重、信心、成就、对他人的尊重、被他人尊重的需要。这是人作为社会的一部分，希望有自己的稳定的社会地位，希望自己的能力和成就得到社会的承认。他们关心的是成就、名声、地位和晋升机会，当得到这些时，不仅赢得了人们的尊重，而且也因其内心对自己价值的满足而充满自信。① 总之，马斯洛认为，尊重需要得到满足，能使人对自己充满信心，对社会充满热情，体验到自己活着的用处和价值。第五，自我实现的需要。该层次包括的需要有：道德、创造力、自觉性、问题解决能力、公正度、接受现实能力，等等。该层次需要是最高层次的需要，它是指实现个人理想、抱负，发挥个人的能力到最大限度，完成与自己的能力相称的一切事情的需要。达到自我实现境界的人，既能接受自己也能接受他人。解决问题能力增强，自觉性高，善于独立处事，能完成与自己能力相称的一切事物的需要。也就是说，达到自我实现境界的人能干自己喜欢且与自身相称的工作，这样才使得他们感受到最大的快乐，并且发挥最大潜能的创造价值。马斯洛认为，为满足自我实现需要所采取的途径是因人而异的。这个层次是人类在努力实现自身的目标，发掘自己的潜能，使自己越来越接近自己所期望成为的人物。综上所述，马斯洛需求层次理论阐明，人的一生是会有多种需要的。这些需要能激励大多数人去满足一项或多项在他们一生中被认为重要的需要。更进一步地说，任何一种特定需求的强烈程度取决于它在需要层次中的地位以及所有其他更低层次需要的满足程度。因此，思想政治教育中人文关怀以尊重、关心人的需要为基点，以不断提升人的精神品位、丰富人的心灵世界为价值取向，以唤醒人的自我意识、完善人的道德境界为核心，以引导人的终极关怀、促进人的全面发展为最终目标。这说明所做的一切努力都是向着更高层次的需要逐步迈进，唯有如此，才能使人生达到顶峰。

其次，充分发挥受教育者的主观能动性。

人的自由而全面的发展是思想政治教育的核心目标和最终目标。马克思

---

① ［美］亚伯拉罕·马斯洛：《动机与人格》，许金声，等译. 北京：中国人民大学出版社，2012 年，45 页。

将人的存在形态分为三个阶段，这三种存在形态同时也反映了人的三种发展方式，即依赖于物的发展，依赖于人的发展以及人的自由而全面的发展。其中，思想政治教育和人文关怀都以促进大学生的全面发展为目标。传统思想政治教育虽然也将人的发展作为目标追求，但是采用灌输式的思想政治教育方法，只注重受教育者对知识的掌握，忽略受教育者的主动性、积极性和创造性，严重影响受教育者主观能动性的发挥。所以说，这种教育是片面的，是违背教育目的的。因为教育目的"教"是为了"不教"，也就是最终实现人的自我教育，实现人的终极关怀。

主观能动性也叫自觉能动性，是人能够有意识地自觉地想问题、办事情，是人类特有的能力与活动。马克思主义认为，人区别于动物的特点就在于人具有自觉能动性或主观能动性。它包括互相联系着的三个方面：第一，人类认识世界的能力以及人们在社会实践的基础上能动地认识世界的活动，即我们通常说的"想"；第二，人类改造世界的能力以及人们在认识的指导下能动地改造世界的活动，即通常我们所说的"做"；第三，人类在认识世界和改造世界的活动中所具有的精神状态，即通常所说的决心、意志、干劲等。

思想政治教育从本质上来说就是一种人文关怀，都是以让人更好地生存和发展为出发点所从事的一种社会实践活动。思想政治教育不仅是针对人的思想进行塑造和培养的一种教育活动，还是人类精神文明传承的一种文化活动，所以说人文关怀的内涵寓于思想政治教育之中。那么，在思想政治教育过程中，发挥受教育者的主观能动性也是十分重要的。人的积极性是作为社会主体的人在改造客观世界过程中所发挥的推动社会发展和进步的一种精神作用，是人的本质的一种外在表现。其主要表现为：主动性、主导性、创造性、超越性等。主动性是指能积极主动地接受思想政治教育；主导性是指在被思想政治教育的过程中始终起主导和支配作用；创造性是指在被思想政治教育中会探索新方法、新形式的创新精神和创新能力；超越性是指受教育既立足现实，又超越现实，与社会未来发展相适应的思想政治素质。思想政治教育中受教育者主观能动性发挥与否及发挥程度的大小直接影响思想政治教育过程规律的认识及运用状况，影响思想政治教育的实际效果，决定着思想政治教育最终目标的实现情况。马克思认为，"人的本质是一切社会关系的总和"，物质的满足不是生命的全部，人处于不同的社会关系之中，如家庭关系、师生关系、朋友关系等，这就意味着人在满足自身生存需要的同时，还有着追求发展和完善的需求，追寻生命的价值和意义。因此，人的主观能动性的发挥程度与人文关怀的价值意蕴具有内在的一致性。

最后，加强社会实践，塑造完美人格。

广义的社会实践是指人类认识世界、改造世界的各种活动的总和。即全人类或大多数人从事的各种活动，包括认识世界、利用世界、享受世界和改造世界等等。狭义的社会实践即假期实习或是在校外实习。对于受教育者来说，具有加深对专业的了解、确认适合的职业、为向职场过渡做准备、增强就业竞争优势等多方面意义。思想政治教育人文关怀的重要使命是要全面地教育和培养受教育者，使他们能够在人格上得以健康、全面地发展。思想政治教育通过塑造受教育者的个性、陶冶他们的情操、充实他们的情感、提高他们的精神旨趣，以扭转陷溺于物质文化中的"单面人"的片面、狭隘的状况，消除病态、畸形的人格心理，完善他们的人格，促进他们人性的丰富和高扬，使他们都能够以健康的人格、良好的心态去从事兼职工作。可见，思想政治教育中的人文关怀是一项复杂而又系统的工程，与受教育者的物质、心理、思想等等各个方面息息相关。因此，进行社会实践，必须思想政治教育相关部门和工作人员形成合力，互相配合、互相协调，还需要家庭、社会各界的共同支持与保障，共同为思想政治教育人文关怀工作创设良好的社会环境。综上所述，社会实践是受教育者接受思想政治教育人文关怀的重要环节，认真把握受教育者社会实践的特征规律，增强创新精神，进一步拓展社会实践创新发展的广度和深度，对于培养中国特色社会主义事业的合格建设者和可靠接班人具有极其重要的意义。

二、思想政治教育中的心理疏导

随着我国经济社会的发展，人们对心理健康日益关注，思想政治教育作为一项重要的社会实践性活动，也要不断加深对受教育者心理的研究。

（一）心理疏导的内涵

"心理疏导"根据《现代汉语词典》的解释，"心"是指"思想的器官和思想情况、感情等"。关于"心理"，辩证唯物主义认为"它是感觉、知觉、思维、情感、性格、能力等的总称。是客观事物在脑中的反映"。而心理的表现形式就是心理现象，包括心理过程和心理特性。所以，"心理疏导"中的"心理"是指个体的个性心理及其发展过程。

疏导的"疏"在《辞源》上的解释为"开通；疏导"，"导"具有"启发、引导、疏导"之意。二者结合起来就是疏通、引导。心理疏导则是指针对人们心理和思想上的各种问题而进行疏通和引导。把疏导和心理连接在一起，主要强调的是人们心理积淤的疏通和引导，将其导向积极健康的轨道。

心理疏导有广义和狭义之分。狭义的心理疏导是一种以人本主义心理学和认知心理学为基础理论，通过言语的沟通技巧进行"梳理、泄压、引导"，改变个体的自我认知，从而提高其行为能力和改善自我发展的心理疏泄和引导。而广义的心理疏导是绝大部分人认为的模糊范畴，如在思想、观念等很多层面上的疏通与引导。思想与心理紧密相通。人的心理活动首先要经过获得感觉、知觉的感性认识过程，并未形成人的思想。心理材料逐渐丰富、完善达到一定程度后，经过心理思维的加工后才形成了人们的思想、观念、观点，从而达到对客观事物的本质和规律的认识。在这个复杂的过程中，人对客观事物的认识，总是根据事物能否满足自身物质和精神上的需要而产生，还会产生为了满足某种需要，自觉确定目标，克服内外困难并力求实现目标的心理过程，这就是情绪情感和意志感觉到思想的转化过程。因此，心理是基础，贯穿于思想形成的过程中。思想又是心理的升华，思想的形成对心理活动具有调节作用。

在思想政治教育中，疏通和引导是密切联系的统一整体，是辩证统一的关系，疏通是引导的前提，疏通的目的是正确地引导。没有疏通，教育对象无法彻底敞开其思想，就无所谓引导，更不能正确地对其引导。引导是对疏通的延续，是疏通的目的，没有引导，各种不正确的思想言论就会漫无目的地放任自流，甚至泛滥成灾，致使好不容易通过疏通形成的良好开端失去了目的，疏通也就失去了活动的意义。具体来讲，思想政治教育中的心理疏导就是指部分思想政治教育者遵循人的心理活动规律和思想发展规律，运用心理学、思想政治教育学等相关方法和技术，在调适受教育者不良心理状态的过程中，疏通、引导其思想观念，为提高人的思想政治素质和心理素质，最终实现人的全面发展与社会的和谐发展相协调奠定良好条件的教育方式。

在进行心理疏导时，要注意以下两点：一是注意不能"压堵不疏、简单粗暴"。二是注意引导结果的"两张皮"现象。两种做法的错误在于使教育对象的思想和教育目标本身产生脱离，片面强调对思想问题的答疑解惑，而没能把教育引到正确的轨道上来。

（二）心理疏导的特征

1. 心理疏导的导向性

导向性是思想政治教育中心理疏导的一项重要特征。思想政治教育要牢牢坚持社会主义方向，即在意识形态领域的导向。方向，是意识形态工作的根基。所谓思想政治教育的意识形态性，是指它的政治性、阶级性，也就是说它明确地属于一个阶级，一并为这个阶级的根本利益服务，其作用在于维护一个特定社会的统治阶级的统治。心理疏导的导向性就是始终遵循党的领导，而且坚定立场，配合党和国家掌握好意识形态工作的主导作用，并将主动权牢牢把握起来。由此可见，思想政治教育中的心理疏导，不仅要帮助人们疏通不良情绪，还要在此基础上帮助和引导人们辨别、选择、坚持一定的政治方向，提高人们的政治觉悟，抵制不良舆论和声音，引导人们以科学的观点看待社会主义，帮助人们认清中国的发展形势，正确认识、理解社会发展方向和发展趋势，坚持正确的政治方向。

2. 心理疏导的多元性

心理疏导的目标不是单一固定的，不是简单心理学当中的就一个问题的解决，它是一个全方位的对受教育者的关注。时代的多元也决定了人需求的多元，马斯洛理论把需求由低层次到高层次依次分为生理需求、安全需求、社交需求、尊重需求和自我实现需求五类。其微观目标在于帮助个体正确认识出现在生活、情感、学习等多方面的问题，帮助个体调节认知、情感与意志状态。其宏观目标就是每一个个体不断升华学生的优秀品质和品格，让受教育者在学习知识且自身得到发展的同时，能发自内心地热爱党，热爱社会主义事业，热爱自己的祖国，立志成为祖国最需要的人才。

3. 心理疏导的专业性

心理疏导对教育者素质提出了较高的要求。心理疏导要真正打动人、说服人，首先是靠真理的力量。所谓真理的力量，就是教育者讲的东西必须符合实际，反映事物的本质和社会进步的趋势。同时，教育者还必须以身作则，言行一致，带头实践自己的道德标准和价值观念。正如古代圣人孔子所言："其身正，不令而从；其身不正，虽令不从。"可见教育者必须积极地树立自身的榜样模范作用，用科学的真理说服人，坚持言教和身教相结合。其次是靠心理的力量。心理疏导不再是单一的政治理论教学，而是涉及心理学理论的知识。这就要求教育者根据受教育者的思维特点，以更加专业的水平，用科学的道理启发受教育者的思考，切实增强受教育者接受教育的信服感，帮助受教育者明辨是非，提高他们的思想认识水平，以愈加专业的方式对受教育者所出现的思想和心理问题进行妥善应对与处理。

4. 心理疏导的交互性

教育者和受教育者是一个双向的沟通交互过程。教育者施加的任何教育影响，并不是仅有教育者对受教育者的传达。换句话说，教育者的教育只有经过受教育者的心理接纳、主动选择、消化吸收、自觉内化等环节，才能体现为内在的思想转化。由此可见，在心理疏导中，教育者和受教育者双方要有充分表达自己看法的机会和时间，同时教育者要依据受教育者的情绪变化来了解对方。因而，在这个过程中，教育者与受教育者所进行的是一种双向互动的思想情感的沟通和交流。具体说就是教育者在心理疏导中要根据受教育者的信息反应和反馈，对心理疏导的内容、策略与技巧等适当加以调整。心理疏导的交互性的特点改变了以往思想政治教育中多数由教育者单方面地传递内容的弊端，更加准确地阐释了人们信息交流的实际过程。

5. 心理疏导的共情性

"共情"（Empathy）一词来源于希腊文 empathetic，即"神入"，最早在心理咨询与治疗中使用的是罗杰斯。他使用"Empathy"的含义有三个方面，一是咨询师放下自己的参照标准设身处地地以来访者的参照标准，正确理解来访者的内心感受；二是咨询师运用咨询技巧，把自己对来访者内心体验的理解传达给对方；三是引导来访者对自己的感受，做进一步的思考，从而促进其内在心理机制的恢复。如果从罗杰斯对"Empathy"的理解来看，罗杰斯更多重视的是"情"而非"理"，这个词应该译为"共情"或"同感"。那么，共情在心理疏导过程中，就是指从受教育者的参照标准出发，设身处地地感受受教育者的情绪，体验其真实的内心世界，运用相关方法把自己对受教育者内心体验的理解准确地传达给对方，引导受教育者对其自身感受做进一步的思考，而且双方进行的不仅是理性的信息交流，更是情感信息的交流。在思想政治教育中共情的目的在于对受教育者内心世界敏锐地洞察。教育者对受教育者出现的思想问题不仅从理性思考进行分析，而且还在情感上予以理解，创造有利于交流的和谐氛围，使其在和谐的心理氛围中感受到自己被理解、被悦纳，从而感到心灵的愉快和满足，最终实现思想政治教育的目标。

（三）思想政治教育与心理疏导的关系

思想政治教育与心理疏导存在不可分割的联系。思想政治教育与心理疏导不是主体与客体、主观与客观等这样的两分关系，而是包含与被包含、实践与功能的一体性关系。从根本上来说，思想政治教育包含心理健康教育的内容，也必然产生心理疏导的作用和功效。从具体表现上来说，思想政治教育在实践中验证了自己的价值和魅力，也在实践中展现了心理疏导的功能。

1. 思想政治教育与心理疏导的目的一致

心理与思想的活动规律具有相通性。心理是人在实践活动中人脑对客观现实的主观能动的反映。心理与思想都是活化在生命体中的精神现象，都是人脑的机能，都以客观现实为源泉和内容。心理与思想有着相辅相成、相互促进的辩证关系。在思想政治教育中，心理疏导的目的是帮助人们清除思想障碍，提高思想认识，促进人们的身心全面发展，而思想政治教育的育人目的是使人们拥有健康的人格品质、优良的思想品德，并让它们全面发展，从而促进受教育树立积极健康的"三观"和优良的思想道德品质，两者是高度一致的。可见，两者都是处理人们思想或心理问题的方法和艺术，最终目的都是实现人的全面发展，使之成为适应社会、服务社会的合格人才。所以说心理疏导与思想政治教育的目的是一致的。

2. 心理疏导与思想政治教育功能互补

首先，思想政治教育具备心理疏导的功能。在当今经济全球化的进程中，各种社会思潮、意识形态、价值取向和思想观念相互碰撞，使人们的心理、思想以及行为方式呈现多样性、复杂性、矛盾性等特点；同时，市场经济追求利益最大化原则和物质利益观念空前膨胀的巨大冲击，在一定程度上也造成人们的财富虽在增加，满足感和幸福感却在减少，许多受教育者心理上不免会产生失衡。还有生活节奏和生活方式的加快、激烈的竞争、各种突发事件和自然灾害等也往往会给人们带来一系列的认识的偏差，情绪波动，意志摇摆不定，从而形成痛苦、犹豫、失望的消极心理。思想政治教育的萌芽形式为疏导方针和疏导原则。它既是思想政治教育的内容，也是思想政治教育的一种方法。高校思想政治教育的实质就是使受教育者树立正确的世界观、人生观和价值观，通过对他们的认知因素和认知结构的调整，转变他们的认识角度，扩大他们的认知范围，从而使他们以全面而深入的视野认识到自身所面临的社会形势和肩负的重任。思想政治教育具备心理疏导的功能，在一定程度上可以解决他们的心理困惑，并对受教育者的心理进行全方位的调整，进一步发展健康的心理，使其从根本上接受正确的思想政治教育。

其次，心理疏导促进思想政治教育内化。法国社会学家迪尔克姆最早提出内化的概念。在此基础上，美国的社会心理学家凯尔曼也认为内化有三层含义：一是服从，即表面顺从行为；二是同化，即自愿接受他人、集体的思想观点；三是内化，即行为主体从内心真正认同他人、集体的思想观点，并将这些思想观点纳入自己的价值体系，成为指导自己行为的思想态度体系。所以，内化即行为主体在真正认同和接受他人或集体的思想观念基础之上，将这些思想观念纳入自己的价值体系，使之成为自己态度体系的有机组成部分，并以此指导自己更好地认识世界和改造世界的过程。思想政治教育的内化就是指人们在思想政治教育过程中，将社会发展要求的思想、观念、规范纳入自己的态度体系，成为自己意识形态体系有机组成部分的过程。心理疏导促进思想政治教育内化，有助于促进人的心理和谐，为构建社会主义和谐社会提供坚实的精神支持。当前我国正在大力推进社会主义和谐社会的建设，和谐社会是以人为本的社会，强调人与人之间的和谐。其中，心理和谐是构建和谐社会的重要内容。因此，保持和促进社会成员的心理和谐、思想和谐是构建社会主义和谐社会的应有之义和精神诉求。心理疏导具有整合和谐意志、和谐政治关系，促进和谐文化，倡导和谐道德，培育和谐心理等强大功能，为保证思想的和谐、心理的和谐以及人际关系和谐提供良好的方法和渠道，从而为整个社会的和谐提供坚实的精神支持。高校要加强心理疏导，有效开展思想政治教育活动，促使思想政治教育效果内化于心，外化于行。

3. 心理疏导与思想政治教育的差异性

第一，心理疏导与思想政治教育的工作内容不同，心理疏导工作内容侧重于促进受教育者形成正确的思想认识。在心理疏导过程中，必然会涉及受教育者的心理问题，心理疏导也会利用一些心理学相关的有益方法、技巧，但是它的重点不仅停留在受教育者的心理层面，更是关注受教育者的思想意识层面，帮助他们形成正确的世界观、价值观和人生观。而心理咨询、心理治疗等相关方法要处理的问题主要是人们在心理层面的问题，帮助人们消除心理症状，使其获得自由健康的发展。第二，心理疏导与思想政治教育的价值导向不同。心理疏导以受教育者为中心，从受教育者利益出发进行心理疏导，主要解决受教育者的心理困惑和发展性问题，表现为价值中立。然而思想政治教育以马克思主义为指导，帮助受教育者树立正确的世界观、人生观、价值观，增强受教育者的爱国主义情感，弘扬爱国主义和社会主义的主旋律，坚定对马克思主义的信念，进一步提高分辨是非、善恶、美丑和加强自我修养的能力，为逐渐成为德智体美全面发展的社会主义事业的合格建设者和接班人打下扎实的基础，最终使受教育者的思想符合社会的主流价值观。第三，心理疏导与思想政治教育的方法不同。思想政治教育方法是教育者在适应自身及受教育者和教育环境变化规律的基础上，以完成既定教育任务为目标，在对受教育者进行思想政治教育过程中所采用的一切方式、办法或手段的总和。思想政治教育的方法多种多样，涵盖范围广泛。比如，疏导教育法，广开言路，集思广益，引导大家把各自观点和经验都发表出来；比较教育法，将两种不同事物和现象的性质、特点进行比较鉴别，得出正确结论，以提高思想认识；典型教育法，通过典型的人或事进行示范，教育人们提高思想认识；自我教育法，按照思想政治教育目标和要求，主动提高思想认识，包括自我修养（反省、反思、自我改造）、自我管理（自制、自律）和自我调控（调整与环境关系、调控认知和调控情绪）等方方面面。而心理疏导的方法更加专业，要借鉴心理辅导、心理咨询和心理治疗的工作理念和方式，但是心理疏导并不是"泛心理化"，它仍遵循了思想政治教育过程的基本规律和基本原则，充分发挥了思想政治教育工作中教育人、培养人的功能。换句话说，心理疏导是从受教育者的心理、情感、意志、信念等方面对受教育者进行升华与塑造，调适受教育者的心理状态，使他们的心理由不适应、不平衡向适应、平衡转化，从而消除心理障碍或心理困惑，化解精神和生活层面的各种矛盾，完成思想政治教育的内化过程。

三、马斯洛需要层次理论

亚伯拉罕·马斯洛（Abraham Harold Maslow，1908—1970 年）出生于纽约市布鲁克林区，美国社会心理学家、人格理论家和比较心理学家，人本主义心理学的主要发起者和理论家，心理学第三势力的领导人。1926 年考入康奈尔大学，三年后转至威斯康星大学攻读心理学，在著名心理学家哈洛的指导下，1934 年获得博士学位，之后留校任教。1935 年在哥伦比亚大学任桑代克心理研究工作助理。1937 年任纽约布鲁克林学院副教授。第二次世界大战后转到布兰戴斯大学任心理学教授兼系主任，开始对健康人格或自我实现者的心理特征进行研究。1951 年被聘为布兰戴斯大学心理学教授兼系主任。1969 年离任，成为加利福尼亚劳格林慈善基金会第一任常驻评议员。马斯洛一生著作颇多，比较著名的有《动机与人格》《存在心理学探索》《人的动机理论》，等等。马斯洛需要层次理论就是出自《人的动机理论》，该理论的问世对后世产生了深远的影响，至今在人力资源行业、教育行业、流动人口管理、青年教师管理、水资源开发利用、管理心理学、企业薪酬制定等方面都有运用。

（一）需要层次理论的内容

马斯洛需要层次理论亦称"基本需求层次理论"。按照理论，马斯洛认为个体成长发展的内在力量是动机。而动机是由多种不同性质的需要所组成，各种需要之间，有先后顺序与高低层次之分；每一层次的需要与满足，将决定个体人格发展的境界或程度。他把需求分成生理需求、安全需求、爱和归属感、尊重和自我实现的需要五类，依次由较低层次到较高层次排列。在自我实现需求之后，还有自我超越需求，但通常不作为马斯洛需要层次理论中必要的层次，大多会将自我超越合并至自我实现需求当中。

马斯洛认为五种需要有两个基本出发点，一是人人都有需要，某层需要获得满足后，另一层需要才出现；二是在多种需要未获满足前，首先满足迫切需要；该需要满足后，后面的需要才显示出其激励作用。一般来说，某一层次的需要相对满足了，就会向高一层次发展，追求更高一层次的需要就成为驱使行为的动力，像阶梯一样从低到高，按层次逐级递升，但这样次序不是完全固定的，可以变化，也有种种例外情况。

（二）马斯洛需要层次论的评价

1. 积极方面

（1）马斯洛提出人的需要有一个从低级向高级发展的过程，这在某种程度上是符合人类需要发展的一般规律的。一个人从出生到成年，其需要的发展过程，基本上是按照马斯洛提出的需要层次进行的。当然，关于自我实现是否能作为每个人的最高需要，目前尚有争议。但他提出的需要是由低级向高级发展的趋势是无可置疑的。

（2）马斯洛的需要层次理论指出了人在每一个时期，都有一种需要占主导地位，而其他需要处于从属地位。这一点对于管理工作具有启发意义。

（3）马斯洛需要层次论的基础是人本主义心理学。他认为人的内在力量不同于动物的本能，人要求内在价值和内在潜能的实现乃是人的本性，人的行为是受意识支配的，人的行为是有目的性和创造性的。

2. 消极方面

（1）马斯洛过分地强调了遗传在人的发展中的作用，认为人的价值就是一种先天的潜能，而人的自我实现就是这种先天潜能的自然成熟过程，社会的影响反而束缚了一个人的自我实现。这种观点，过分强调了遗传的影响，忽视了社会生活条件对先天潜能的促进作用。

（2）马斯洛的需要层次理论带有一定的机械主义色彩。一方面，他提出了人类需要发展的一般趋势。另一方面，他又在一定程度上，把这种需要层次看成固定的程序，看成一种机械的上升运动，忽视了人的主观能动性，忽视了通过思想教育可以改变需要层次的主次关系。

（3）马斯洛的需要层次理论，只注意了一个人各种需要之间存在的纵向联系，忽视了一个人在同一时间内往往存在多种需要，而这些需要又会互相矛盾，进而导致动机的斗争。

四、麦克利兰成就激励理论

戴维·麦克利兰，美国社会心理学家。1917 年出生于美国纽约州弗农山庄（Mt. Vernon），因心力衰竭逝于美国马萨诸塞州列克星敦市（Lexington）。1938 年获韦斯利恩大学心理学学士学位，1939 年获密苏里大学心理学硕士学位，1941 年获耶鲁大学心理学哲学博士学位。之后曾先后任康涅狄格女子大学讲师、韦斯利昂大学教授及布林莫尔学院教授，1956 年开始在哈佛大学任心理学教授，1987 年美获得美国心理学会杰出科学贡献奖，1987 年后转任波士顿大学教授直到退休，1998 年逝世。

（一）成就激励理论

戴维·麦克利兰从 20 世纪四五十年代起就开始对人的需求和动机进行研究，提出了著名的三种需要理论，并得出了一系列重要的研究结论。他是当代研究动机的权威心理学家。除此之外，他还做出过其他贡献，包括差异性假设、有机体适应能力的研究等。麦克利兰认为，在人的生存需要基本得到满足的前提下，人的最主要的需要有三种，即成就需要、权力需要、友谊需要。

1. 成就需要——争取成功，希望做得最好的需要

麦克利兰认为，具有强烈的成就需求的人渴望将事情做得更为完美，提高工作效率，获得更大的成功，他们追求的是在争取成功的过程中克服困难、解决难题、努力奋斗的乐趣以及成功之后的个人的成就感，他们并不看重成功所带来的物质奖励。个体的成就需求与他们所处的经济、文化、社会、政

府的发展程度有关，社会风气也制约着人们的成就需求。麦克利兰发现高成就需求者有三个主要特点：第一，谨慎地设定挑战性的目标。他们对成功有强烈的需要，但同时也担心失败，倾向于设定与自己能力相当的、中等难度的目标，对风险采取了一种现实主义的态度。因为如果目标过低，伴随着成功的是较少的成就满足感；而目标过高，则风险很大，成功的机会过于渺茫，会使他们难以体会到成功的喜悦。第二，喜欢通过自己的努力解决问题，不依赖偶然的机遇坐享成功。高成就需要的人，重视的是个人成就而不是成功或报酬本身。他们喜欢独自解决问题，一有时间就考虑如何把事情做得更好些，在工作中相信自己的能力，敢于做出决断，愿意承担责任。希望通过自己的努力获得成功，这样他们才会有成就感。第三，希望尽快得到工作绩效的反馈。他们对工作的结果非常关注，希望立即得到信息反馈，因此他们不愿意从事成果要很长时间以后才见分晓的工作。麦克利兰指出，人的成就需要是可通过后天培养而得到加强的，成就需要可以创造出富有创业精神的人物，他们会促进社会经济的发展，因此，全社会都应当认识到这一问题的重要性，鼓励人们努力建功立业，取得成就。

2. 权力需要——影响或控制他人且不受他人控制的需要

权力需要是指影响和控制别人的一种愿望或驱动力。麦克利兰认为，不同人对权力的渴望程度也有所不同。权力需要较高的人对影响和控制别人表现出很大的兴趣，喜欢对别人"发号施令"，注重争取地位和影响力。他们常常表现出喜欢争辩、健谈、直率和头脑冷静；善于提出问题和要求；喜欢教训别人，并乐于演讲。他们喜欢具有竞争性和能体现较高地位的场合或情境，他们也会追求出色的成绩，但他们这样做并不像高成就需求的人那样是为了个人的成就感，而是为了获得地位和权力或与自己已具有的权力和地位相称。权力需要是管理成功的基本要素之一。麦克利兰将权力分为两种：一是个人权力。追求个人权力的人表现出来的特征是围绕个人需求行使权力，在工作中需要及时的反馈和倾向于自己亲自操作。麦克利兰提出一个管理者，若把他的权力形式建立在个人需求的基础上，不利于他人来续位。二是职位性权力。职位性权力要求管理者与组织共同发展，自觉地接受约束，从体验行使权力的过程中得到一种满足。

3. 亲和需要——建立友好亲密的人际关系的需求

麦克利兰认为亲和需要就是寻求被他人喜爱和接纳的一种愿望。高亲和动机的人更倾向于与他人进行交往，至少是为他人着想，这种交往会给他带来愉快。高亲和需要者渴望亲和，喜欢合作而不是竞争的工作环境，希望彼此之间沟通与理解，他们对环境中的人际关系更为敏感。有时，亲和需要也表现为对失去某些亲密关系的恐惧和对人际冲突的回避。亲和需要是保持社会交往和人际关系和谐的重要条件。麦克利兰指出，注重亲和需求的管理者容易因为讲究交情和义气而违背或不重视管理工作原则，从而导致组织效率下降。

（二）成就激励理论的评价

成就动机有利于心理健康和社会经济的发展，但是并不是所有的成就动机都能推动社会经济的发展。麦克利兰不仅强调了成就动机的作用，还指出成就动机是在一定的社会气氛下形成的。成就动机有个人取向的成就动机和社会取向的成就动机之分。个人取向的成就动机有这样的特点：成就目标和评价标准主要由个人自己来决定；选择什么样的行为来达到成就目标，也是由个人自己来做主；成就行为的效果也由个人自己来评价，评价标准也是由个人自己来制定；个人对成就的价值观念的内化程度比较高，成就的功能自主性比较强，即追求成就本身是一种目的。社会取向的成就动机的特点有：强调个人的成就目标和评价标准主要由他人或所属的团体来决定；选择什么样的行为来达到目标，也是由他人或团体来决定；成就行为的效果由他人或团体来评价，评价标准也是由他人或团体不定期制定；个人对成就的价值观念的内化程度比较弱，成就的社会工具性比较强，即追求成就是一种手段，是为了让他人或团体高兴。

这两种取向的成就动机各有长短。在社会生活中，如果一个人的成就动机过于偏向某个极端，可能就会产生一些不良后果。这时的成就动机就不一定会推动社会的发展，甚至会起反作用。研究发现，个人取向成就动机过高的人在组织中往往表现得并不很出色。由于强调个人取向，这些人用自己个人的业绩标准来衡量成就，也因为个人目标的实现而得到满足。因此，他们更愿意独立工作，因为这样做可以使得任务的完成完全取决于他们自己的努力。这一特点可能会影响这些人在团队中的工作表现。在组织中，非常需要能够妥协、顺应并将自己的成就需要与组织目标结合起来的人。一个组织如果个人取向成就动机的人占的比重太大，则这个组织肯定不能获得长足的发展。

　　综上所述，思想政治工作是一项系统工程，由很多方面构成。在目标上，无论是马斯洛的需要层次理论、还是麦克利兰的激励理论都与思想政治教育是内在一致的。思想政治教育的激励就是根据受教育者的需要，激发人的动机，使人有一股内在的动力。具体而言，在客观事物的激励和需要未满足自身的紧张状态下，需要可以转化为动机，动机产生行为，行为指向目标，目标达到，继而产生新需求，新需求又引发新动机。这样循环往复，不断激励，自身的价值也相继得以实现。思想政治教育是一个开放的理论体系，可以充分借鉴需要和激励理论，优化思想政治教育方法，对提高思想政治工作实效性具有重要的意义。

参考文献

专著类：

1. 张耀灿. 现代思想政治教育学 ［M］. 北京：人民出版社，2006.

2. 马克思，恩格斯. 马克思恩格斯全集（第26卷）［M］. 北京：人民出版社，1972.

3. 列宁. 列宁选集（第1卷）［M］. 北京：人民出版社，1995.

4. 张岱年. 文化与价值 ［M］. 北京：新华出版社，2004.

5. 习近平. 之江新语 ［M］. 杭州：浙江人民出版社，2013.

6. 费孝通. 全球化与文化自觉——费孝通晚年文选 ［M］. 北京：外语教学与研究出版社，2013.

7. 常佩艳. 文化视野下高校思想政治教育实践研究 ［M］. 北京：九州出版社，2018.

8. 王升臻. 思想政治教育本质研究 ［M］. 郑州：郑州大学出版社，2016.

9. 毛维国，任凤琴. 思想道德修养与法律基础"慕课 N＋4＋3"教学模式导读 ［M］. 北京：人民日报出版社，2018.

10. 刘福军. 马克思主义宗教观教育初探 ［M］. 北京：宗教文化出版社，2014.

11. 周中之，石书臣，等. 现代思想政治教育理论与实践探微 ［M］. 北京：人民出版社，2009.

12. 教育部高等学校社会科学发展研究中心组. 大学生思想政治教育前沿

问题研究 [M]. 北京：高等教育出版社，2012.

13. 郑永廷. 思想政治教育学原理 [M]. 北京：高等教育出版社，2016.

14. 《思想道德修养与法律基础》编写组. 思想道德修养与法律基础（2018年版）[M]. 北京：高等教育出版社，2018.

15. 龚学增. 马克思主义宗教观中国化研究 [M]. 成都：四川人民出版社，2012.

16. 张志刚. 宗教研究指要（修订版）[M]. 北京：北京大学出版社，2013.

17. 曾传辉. 马克思主义宗教观研究（2011）[M]. 北京：社会科学文献出版社，2013.

18. 王来法. 马克思主义宗教观概论 [M]. 杭州：浙江大学出版社，2016.

19. 马啸原. 西方政治思想史纲 [M]. 北京：高等教育出版社，1997.

20. 徐大同. 西方政治思想史 [M]. 天津：天津教育出版社，2000.

21. 段忠桥. 当代国外社会思潮 [M]. 北京：中国人民大学出版社，2010.

22. 陈立思. 比较思想政治教育 [M]. 北京：中国人民大学出版社，2018.

23. 张耀灿. 中国共产党思想政治教育史论 [M]. 北京：高等教育出版社，2006.

24. 王树荫. 中国共产党思想政治教育史 [M]. 北京：高等教育出版社，2016.

25. 刘建军. 中国共产党思想政治教育的理论与实践 [M]. 北京：中国人民大学出版社，2008.

26. [法] 卢梭. 爱弥儿·论教育 [M]. 李平沤，译. 北京：商务印书馆，2015.

27. [美] 杜威. 民主主义与教育 [M]. 王承绪，译. 北京：人民教育出版社，2018.

28. [美] 马斯洛. 动机与人格 [M]. 许金声，等，译. 北京：中国人民大学出版社，2012.

29. ［美］马斯洛. 寻找内在的自我 ［M］. 张登浩，译. 北京：机械工业出版社，2018.

30. 王习胜. 思想政治教育人文关怀的理论与方法研究 ［M］. 北京：人民出版社出版，2019.

31. 鲁龙光. 心理疏导疗法解读 ［M］. 南京：东南大学出版社，2017.

期刊论文类：

1. 胡芳萍. 马斯洛需要层次理论视域下对高校思想政治教育的若干思考 ［J］. 漯河职业技术学院学报，2020（7）.

2. 黄靖然，张卫平. 论需要理论在思想政治教育中的实践意义 ［J］. 文化创新比较研究，2019（3）.

3. 关力. 麦克利兰和阿特金森及其成就需要理论 ［J］. 管理现代化，1988（1）.

4. 张良. 激励理论巨匠——戴维·麦克利兰 ［J］. 现代班组，2010（2）.

5. 蔡小葵. 马克思主义道德观及其对思想政治教育的价值 ［J］. 学校党建与思想教育，2020（7）.

6. 郭宝付. 坚持高校法治教育与道德教育相统一 ［J］. 中国社会科学报，2020（7）.

7. 王颖. 新中国70年道德教育观研究回顾与展望 ［J］. 昆明理工大学学报（社会科学版），2020（6）.

8. 吴琼. 高校思想政治教育的创新模式 ［J］. 高教学刊，2020（7）.

9. 许庆华. 无产阶级思想政治教育的哲学指导——恩格斯《路德维希·费尔巴哈和德国古典哲学的终结》中的思想政治教育论断及启示 ［J］. 思想教育研究，2020（6）.

10. 廖小琴. 思想政治教育本质研究的几个问题 ［J］. 思想理论教育，2020（6）.

11. 张智，单晓涵. 马克思《巴黎手稿》的思想政治教育意蕴及其启示 ［J］. 思想教育研究，2020（6）.

12. 张达盼, 张磊. 高校教师党员教育与大学生思想政治教育协同发展的意义及实践探究 [J]. 教育现代化, 2019 (6).

13. 黄琦. 高等教育在文化建设中的作用 [J]. 教育研究, 2009 (7).

14. 朱亚宾, 朱庆峰, 王耀彬. 德行与德性: 思政工作贯穿创业教育全过程的两个维度 [J]. 黑龙江高教研究, 2018 (36).

15. 孙其昂. 思想政治教育的转型发展及挑战 [J]. 学校党建与思想教育, 2017 (15).

16. 王东虓, 魏晓璐, 尹红领, 等. 社会主义核心价值观长效机制研究 (笔谈) [J]. 郑州大学学报 (哲学社会科学版), 2018 (3).

17. 胡晓敏. 全面从严治党条件下大学生政党认同教育与高校思想政治教育的融合研究 [J]. 改革与开放, 2018 (17).

18. 林泰. 为社会主义建设者和接班人培根铸魂 [J]. 思想理论教育导刊, 2019 (4).

19. 宋全. 切实铸牢中华民族共同体意识 [J]. 中国民族, 2018 (1).

20. 王露. 乡村振兴战略下农业大学职能定位与发展研究——基于三所农业大学的质性研究 [J]. 云南农业大学学报 (社会科学), 2019 (5).

21. 骆郁廷. 改革开放30年来高校思想政治教育的历史发展 [J]. 思想理论教育, 2008 (19).

22. 于俊如, 史佳华. 改革开放以来大学生价值观的变迁与启示 [J]. 思想理论教育, 2009 (1).

23. 段海超, 杨飏. 改革开放以来我国大学生价值观变迁规律及启示 [J]. 思想教育研究, 2017 (2).

24. 王海稳, 汪佳佳. 大数据时代高校网络思想政治教育创新研究 [J]. 思想政治教育研究, 2017 (4).

25. 许成坤. 论高校网络思想政治教育的路径选择 [J]. 思想政治教育研究, 2017 (5).

26. 杨飏. 大学生价值观变迁视野下的高校思想政治教育话语体系构建 [J]. 思想教育研究, 2017 (12).

27. 陈丽荣. 高校网络思想政治教育工作新探 [J]. 学校党建与思想教

育，2018（12）．

28. 冯刚. 改革开放 40 年来高校思想政治教育发展的经验与展望 [J].
中国高等教育，2018（13/14）．

29. 钱云光，张凤寒. 推进高校网络思想政治教育的三重向度 [J]. 思想
政治教育研究，2019（2）．

30. 沈壮海，刘灿. 论新时代思想政治教育的高质量发展 [J]. 思想理论
教育，2021（3）．

31. 李建生. 中国共产党关于马克思主义宗教观教育的论述及现实意义
（上）[J]. 科学与无神论，2014（2）．

32. 李建生. 中国共产党关于马克思主义宗教观教育的论述及现实意义
（下）[J]. 科学与无神论，2014（3）．

33. 李建生. 中国共产党关于马克思主义宗教观教育特点和原则的论述及
现实意义 [J]. 党的文献，2014（3）．

34. 刘福军. 大学生马克思主义宗教观教育主要内容研究 [J]. 学理论，
2014（11）．

35. 张晓晨. 论马克思主义经典作家的教育与宗教相分离思想 [J]. 科学
与无神论，2016（2）．

36. 马莉. 论大学生马克思主义宗教观教育 [J]. 山东行政学院学报，
2016（2）．

37. 刘福军. 马克思主义宗教观教育融入高校思政课教学内容探析 [J].
科学与无神论，2017（3）．

38. 张爱辉. 新形势下高校马克思主义宗教观教育途径新探 [J]. 临沂大
学学报，2017（6）．

39. 高永. 高校马克思主义宗教观教育机制的系统构建 [J]. 思想教育研
究，2013（4）．

40. 杨叶平. 马克思主义思想政治教育本质问题及其时代价值 [J]. 甘肃
理论学刊，2018（3）．

41. 陈秉公. 思想政治教育本质研究现状及建议 [J]. 思想教育研究，
2014（6）．

42. 李忠军. 关于思想政治教育本质的几点探讨 [J]. 东北师大学报（哲学社会科学版），2012（5）.

43. 骆郁廷. 思想政治教育的本质在于思想掌握群众 [J]. 马克思主义研究，2012（9）.

44. 张耀灿. 对"思想政治教育原理"的重新审视 [J]. 学校党建与思想政治教育，2011（10）.

45. 韩国海. 有效教学概念及评价范畴辨析 [J]. 中国教育学刊，2013（7）.

46. 徐元敏. 论高校思想政治教育吸引力提升 [J]. 当代教育实践与教学研究，2017（8）.

47. 师吉金，郑艳凤. 思政课的吸引力说服力感染力从何而来 [J]. 吉林师范大学学报（人文社会科学版），2017，45（6）.

48. 叶湘虹. 论建构主义学习观下的思想政治教育 [J]. 中南大学学报（社会科学版），2013（1）.

49. 赵明刚. 提升高校思想政治理论课教学吸引力的路径探讨 [J]. 教育评论，2015（4）.

50. 王铁群. 试论吸引教育的有效策略 [J]. 教育探索，2003（12）.

51. 徐峰，余一凡. 中国思想政治教育与西方国家公民教育差异比较 [J]. 学校党建与思想教育，2013（8）.

52. 梁健惠. 当代西方国家思想政治教育的模式分析及其借鉴意义 [J]. 学校党建与思想教育，2009（3）.

53. 张开芬，张欣. 现代西方思想政治教育方法特点研究 [J]. 武汉工程大学学报，2010（6）.

54. 高峰. 全球化时代的思想政治教育学原理研究 [J]. 思想理论教育，2010（7）.

55. 郗厚军，康秀云. 国外思想政治教育可借鉴性：前提反思、根据认识及实现要求 [J]. 思想理论教育，2017（10）.

56. 任志锋. 论美国思想政治教育之"名" [J]. 教学与研究，2018（4）.

57. 欧阳恩良. 论解放战争时期我党思想政治教育理论基础的强化 [J]. 思想教育研究, 2007 (2).

58. 张学凤. 新民主主义革命时期农民思想政治教育的历史考察 [J]. 中共党史研究, 2011 (12).

59. 张新标, 刘卓红. 改造与型塑: 延安时期党对知识分子的思想政治教育 [J]. 思想理论教育, 2011 (9).

60. 赵兴. 高校思想政治理论课教学吸引力问题研究 [D]. 武汉: 华中师范大学, 2014.

61. 丛琳. 国外思想政治教育的现状及对中国的启示 [D]. 沈阳: 沈阳航空工业学院, 2009.

62. 习近平主持召开学校思想政治理论课教师座谈会强调: 用新时代中国特色社会主义思想铸魂育人贯彻党的教育方针落实立德树人根本任务 [N]. 人民日报, 2019 – 03 – 19.